老年と正義

西洋古代思想にみる老年の哲学

Masahisa Seguchi
瀬口昌久——［著］

名古屋大学出版会

本書は、財団法人名古屋大学出版会
学術図書刊行助成により出版された。

老年と正義——西洋古代思想にみる老年の哲学

目　次

序章　「老いは険しい道か、楽しい道か」

《老女》 前1世紀頃のギリシアまたはローマのブロンズ像。粗末な家事用の仕事着を身につけ，手にしているものは失われているが，羊毛を紡いでいるのであろう。痩せ細った頬とくぼんだ眼は長い厳しい生活を思わせるが，その姿には威厳があり，運命の三女神で人間の生の糸を紡ぐ女神クロトを表現したものともいわれる。ロサンゼルス，J. ポール・ゲッティ美術館。

プラトン『国家』の問い

私には、高齢の方々と話をかわすことは歓びなのですよ。なぜなら、そういう方たちは、言ってみれば、やがてはおそらくわれわれも通らなければならない道を先に通られた方々なのですから、その道がどのようなものか、——平坦でない険しい道なのか、それともらくに行ける楽しい道なのかということを、うかがっておかなければと思っていますのでね。(1)

（プラトン『国家』328D–E）

意外なことに、プラトン（前四二七—三四七年）の主著であり正義を主題とする『国家』の最初の哲学的議論は、老年についてのソクラテスと老ケパロスとの対話である。正義と老年。この二つの主題が現代のわれわれには容易に結びつかないとすれば、正しく生きるということが、限られた政治的領域での振舞いや組織の行動原理に吸収されてしまい、個人が全生涯をかける指針や目標ではなくなっているからかもしれない。『国家』の老年をめぐる議論は、本格的な正義論を導入するためのほんの前置きのようにみなされ、これまで哲学者や研究者の真剣な関心を引くことも少なかった。ケパロスは、慣習に従って正しく生きる模範であり古い伝統を体現する人物ではあるが、原理や一般原則にかかわる議論を避けていると考えられ、(2)冒頭での対話の後に急に舞台から立ち去り、二度と登場しないこともあって、その議論内容は軽視されてきた。(3)しかしながら、プラトンは西洋史上はじめて老年についての哲学的考察を行なっているばかりではなく、この議論には、現代のわれわれが老年をよく生きるために考えるべき出発点となる基礎的な論点が含まれている。プラトンは、老年について明確な問いを立てているからである。

『国家』では四〇代のソクラテスが、詩人たちの言葉を借りれば「老いという敷居にさしかかっている」といわれる年齢に達したケパロスに、老年が人生のうちでも辛い時期かどうかをたずねる場面として問答が設定されている。生の住処の敷居にまで近づき、冥府への扉を通り抜けるのもそう遠くはない年齢なのだから、(4)老年がどういうものかを教えてほしいというソクラテスの問いは失礼と思えるほど率直であるが、それに応じるケパロスの答えも率直である。その返答は次のようなものである。老人どうしが集まれば、性の交わりなど若い頃の快楽を奪われたことを嘆き、なかには身内の者が虐待することをこぼす者もあって、老年が不幸の原因であると訴える者が多い。だが、それは不幸の原因を取り違えている。愛欲の楽しみについてたずねられた作家のソポクレスが、「よしたまえ、君。私はそれから逃れ去ったことを、無上の歓びとしているのだ。たとえてみれば、狂暴で猛々しいひとりの暴君の手から、やっと逃れおおせたようなもの(5)」と答えたのは至言である。老年になって、さまざまな欲望が緊張をやめて力をゆるめると、その種の情念から解放されることになり、老年は人間に平和と自由を与えてくれる。不幸の原因は、老年ではなく人間の性格にあり、端正で自足する人間であれば老年は苦にならないとケパロスは答える。

しかし、ソクラテスは、ケパロスが老年をらくに耐えているのは性格のおかげではなく、彼がたくさんの財産をもっており金持には慰みも多いからだと多くの人たちは考えていると挑発する。これに対してケパロスは、人物が立派でも貧乏であれば老年はらくではないことを認めるが、人物が立派でなければ、金持になっても安心自足することはないと応じる。ソクラテスはさらに財産についての問いを重ねて、財産を所有することから得られる最大の善きことは何かをたずねる。ケパロスは、老年がもたらす死や死後の恐れについて語り出す。

人は、やがて自分が死ななければならぬと思うようになると、以前は何でもなかったような事柄について、恐れや気づかいが心に忍びこんでくる。たとえばハデス（冥界）のことについて言われている物語、——この世で不正を犯した者はあの世で罰（ディケー）を受けなければならないといった物語なども、それまでは笑ってすませていたのに、いまや、もしかしてほんとうではないかと彼の魂をさいなむのだ。そして、彼自身、老年の弱さがそうさせるのか、それとも、すでにあの世に近づいているので、ハデスのことが前よりもよく見えるからでもあろうか、とにかく疑惑と恐れに満たされるようになり、これまで誰かに不正を犯したことがあったかどうか、あれこれ数え上げ、調べてみるようになる。こうして、自分の生涯のうちに数多くの不正を見出す者は、子供たちのように、幾度となく眠りから覚めては恐れにふるえたり、暗い不安につきまとわれて生きたりすることになる。けれども、わが身をかえりみて何ひとつ不正をおかした覚えのない者には、つねに楽しくよき希望があって、老いの身を養ってくれる。

（『国家』330D-331A）

そして、ケパロスは、財産をもつ最大の価値とは慰みごとを多くもつことではなく、貧しさのために他人を欺いたり、神に供え物をしなかったり、借金を返さず不正を犯したままこの世を去る、といったことがないことであると答える。そのケパロスの答えを受けて、ソクラテスは「しかし、ちょうどお話に出てきた〈正しさ〉(正義)ということですが、はたしてそれは、ほんとうのことを言う正直な態度のことであり、誰かから何かをあずかった場合にそれを返すことであると、まったく無条件に言い切ってもよいものでしょうか。それとも、ほかならぬそういう態度でも、時と場合によっては、正しかったり正しくなかったりすることもありうる、と言わねばならないでしょうか」(331C) とさらに問いかけて、老年についての議論を正義論へと大きく展開していく。老年になり死が近づくにつれて、多くの宗教の教義に共通する死後の世界での「裁き(ディケー)」に対する恐れが、老年と正義とを強く結びつける。老年がもたらす、死が近いという意識が、「正義(ディケー)」についての自己反省と鋭利な感覚を呼び覚ますのである。老年が誰もが通る道であるなら、正義についてもまた誰もが真剣に考えなくてはならなくなる。

プラトン、キケロ、プルタルコス

老年を、身体的欲望からの自由と平和が与えられ、言論や談話の歓びにあずかることができる恵まれた年代であるとするケパロスのこの老年讃歌は、老年に対して暗いペシミスティックな見方が基調だった西洋の古代世界にあって、一筋の光明の源泉となっている。ギリシア・ローマ文学のなかでは例外的に老年を肯定的にうたいあげたキケロ(前一〇六―四三年)の著作『大カト・老年について』(以下『大カト』)が、『国家』のこの議論を模範として選んでいることもそのことを裏づける。

キケロは『大カト』で、若いスキピオやラエリウスが老カトに老年についてたずねるという設定をとっているが、冒頭でのラエリウスやカトの言葉遣いも問答内容も、明らかに意図的に『国家』の議論を真似たものである。老年をよくも耐えがたくもするのは人間の性格であると答えるカトに対して、ラエリウスが富や名声が老年をらくにしているのではないかとたたみかけてたずねる仕方も、ソクラテスとケパロスの対話の枠組みを完全に踏襲している。そのうえでキケロは、老年が惨めだと人びとに思われている四つの理由──(1)公の活動から人を遠ざける、(2)肉体を弱くする、(3)快楽を奪い去る、(4)死が遠くない──をあげて、それらの理由を事例豊かに雄弁に論駁する。キケロが説く老年に対するこの力強い弁護のなかには、現代の老年学にも通じる考え方が述べられていることが指摘されている。たとえば、老年学における「ノーマル・エイジング」と「サクセスフル・エイジング」の区別や、幸福な老いの実現には個人のパーソナリティの影響が大きいと考える「継続性理論（continuity theory）」の原型、そして幼年期からの発達段階に沿って過去を回想することで人生全体に統合感を与える「ライフ・レビュー」の概念などに相当することが、キケロの著作には語られ実践されているとみなすこともできるだろう。(6)

実はキケロがあげた四つの理由の論駁もプラトンの思想と深く重なり合っている。(3)と(4)の論点に関しては、プラトンからの直接の影響が明白である。(3)についてキケロは、老年になって愛欲の快楽から逃れ去ったことを歓ぶソポクレスの逸話と言葉を、『国家』の議論と同じ仕方で引用している。また(4)については、魂とは「自分で自分を動かす動（運動）」であるがゆえに不死であるとする議論や、魂の「単一性」の規定にもとづく不死の論証など、プラトンの一連の「魂の不死の教説」を拠りどころとして、死を恐れることを斥けている。(2)に関しては、肉体の力は衰えるが、それにかわる精神の力が備わることが論じられている。身体的衰えを知的能力が補うとする主張はホメロス以来（『イリアス』第四歌三一七―三二五行）、しばしば言及されるいわば常識的通説であり、ケパロスとの議論には、老いるにつれて肉体が衰えるとともに、「肉体の楽しみは減るが、議論の歓びが増す」という仕方で示唆されている。また『国家』の後の箇所でも、若者や子供のころは育ち行く身体の配慮をして基礎的体力を鍛え、体力が衰えて兵役の義務などから解放されたときに、哲学に専心すべきことが語られている（『国家』498B–C）。そして(1)の論点について、老年を理由に公の活動から遠ざかることがプラトンの与する立場ではないのは、『国家』の哲人統治者のことを考えればこれもまた明らかであろう。理想国家においては、数学その他の予備的教科を修め実地の訓練を積んで五〇歳まで身をまっとうし抜いた者が、善のイデアの探究に励み、善のイデアを模範として国家統治の任にあたることが命じられる。彼らには老年による引退はなく、死ぬまでその公務に交代でたずさわるように描かれている（『国家』540A–B）。ただし、プラトンの哲人統治は、みずからの権力欲に縛られて政治権力にしがみつき、一種の院政をしく政治家の醜悪な姿とは根本的に異なる。それは知の探究に最大の価値と歓びを見出し、国家支配の欲望を完全に取り去った年長者に義務として課せられる国家統治である。

プラトンの哲人統治に含まれるこのような考え方をいささかの割引もなしに継承しているのが、中期プラトニストに位置づけられるプルタルコス（後四六―一二〇年頃）である。プルタルコスは、『モラリア』の『老人は政治に参与するべきか』（783B–797F）において、この問題に焦点を当て、老人が隠遁生活をせずに政治的な活動を積極的に行なうように明確な勧告をしている。政治家は年齢ゆえに引退すべきではなく、長い年月で培った思慮や判断力や助言の力を発揮する義務がある。国家においてなすべきことがあるのに農場に引っこむことは怠惰である、とさえプルタルコスは主張している。プルタルコスのその主張は、老年期において農園経営を薦めるキケロの考え方をも退けて、『国家』で示された哲人統治の構想の一面を徹底させたものともいえるだろう。[7] また彼は『英雄伝』においても、七〇歳になって八度目の将軍に選ばれたピロポイメンや八〇歳で将軍となって活躍したポキオンなど、高齢まで国政にかかわる活動を続けた政治家や将軍たちを称賛している。プルタルコスは、老年に伴う身体的な不調や否定的な特徴について現実的な認識をふまえながらも、老人には若者よりもすぐれた点が多くあり、とくに政治こそが老人にふさわしい最も立派な仕事だと考えたのである。プルタルコスのこのような主張は、ストバイオス（後四―五世紀）によって残されたアイスキュロスの次の詩句を思い起こさせる。

老年は青春よりも正しい。

（アイスキュロス「断片」四〇〇）

アリストテレスの老年観

しかし、プラトン、キケロ、プルタルコスという老年に積極的な可能性を読みとる思想の系譜は、西洋の古代世界にあっては主流とはならなかった。主流となった老年観は、アリストテレス（前三八四―三二二年）が『弁論術』で描いたような老年像である。アリストテレスは『弁論術』において青年、壮年、老年の三つの時期を対比し、老年に卑屈や臆病などの否定的な諸性格を与えている。老人は人生で失敗や悪い経験を重ねているので、何事についても確言することを恐れ、ひがみ根性になり、臆病になる。

また、生活のため卑屈になっているので、心が狭い。なぜなら、彼らは大きなことや並外れたことは何一つ求めようとはせず、生活に必要なものだけを欲望の対象とするからである。また、彼らはけちである。なぜなら、財産は生きて行くのに欠かせないものの一つであるし、同時にこれまでの経験から、手に入れるのがいかに大変で、失うのはいかに簡単かをよく知っているからである。また、臆病で、何ごとにつけても先々に不安をいだく。[8]（1389b25–30）

アリストテレスはこのような調子で、老人の性格を、生への執着が強く、自己中心的で、過去の記憶に生きているので容易に希望をいだかず、怒りは燃えやすいがその力はなく、品性や徳を重んじるよりも損得勘定で動き、弱いがゆえに憐れみにもろく、よく愚痴をこぼす性質として描いている。

アリストテレスの描いた老人の性格は、当時のギリシア悲劇や喜劇で描かれた老年群像からの影響を示すだけでなく、彼の哲学の名声ゆえにネガティヴな老人像は拡大増幅され、ギリシアの新喜劇やローマ喜劇をはじめ後代の文学や西洋文化の老人類型に直接、間接に多大な影響を与えることになった。

シモーヌ・ド・ボーヴォワール（一九〇八―一九八六年）は老年に関する先駆的な著作『老い』において、プラトンとアリストテレスが老年に対して際だって異なる結論をもっていることを指摘している。[9]ボーヴォワールは、プルタルコスを老年に悲観的な見解をいだく者とみなしたり、[10]プラトンのテクストを不正確に引用したりするなどの誤り[11]も犯してはいるけれど、プラトンとアリストテレスの対照的な老年観が、彼らの哲学の基礎をなす心身観の差異に深く根ざすものであり、それが政治理論における異なる態度にまで及んでいることを鋭敏に読みとっている。われわれにとって重要な課題は、対照的に見える彼らの老年観がどのような自然学的理論や思想によって裏づけられ導かれているかを検証し、その差異がもつ意味と波及する影響を考えることである。老年についての西洋思想の歴史的分岐点に立ち会うことは、われわれ自身の老年観を再考することにもつながると期待できる。しかし、プラトンとアリストテレスの老年の理論に立ち入る前に、彼らの思想の背景となっている古代世界の老年像について概観しておくことが役立つだろう。そのことによって、プラトンやアリストテレスが老年について立てた哲学的な問いや考察がいかなるものであったかをよりよく理解できるはずである。したがって、第一章では、プラトンとアリストテレスの老年の哲学が登場するまでの、古代世界の多様な老年像について概観したい。そして、第二章では、プラトンとアリストテレスの老年の哲学を取り押さえて両者の比較検討を行ない、第三章では、彼らの老年の哲学が、ヘレニズム期やローマ時代の哲学にどのような影響を与えたかを見とどけることにしよう。

このように本書は、現代の日本における老年のあり方や思想を直接問うものではないが、西洋の古代思想において、なぜ、どのように老年と正義の関係が問われたのかを明らかにすることで、いわば裏側から、現代の日本においてなぜそれが問われないかを照らし出すことができるかもしれない。本書をお読みいただければ理解されるように、西洋古代社会で論じられた多くの問題は、現代の日本でも潜在的に感じとられていたり、別の形で問題になっていたりするものだと思われる。よく生きるということが普遍的な問題である以上、老年においてそれにどのように取り組むかも、同じく普遍的な問題だからである。つまり、老年と正義について考えることは、われわれ自身の課題でもあるのであり、そのために本書の探究が少しでも役立つならば著者としてこれにまさる喜びはない。

第一章　西洋古代世界における老年像

《ネストル》　前4世紀頃に描かれたギリシアの壺絵の一部。古代ギリシアにおいて老人の知恵はネストルに代表される。彼はピュロス王として三世代にわたって支配を続けるほどの長寿を生き，老いた身でありながらトロイア戦争に出征して，アガメムノン王の相談役として重用された。ベルリン，考古学博物館。

1　西洋古代文学における多様な老年像

西洋古代世界では老年は何歳からはじまるのか

西洋の古代世界では、何歳から人間は老人になると考えられていたのか。前六世紀に活躍した賢人ソロンは、人生を七年ごとに刻んで一〇のライフステージを区分した詩を書き残している。(1)

幼い子供は七年のうちに、最初に生え揃えた乳歯を失う。
神がさらに第二の七年の歳月をまっとうさせれば、青春の花盛りの徴が生じる。
第三の七年には、四肢はまだ伸びるが、顎には髭が生え肌の艶が変わる。
第四の七年に、すべての者が体力の頂点を迎え、男たちは武勇の徳を得ようと挑む。
第五の七年に、人は結婚と子供のことを考え、将来の家族を求める時期となる。
第六の七年に、人の知性は完全に成熟し、無謀なことを行なう気をもはや起こさない。
第七と第八の七年の一四年の間が、知性と言論における全盛期だ。
第九の七年には、人はなお有能ではあるけれど、言論と知恵のすぐれた能力は弱まる。
第一〇の七年を、節度を守ってまっとうすれば、死の運命にあうとも早すぎはしない。

古代ギリシア人も他の文化世界で見られるように、人生をいくつかの時期に分けることを好んだのである[2]。ソロンの区分に従えば、第九期（五七―六三歳）から言論や思考の能力において全盛期にくらべて加齢による衰えがはじまり、第一〇期（六四―七〇歳）以降が高齢者とみなされている。プラトンの生きた古典期のアテナイにおいて、六四歳より年長の者を高齢者とみなすソロンのこの年齢区分は、当時の人びとの常識にも近いように思われる。少なくともプラトンにとっては首肯されるものであろう。プラトンは対話篇に登場させたパルメニデスについて、「もうすでにかなり高齢で、髪も白がずっと多く、およそ六五歳くらい、見た様子はりっぱな人だった」（『パルメニデス』127B）と記しているからである。六二歳で死んだアリストテレスは、この高齢の年代をみずから生きることはなかった。アリストテレスは壮年期を、身体については三〇歳から三五歳まで、精神については四九歳あたりまでと述べているので（『弁論術』1390b）、五〇歳以降を老年期とみなしていたことになる。これに対して、プラトンは、壮年期（最盛期）を女性なら二〇歳から四〇歳、男性なら二五歳から五五歳とみなし（『国家』460E）、その期間に子供をもうけるべきだとしている。

ソロンの詩のなかでは、四三歳から五六歳くらいまでが人生の全盛期とされている。人生の全盛期を表すギリシア語に、アクメーという言葉がある。盛年とか「盛りの年」のことで、前六世紀以前には個人の生没年の記録がないため、たとえばソロンならば、「第四六回オリンピック大会期（前五九六―五九三年）頃がアクメーであり、その三年目にアルコーン（執政官）になった」というように用いられる。アクメーは四〇歳頃とされている。

古代ギリシアで四〇歳を盛年とすることは、古典文学に造詣の深かったC・G・ユング（一八七五―一九六一年）の「人生の転換期」の考え方にも影響を与えている。ユングは人間の一生を少年期、成人前期、中年期、老人期の四つの時期に分け、成人前期と中年期の間の前半と後半を分ける転換期を「人生の正午」と呼んだ。四〇歳のアクメーにあたるその転換期は、実は人生最大の危機の時代でもあるとユングは洞察した。[3]「人生の正午」を境にして、日の光と影の方向が逆転して、それまでは光が当たっていた部分が影に沈み、影となっていた部分が明るみに出てくるように、少年時代以来消えていた特徴がふたたび現れてきたり、それまでの好みや興味が薄れて、別の好みと興味が出てきたりする。午前の意義は、「個体の発展、外部世界における定着と生殖そして子孫への配慮である」が、その目標が達成された後にまで、「なお金儲けに奔り、征服行為を続行し、生存範囲を拡張させる」ことはまともな感覚を通り越しており、午前の法則を人生の午後にまで引きずりこむ人は、そのため心の損害という代償を支払わなくてはならなくなる。午前のすべての価値と理想の転換が起きるにもかかわらず、心の深層においていかなる準備もしないで、それまでの真理と理想についての誤った謬見をいだいたまま人生の午後に踏み入ることになるからである。ユングはそれゆえ、「老いつつある人間にとっては、自分の自己に対して真剣な考察をささげることは、義務であり必然である」とも述べている。[4]

この時期は今日では一般に「ミドルエイジ・クライシス」とか、「ミッドライフ・クライシス」とも呼ばれる。四〇歳を迎えると、多くの場合に、仕事や家庭をはじめ、あらゆる面で一挙にストレスがのしかかる。職場では中間管理職として、上司と部下のバランスをとって仕事を進める責務があり、家庭では子どもの将来や老いた両親への責任があり、みずからの老後への人生設計など、抱える問題が一気に増えるからである。仕事、家庭、交友関係、趣味、余暇、資産を見直し、人生を再設計するべき時期ともされている。人生をライフサイクルで区切ることは、古くから今日に至るまで人びとに人生を反省する機会を与え、よりよく生きる知恵として、われわれの人生にアクセントをつけてきたともいえるだろう。

ソロンのようにライフサイクルを七年間隔で分割することは、古代ギリシアにおいては広く受け入れられ、アリストテレスもその区分の仕方は正確であると肯定している（『政治学』1336b40–42）。だが、老年がいつからはじまるとするかは、古代の著述家の間でもかなりの開きがあった。二世紀の文法学者ポルクスは、ヒポクラテス（前四六〇頃–三七五年頃）を典拠にあげて、七年ごとに七つの年代に区分し、それぞれに幼児、子供、少年、青年、成年、老年、高齢を当てている。その区分に従えば、四二歳以降が早くも高齢者とされる。われわれの今日の現実からは大きな隔たりがあるが、ヒポクラテスが人生を七つの年代に区分したこと自体は後代にも影響を与えた。[5] たとえばシェイクスピア（一五六四–一六一六年）は、『お気に召すまま』の「すべてこの世は舞台」のせりふからはじまる最もよく知られている有名なソネットで、人生を、赤ん坊、学生、恋人、軍人、裁判官、年寄り、二度目の子供（second childishness）の七つの年代に区分しているが（第二幕第七場）、それはこのヒポクラテスの七つの年齢区分にまで遡ると考えられている。[6]

また、七という数字だけが区分に使われていたわけではない。ソロンと同時代の人物と考えられるピュタゴラスは、人間の生涯を二〇年で区切って、四つの時期に区分したと言われている。「二〇年間は少年。二〇年間は青年。二〇年間は壮年。二〇年間は老年」。そして、これらの四つの年代が、春夏秋冬の季節に対応していると述べたという。[7]

古代ローマ社会の老年について研究をしているT・G・パーキンは、古典文学のなかでは、老年

(senectus) のはじまりについて、四二歳から七七歳までの大きな幅があると報告している。[8] 古いローマ社会では兵役が解除される四六歳が老年のはじまりとされていたが、[9] ローマ法においては老年のはじまりの特別な年齢は規定されていなかった。老人 (senex) にかかわる年齢規定は存在したが、関連する年齢には五〇歳から七〇歳までの幅があった。前一世紀の代表的教養人のウァロ (前一一六―二七年) は、人生を七年刻みではなく、一五年の単位で考え、六〇歳から老年がはじまるとした。それがアウグスティヌス (三五四―四三〇年) などに影響を与えたのみならず、現代の老年の概念にも適合したので、ウァロの年齢体系が、ローマやギリシアの現実を規定するものとして、現代の研究者にも採用されることになったが、それにはさしたる根拠はない。老年は実際には個人の身体的そして精神的な状態によって規定されていたとパーキンは述べている。[10]

老年がはじまる年齢に関して明確な規定が存在しないことは、老年を規定する内実も時代ごとにつねに変化し、それが社会や個人の状況によって相対的に定められるものであることを示している。「老年」や「青年」というのは、いわば概念的な道具として、生物的年齢とは本来は関係のなかったさまざまな問題の探究や課題への対処にも適用され、重要な文学的思想的源泉として用いられてきたのである。[11] 老年とは、生物としてのライフサイクルを基礎としながらも、人間が家族や社会を形成して生きるために生み出した文化的概念ともいえるだろう。ちなみに、日本語の「青年」という言葉は、一八八〇年に結成された東京YMCA (Young Men's Christian Association) が Young Men を「青年」と公に訳出したことが端緒となり、その言葉が自由や民権を求める社会的気運を背景に広まり、後に中国にも逆輸入されて、一般に定着したのだといわれている。[12] 一九世紀になり、産業革命や急速な近代化がもたらした格差や貧困などの矛盾に対して、新たな理想を掲げた市民運動が世界に次々と飛び火していった時代に、日本でも「青年」という概念は新たな文化的意味を付与されて創出されたといえる。[13] 一九世紀末までは、日本社会に「青年」はいなかったのである。

パーキンは古典期において、六〇代あるいはそれを超えたくらいで死ぬことが少なくとも一般には自然とみなされていたと認めている。[14] ローマ人であれば、五〇から六〇歳くらいの人間は、あと一〇年から一五年は生きることが普通であると考えられていたという。であれば、ソロンの詩に歌われたライフサイクルと大きくくずれてはいないことになる。老年のはじまりについての明確な年齢規定がなく、個人の心身の状態や社会的地位などによる格差はあるけれども、人生を七〇年とするソロンの年齢区分は、一般的な目安としては古代ローマ社会においても有効であるように思われる。[15]

また、パーキンは、ローマ帝国における六〇歳以上人口は、約六%から八%にのぼると推定している。[16] その数値は、イギリスでは七・二%だった一八五〇年頃にほぼ相当し、日本では、高齢者の比率が七・九%であった一九七五年くらいまでの社会構成に近い。かりにローマ帝国の人口を六〇〇〇万人と見積もるなら、老年人口はおおよそ四〇〇万人になり、人数的にも微々たる数字ではない。パーキンも指摘するように、現代の高齢社会は人びとが二〇〇〇年前よりも著しく長く生きるようになったということではなく、現代では若年での死亡率が低下し、多くの人間が老人になるまで生きること、出生率の著しい低下のために老年人口の割合が大きくなったこと、に大きな要因がある。古代世界において若年層での死亡率が高かったことは、上述のソロンの詩において、「神がさらに第二の七年の歳月をまっとうさせれば」という言葉を加えていることにも読みとることができるだろう。また、プルタルコスの『モラリア』に編纂された、息子を若くして亡くした友人を慰める手紙には次のような一節がある。

もしも、時ならぬ早い死が悪いことであるなら、幼児や子供の死や、また生まれたばかりの新生児の死がいっそうのこと、最も時ならぬものとなります。しかし、そうした者たちの死をわれわれは容易に惜しまずに耐えますが、年嵩を増した者たちの死は、それほどの年齢にまで達しているのでわれわれと共に生き続けると確信して、虚しい希望を夢見ることになったがために、受け入れ難く悲しみを誘うのです[17]。

（『アポロニオスへの慰めの手紙』113D）

抵抗力の弱い幼児や子供の死亡率が高く、人びとがその死に慣れるほどであったことがうかがわれる。コールとデムニーの研究によれば、古代ローマ社会では、三分の一の子供が一歳までに死に、一〇歳までに約半数の子供が死んでいたと推定されている[18]。また出産時には、新生児だけではなく、母親の生命が今日よりもはるかに大きな危険にさらされたのであり、古代世界の平均寿命は、男性の方が女性よりも高かったとG・ミノワは推察している[19]。

また、古代においても長寿を生きた人びとがいたことについては、一世紀の大プリニウス（二三／四―七九年）が伝説とは区別される歴史上の実在した人物の名をあげて記述している（『博物誌』第七巻四八章一五三―四九章一六四）。プリニウスは、ガデスのアルガントニウスが四〇歳から八〇年間統治をしたことからはじめ、シチリア（シケリア）島レオンティノイのゴルギアスが一〇八歳の長命であったこと、身近な例では、執政官のマルクス・ペルペルナが九八歳まで、執政官マルクス・ワァレリウス・コルウィヌスが一〇〇歳まで寿命をまっとうして二一回も高官を務める記録を残したことなどを記している。女性については、キケロの妻であったテレンティアが一〇三歳まで生きたこと、女優のルッケイアが一〇〇歳のときに舞台で朗読したことなどが述べられている。また、戸口調査による年齢確認によって、一二〇歳を超えていると認められた事例について、その地域や高齢者の人数が報告されている。

以上のことから、若年や出産における死の危険を乗り越えた人間にとって老年をいかに生きるかという課題は、古代世界でも現代のわれわれと等しく、普遍的な問いとして経験されていたと考えられよう。

文学のなかの多様な老年像

西洋の古代文学において老年は、若いときの歓びを奪い去り、心身の苦しみや辛い境遇をもたらすものとして、しばしば嘆きの対象として描かれる。前七世紀の詩人ミムネルモスの次の詩句はその証左としてよく引用される。

黄金のアプロディテ（恋の女神）なくして何の人生、何のよろこびがあろうか。
ひそやかな恋が、ときめく贈物と閨のことが
もはや私の心にとまらなくなったら
死よ、私を連れ去ってくれ。
男たちにも女たちにも、その心を魅するのは
ただ若さに咲く花々があるだけなのだから。
苦しい老年がやってきて、人間をみじめに不幸にすると

たえず心は不安に押し塞がれ
日の光を仰いでも喜びはなく
子供らには憎まれ、女たちには蔑まれる。
神は老年をかくも苦難に満ちたものになされた。

（『エレゲイア詩集』一）

本書の冒頭で取り上げた『国家』のソクラテスとケパロスの対話は、女神アプロディテに象徴される愛欲の楽しみを失うこのような嘆きを念頭において語られていたにちがいない。

古代世界においては老年に関してこの詩句のような悲観的な見解が大勢を占めていたけれども、老年の理解は古代においても一様ではない。老年を擁護するケパロスは、代表的叙情詩人ピンダロス（前五二二／一八頃―四四二／三八年頃）の詩句を引いて、ミムネルモスとは対照的に、正しく敬虔に生涯を送った者には、老年になってもよき希望が与えられると語っている（『国家』331A）。

甘い希望が　その人に付き添って
心をはぐくみ　老いの身を養ってくれる（ゲーロトロポス）
その希望こそ　何にもまして人の子のきまぐれな想いを導くもの。

引用された詩句の出典は不明だが、ピンダロスはこれと通じる次のような詩句も残している。

若い時、正義とともになされた労苦からは、老いる頃、穏やかな人生が結実するもの。彼は、自分が神霊から驚くべき幸を授かっていることを肝に銘ずるがよい。

（『ネメア祝勝歌集』第九歌四四―四六行）[20]

正義と老年が結びつけられ、若いときの正義にもとづく労苦こそが幸福な老年をもたらすというこの詩句の考え方は、後代のキケロの『大カト』においても強く主張されることになる。悲観的な老年像に対する幸福な老年像が、正義と関連づけて歌われていることは注目に値する。

総じて文学は哲学よりもはるかに能弁であり、老年観についても、人間の複雑な心理への深い洞察に富んでいる。後五世紀に編纂されたストバイオスの『精華集』は、前七世紀のミムネルモスから、後四世紀のテミスティオスまで、四二人の著作者によって老年に関して書かれた九五の章句を集めている。九五の章句のジャンル別の内訳は、ギリシア悲劇（三〇）、喜劇および風刺詩（二六）、哲学者（二五）、他の詩人（九）、歴史家（四）、弁論家（一）である。パーキンは、そのうち三一が老年を称賛しており、老年を非難するものは五五、残る九は老年を負担でなくするには良識が必要であるとするものに分類している。[21]西洋古代世界においても、老年はたんに否定的で悲観的にとらえられていたのではなく、知恵と経験においてはすぐれていると肯定的に評価する考え方があり、両義的な見解も入り混じっている。

たとえばパーキンが、老年にきびしい教訓を見出しているとするアイソポス（前六二〇頃―五六〇年頃）の老年観一つ取り上げても、[22]単純には分類ができない。アイソポス（イソップ）の寓話三三〇篇のなかで直接に老年に言及されているものとしては一五例が挙げられる。そのなかには「人間の寿命」（一〇五）や「老馬」（三一八）や「年老いた農夫と驢馬」（三八一）のように老年を否定的悲観的に描いた作品もあるが、逆に「石を曳き上げた猟師」（一三）や「兄弟喧嘩する農夫の息子」（五三）「老婆と医者」（五七）「鈴をつけた犬」（三三二）のように、年長者や老人が知者であり、巧みな知恵で相手をやりこめたり、物事をうまくやり遂げたりすることを描いた寓話も多いといえるからである[23]。

老年を否定的に描いたとされる作品も、そう言い切るのは難しい。否定的だとみなされる「人間の寿命」では、次のように語られる。ゼウスが人間を創造したときには人間の寿命をごく短いものにした。人間は知恵を用いて、冬が来たときには自分の家を作って住んでいた。冷たい雨が降り出すと、まず馬が耐えかねて雨宿りを求め人間のもとに駆けてきた。人間は宿を貸す条件に馬が寿命の一部を渡すことを要求した。同じように、次には牛と犬が宿を求めに来ると、彼らからも人間は寿命の一部を得た。「そういうわけで」、とアイソポスは次のように締め括る。

人間はゼウスが与えた年齢の間は無垢で善良だが、馬から手に入れた年齢になると鼻息荒く高慢になり、牛の年齢に達すると支配者ぶり、犬の歳にまで至ると怒りっぽく吠えかかる。鼻持ちならない気難しい老人にはこんな話をしてやれる。

人間は知恵によって、馬や牛や犬などの家畜を使い寿命を延ばしてきたが、それによって得たのは傲慢で支配欲が強く怒りっぽい歳月だと揶揄されている。しかし、ここでは無垢な若い年代以外は皮肉の対象とされ、また老人をひとまとめに非難するのではなく、短気で気難しい老人に批判が向けられている。この寓話から老年への画一的で単純な否定的評価を導くならば、アイソポスの諧謔の精神を理解したことにはならないだろう。

そして、アイソポスは老年の悲哀を描く一方で、経験に裏打ちされた老人の知恵を肯定的に描いている。「石を曳き上げた猟師」では、猟師たちが仕掛けた網が重いので期待に小躍りして曳き上げてみたら、網には石ばかりでひどく落胆したときに、ひとりの老人が仲間に向かって、「悲しみは喜びの姉妹のようなものさ。わしらもあれほど喜んだのだから、悲しまねばならん」と言ったという。人生は容易に変わりやすいので、晴天が続いた後には嵐が来ると考え、いつまでも同じ状態が続くと浮かれていてはならないと教訓が導かれている。また「老婆と医者」では、老人のしたたかな知恵と機知が描かれる。目を患った老婆が、治療の合間に家具の盗みを働いた医者に、診療の礼金を払わないと訴えられて、治療のおかげで前より目が悪くなったと主張した、「だって、以前は自分の家の家具がみんな見えていたのに、今は何にも見えなくなったからね」。

アイソポスの寓話は、強者と弱者の立場がすぐさま逆転し、幸と不幸が容易に入れ替わる筋書きが多い。登場する人物がどの階層や集団に属しているかではなく、各人の判断と選択した行動の結果を対比し、個々の生き方と知恵を鋭く問うことにこそ尽きない魅力と特徴が見出せる。アイソポスの寓話のなかの老人たちは、子供の世話をやき、若者を導くなど社会とも十分なかかわりをもち続け、時には貪欲で不道徳であるけれど、体力はなくても自分の目的を達成でき、傾聴に値する知恵の富と精神の力を備えている。

2 ホメロス世界の老年像――老賢者の理想とポスト英雄時代

老賢者の理想像――ネストル

しかし、文学における老年を問題にするならば、前八世紀頃のギリシア最大の詩人ホメロスを取り上げなければならないだろう。古典文学世界の中心であるホメロスの老年に対する見解も、従来考えられていたよりもずっと複雑であることが近年の研究で指摘されるようになってきた。

ホメロスでは、老年は死との関係で恐れられる一方、古老ネストルの活躍に代表されるように、年長者が経験知にまさることが雄弁に語られている。老ネストルは、アガメムノン王の最も信頼の厚い相談役であり（『イリアス』第二歌二一行）、経験と知恵を兼ね備えた者として描かれている。『イリアス』第二歌では、アガメムノン王が軍勢の士気を試すために、帰国を提案すると厭戦気分の強い兵士たちは激しく動揺する。それに対してネストルは、他の者たちの議論の仕方が、若くて経験が足らないことを叱責したうえで、経験にまさる老年の知恵を説いて自分の意見を述べる。

なんたることか、情けない、お前方の論議を聞いておると、戦のことなど念頭にない稚い子供らと少しも変わらぬ。われらの間で交わした約定や誓約は一体どうなるのだ。人間の思案も計画も、また信義のしるしとして生酒をそそぎ、右手を交わして結ぶ盟約も、みな火にくべてしまうがよい。われらは長の年月をこの地で送りながら、空しい口争いに明け暮れて、なんの方策も建てられずにいる体たらくだ。アトレウスの子よ、あなたは以前と変わりなくいまもなお、揺るがぬ信念を堅持し、苛烈なる戦場において、アルゴス勢の指揮をとってもらいたい。
(同書、第二歌三三七―三四七行)[24]

ネストルは、帰国をせく兵士たちを信義に悖るとしてきびしくたしなめ、全軍を部族別、氏族別に分けて互いに助け合い、それぞれ部族ごとに独立して戦うことを進言する。王アガメムノンは次のようにそれに応える。

またしても、ご老体よ、あなたはこの集会で並みいるアカイアの子らを見事に負かしてしまわれた。父神ゼウスにアテネ、またアポロンも聞こし召せ、アカイア軍中、これほどの相談役が十人わしについてくれたならどんなによかろう。さすればプリアモス王の城も、われらの手によって陥され毀たれて、忽ちに屈服しようものを。
(同書、第二歌三七〇―三七四行)

ネストルの進言に先立って、オデュッセウスも帰国に反対する説得の演説をしているが、最終的に人びとを納得させて、議論を締め括るのがネストルの役割である。同様に『イリアス』第九歌では、大敗を喫して帰国を提案するアガメムノンに対し、面と向かって反論するディオメデスを諫め宥めながら次のように述べる。

テュデウスの子よ、そなたは戦場においては抜群の勇士であるし、評議の場でも同じ年頃の者たちのなかでは、そなたに及ぶものはない。アカイア勢のなかで、そなたの言葉にけちをつけたり、反論する者は一人もおるまい。だがそなたの話にはまだ締め括りがついておらぬ。もとよりそなたはまだ若い、わしの息子、それも末子であってもよい年頃だ。とはいえそなたは筋の通った話しぶりで、アルゴス勢の王侯たちに、まことにもっともな忠言をしてくれたのだが、ここで憚りながらそなたよりは年も上であるわしがざっくばらんに考えを述べ、締め括りをつけることを許してもらいたい。わしの意見を軽んずる者は一人もおらぬはず、アガメムノン王すらさようなことはなさるまい。

（同書、第九歌五三―六二行）

これに続けてネストルは、防壁の外に警備を配置して、食事をしてから対応策を協議することを進言すると、一同はその言葉に従って行動する。ネストルの言葉は、ただ正しいだけではなく、聴衆の信頼を勝ちとり、人びとを納得させる知恵を備えている。

年長者の助言や忠告の能力は、ネストル個人の資質に限られるものではない。ホメロスにおいては、年長者が王の相談役とされ、彼らは「町の長老（デーモゲロンテス）」（同書、第十一歌三七二）と呼ばれ、トロイア王プリアモスには数多くのすぐれた年長者の助言者がいたことが次のように語られている。

ここにはプリアモスとともに、パントオス、テュモイテス、ランポス、クリュティオス、またアレスの裔ともいうべきヒケタオンの面々、さらにはともに劣らず聡明なウカレゴンとアンテノルの両名――これら町の長老たちがスカイア門の辺りに坐っていた。いずれも年老いて戦いからは遠ざかっているものの、弁舌の爽やかなことは、林のなかで樹上にとまり、妙音を奏でる蝉のよう。[25]

（同書、第三歌一四六―一五二行）

しかし、『イリアス』のなかでも、とりわけネストルは傑出した人物として扱われ、「衆人の見るところ最善の意見を述べた人であった」（同書、第九歌九四行）と、その意見や忠告は最も高く評価されている。しかも、ネストルは、トロイアの「町の長老」とは異なり、本来なら兵役を免除される高齢にもかかわらず、遠征軍の陣営に加わっているのである。ネストルは、老年とは名誉がもたらす特権を享受できる年代であると次のように語る。

アトレウスの子よ、わしとて、かつてエレウタリオンを討ち取った頃の自分で今あれば、どんなによかろうかと思う。しかし神々は人間に、なにもかも一時に揃えて賜れることはない。当時青年であったわしに、今は老いが伴となっている。とはいえ、わしは戦車部隊に加わって作戦を練り、指令を下して統率するつもりでいる。それこそが年寄り（ゲーラス）の特権（ゲラス）ですからな。槍を揮う方は、わしよりも若く、力に自信のある者がするであろうし。（同書、第四歌三一八―三二五行）

ここではギリシア語で老年を表す「ゲーラス」が、名誉の贈り物や特権を意味する「ゲラス」と関係づけられている。老年（ゲーラス）と特権（ゲラス）を語源的に関係づけることは他の著作家にもみられ、プルタルコスも後者が前者に由来するものだと主張している。[26]

そして、ゲラス（名誉、報酬）もゲライレイン（崇敬する）という言葉も、私が思うに、老人たちに由来する尊敬の意味をとどめている。というのは、彼らが温浴をしたり、柔らかな寝床で寝たりしているためではなく、あたかも晩熟の木のように、老年になってようやく自然が与える真正の完全な善きものである知恵によって、彼らが国家において王にふさわしい地位をもっているからである。

（『老人は政治に参与するべきか』789E–F）

老年を名誉と特権の年代とし、信義を重んじ、危急の時に老練な知恵と助言でアカイア勢を正しい方向に導くネストルは、老賢者の理想像であり、ユングのよく知られた集合的無意識の元型の一つである「オールド・ワイズマン」をわれわれには思い起こさせるだろう。[27] 少なくともネストル以来、老年は伝統的に知恵と結びつけられてきたのであり、その知恵とは戦略や政策決定、正義をめぐる判断力にかかわるものである。

しかし、T・M・フォークナーが指摘するように、思慮深い相談役としてのネストルの成功は限られたものであり、彼の忠告はしばしばむなしく無視され、また正鵠を失する。[28] ネストルの忠告は、アキレウスとアガメムノンとの和解を生み出すことができないものなのである。それればかりか、ゼウスが惑わしの夢を送ってアガメムノンに戦闘をそそのかすと、ネストルは戦闘の誤った再開を支持する演説さえしている（『イリアス』第二歌七六―八三行）。老人のすぐれた知恵が実際には力をもたない現実があることと、またその知恵にも限界があることへの冷静な洞察を読みとることができる。

また、「町の長老」たちも聡明な弁舌がただ称賛されるばかりではない。トロイアの英雄ヘクトルは、「長老たちが臆病風にふかれたせいだ」（同書、第十五歌七二一行）と彼らをきびしく非難している。そして、老王プリアモスも威厳を保ち常々は英雄らしく振舞うが、ヘクトルの遺体を引き取る場面では、妻へカベや息子やトロイア人たちを口汚く罵り、老人特有の激しい癇癪を起こしているように描かれており（同書、第二十四歌二一七―二六四行）、自分と同年代のアキレウスの父をして「老いの厭わしい閾に立っている」（同書、第二十四歌四八六行）と言わしめている。

ホメロスにおいて老いの苦しみは、オデュッセウスの父ラエルテスの姿の描写にも表れている。[29] ラエルテスは、みずからの王位をオデュッセウスに継がせたが、その息子はトロイアに遠征して帰らず、すでに二〇年の歳月が過ぎ去り、残された王妃ペネロペは求婚者の群れに言い寄られ、彼は王宮から一人離れて農園で泥まみれで働きながら暮らしている。帰国を遂げたオデュッセウスの目に映ったラエルテスの姿は、汚れた継ぎはぎの粗末な肌着を着け、脛には引っ掻き傷を防ぐために牛皮を継ぎ合わせた脚絆を巻き、頭には山羊皮の頭巾をかぶっている。それは喪に服するとともに、彼の孤独とみすぼらしい生活を象徴し、ひとしお憐れを催させる。「堅忍不抜の勇士オデュッセウスも、老いにやつれ胸に深い悲しみをいだいている父の姿を見ると、高い梨の木の下に佇んで涙を流した」（『オデュッセイア』第二十四歌二二六―二三四行）と語られている。

ポスト英雄時代の老年像――オデュッセウスの帰還

フォークナーは、ホメロスに登場する英雄たちが老年を乗り越えようと願う方法には二つあると分析している。[30] 一つは神のごとく歳をとらない存在になることを望むことであり、もう一つは戦闘で高貴な死を遂げて戦士として永遠に名を残すことである。アキレウスはその意味で明らかに後者の代表例である。これらに対して、女神アテネの助けを借りて知略を働かせ老人の姿に扮して（第十三歌四二九―四四〇行）、あだ討ちを遂げるオデュッセウスは、老年について異なる態度を示している。オデュッセウスの最終的な目標は、戦争の勝利を勝ち取るだけではなく、家に帰り着くことにあるからである。オデュッセウスは帰国がかなうかどうかを知るために、冥府に赴いて予言者テイレイシアスの霊から予言を聞くことになる。テイレイシアスはオデュッセウスの最期について次のように語る。

そなたの最期はどうかといえば、それは海からは離れたところで訪れる——それも頗る安らかな死で、恵まれた老年を送りつつ、老衰して果てることになる。そしてそなたを囲む民もまた栄えるであろう。
（『オデュッセイア』第十一歌一三四—一三七行）[31]

『オデュッセイア』のなかでは、息子のテレマコスが「自分の家財を守りつつ年老いることのできるような、仕合せな父の子であったら、どんなによかったろう」（第一歌二一七—二一八行）と述べているように、自分の家で安らかに年老いていくことこそが幸福であると繰り返し歌われている（第四歌二一〇行、第八歌二二六行、第二十三歌二八一—二八四行）。

そして、トロイア戦争の後に長い漂流と冒険を経てようやく帰国を果たし、復讐を遂げたオデュッセウスは、前述のように老父ラエルテスと農園で再会する。老いたラエルテスが農園仕事をしていることは、後代にキケロが老年期の農耕の楽しみを説き農園経営を薦めることにも絡んで重要な意味をもっている。キケロは、ラエルテスが息子の不在からくる苦しみを和らげるために農園仕事にたずさわっていることに言及したうえで、老年における農園仕事がもたらす報酬が、若者が戦争や競技で得る報酬にまさることを説いているからである（『大カト』五四、五八節）。

つまり、オデュッセウスのヒロイズムは、アキレウスのように死のなかに表現されるのではなく、生き残ること、すなわち、未知の世界や状況の変化に適応する、多様な親和性をもった能力において示されていると考えられる。フォークナーは『オデュッセイア』のなかに、老年を軽蔑するアキレウス的英雄の世界と、老齢の行くすえを魅力的なものとみなすポスト英雄時代の世界とを架橋する、新たな考え方を見出そうとしている。[32] オデュッセウスは、彼を永遠に老いることのない不死の身にしてやろうという女神カリュプソの誘いを断り、故国で老いて死ぬ道を選んで、帰国の途に着くのである（第五歌一三五―一三六行、第七歌二四〇―二六六行）。フォークナーの興味深い解釈がよく示しているように、ホメロスにおける老年観は、老年についての現実的な洞察と、ポスト英雄時代に向かう人間社会の変貌を感知した、複雑で豊かな認識を含みこんでいる。

ティトノスの物語――永続する老年

ホメロスの作品ではないが、叙事詩の頂点が過ぎてもまだ盛んだったアルカイック期（紀元前七世紀―前六世紀頃）に、叙事詩を吟じる詩人たちの伝承をもとに成立したと推定される『ホメロス讃歌』と呼ばれる一群のホメロス風の讃歌がある。これはホメーリダイ（ホメロスの後裔）と称するラプソードス（吟唱詩人）たちが、ギリシア各地の祭礼の折に、ホメロスの英雄叙事詩を吟唱するのに先立って、その地の守護神である主神に呼びかけ、これを讃えた歌であり、それゆえ序歌（プロオイミオン）とも呼ばれた作品群である。[33] 三三篇ある讃歌のなかでもホメロスとの親近性が高いとされる『アプロディテへの讃歌』が伝える、老年をめぐってよく知られたティトノスの物語（二一八―二九一行）にここで触れておこう。オデュッセウスは、永遠に老いることのない不死の身にしてやろうという女神カリュプソの誘いを断ったが、トロイアの王子ティトノスは、不死の身の約束をした女神エオスの言葉を信じたために、不死とはされたが永遠に老いることになったという物語である。

ホメロスの英雄叙事詩では、「暁の女神（エオス）は、不死なる神々また死すべき人間に光をもたらすべく、貴公子ティトノスとの添い寝の臥所から起き上がった」と語られ、エオスがティトノスを愛人としていたことだけが述べられている。(34)『アプロディテへの讃歌』では、エオスが神々の姿に見まがうような美青年のティトノスをさらって愛人とし、ゼウスに男を不死にしてくれるように頼んで望みをかなえられたが、女神が永遠の青春を願うことを忘れたために、永遠に老い続ける物語として歌われている。美しい青春の頃には、ティトノスは女神エオスに愛されていたが、青春の輝きを失い白髪の頃になると女神の愛もさめ、添い寝の臥所から遠ざかる。やがて、老年が男の身体を容赦なく老いさらばえさせると、手足を動かすこともかなわず、最後には男の声だけが永久に残される。

だが、とうとう憎むべき老いがすっかり迫ってきて、もはや足を動かすことも上げることもできなくなった時、秀抜な考えが女神の心に浮かんだ。女神は男を部屋にいれ、輝く扉をかたく閉じた。その声は今もなおとどまることを知らず流れ出ている。以前はしなやかな手足にあふれていた力はもはやないけれど。

（『アプロディテへの讃歌』二三三―二三八行）(35)

女神エオスは、ティトノスを不死にしたことを後悔し、かりに姿もからだも若いままで生きつづけ、自分の夫と呼ばれるならよいけれども、人間には容赦なく老年が襲いかかり、「老いは呪わしく辛いもの、必ず人間どものそばに立ち、神々にはそれがおぞましい」（二四五―二五六行）と語る。女神エオスは、ティトノスとの間に二人の子供をもうけたことさえ常軌を逸した愚かなことだったとして、「今度は私がお前をたねに、これからさき毎日毎日、神々の間で侮辱されることになろう」（二四七―二四八行）とまで述べて、男を残して天空に去ってゆく。

暁の女神は、インド・ヨーロッパの宗教においては、時の移ろいをもたらすものであり、それゆえ人びとを老いさせると考えられていたといわれる。[36] だが、エオスと同様に、人間の男ペレウスとの結婚を強いられた女神テティスの場合にも、伴侶の老いを嘆くのは女神の方である。

ゼウスは海の娘たちのなかから、わたしを選んで、アイアスの子、ペレウスなる人間の男に従わせ、わたしはその男の閨に耐えたのですが、それはどれほどわたしには不本意であったことか。夫は辛い老齢のために弱り、屋敷に臥せっています。

（『イリアス』第十八歌四三二―四三五行）

年齢が進むにつれてみずからの身体的な魅力が失われていくことを恐れるのは女性だと一般に男性は考えがちであるが、ギリシア神話においては、進行し避けることのできない年齢による衰えに苦しむのが男の方であることは興味深い。[37]

後代には女神エオスが、老衰に苦しむティトノスを蝉あるいはキリギリスの姿に変えたという結末が付加されて、ティトノスの物語は数多くの著作家によって語られ引用された。キケロも、『大カト』の冒頭で、「私がケオスのアリストンとは違って、全篇をティトノスの語ったことにしなかったのは、神話には権威が欠けるから」だと述べている。[38] アリストンだけではなく、ウァロにも『ティトノス・老年について』という題名の、キュニコス派の前三世紀の風刺作家メニッポスをまねた風刺詩があり、ティトノスを主人公や題材にして老年について語る著作が書かれたことが知られている。プルタルコスは、次のようにティトノスに言及している。

もしも、あなたがティトノスを父親としてもっていたとしても、つまり、不死ではあるが、老年のために多くの世話を必要としても、あなたが世話をしたり、話しかけたり、助けたりすることを避けたり放り出したりするとは私は思わない。あなたはこれまでもずいぶん長く仕えてこられたのだから。

(『老人は政治に参与するべきか』(792E4-8)

プルタルコスが述べる高齢者の世話の問題は、次節で見るように、ヘシオドスにおいて大きなテーマとされている。

人間は古来より不死となることを願ってきたが、ティトノスの物語はその願望に根本的な反省を迫っている。求める不死が身体の自由を奪うような老化の限りない進行を伴うものであっても、はたして人間は命の絶えることのない永続を望むだろうか。床で動けず、声しか出なくなり、部屋に閉じこめられるような生であっても、なお人間は生きる意欲をもち続けられるだろうか。そのような問いの前には、死こそが老年の長い苦しみから人間を解放してくれるよき定めとして乞い願われるのではないか。ティトノスの物語は、西洋において古代世界をこえて詩人たちの想像力を刺激しつづけ、英国ヴィクトリア朝時代を代表する詩人アルフレッド・テニスン(一八〇九―一八九二年)も、Tithonus と題する格調高い美しい詩を書き残している。そのなかでテニスンは、「人間は本来あるべき姿からかけ離れたり、当然生命を終わるべき天与の寿命を越えようなどと、いったいどうして望むのでしょうか、その寿命こそ万人にとって最も相応しいものなのに[39]」と歌っている。二一世紀に入ってからも、ポストモダンの代表的詩人ポール・マルドゥーンが、「Tithonus という題名の詩を書いている。[40] ティトノスの声は今なおやむことなく、老年の意味をわれわれに問いかけているのである。

3　ヘシオドス――人間の成熟と老後の世話

古代ギリシアの日常的な家族生活において、老人たちは家政の助言者として高い地位を占めていたわけではない。ギリシア人は老いた両親と同居したが、息子は両親に敬意を払うことはあっても、彼らの助言を必要とはせず、彼らには家政に対してさしたる発言権もなかった。しかも、自分たちを守ってくれる息子がいない場合には、老ラエルテスの姿が示唆するように、高齢者の生活は貧しい悲惨な状況におかれた。子を亡くした親の嘆きは、自分の老後の世話や糧を喪失した悲しみに直結しており、それゆえ子どもを失うことは最大の不幸とみなされたのである。そのような事態を前七世紀の農夫でもあった詩人ヘシオドスが、女性嫌悪的な神話の枠組みで語っている。「女の誕生」の物語である（『神統記』五七〇―六一六行）。

人間がプロメテウスから火を手に入れた代償として、ゼウスが人間に復讐するために禍いとして女をつくり与えた。ゼウスは、善きこと（アガトン）の代わりに、「美しき禍（カロン・カコン）」として女を与えたのだという。女たちが大きな禍であるといわれるのは、彼女たちが男たちといっしょに暮らす場合には、貧乏とは連れ合いにならず、裕福とだけ連れ合い、働きもせずに稼ぎを浪費するからだ。さらに、ゼウスは第二の禍をも人間に与えた。結婚と女たちの惹き起こす厄介ごとを避ける男たちに与えられる禍である。それは結婚をしない者が、老後の世話をみてくれる者を欠いて、悲惨な老年に至ることとされる（同書、六〇三―六〇五行）。

西洋の古代世界においては、年金制度はもちろんのこと、高齢者に対する国家の援助制度や公的福祉はなく、老人を扶助する何らかの医療施設や福祉施策が見出されるのはキリスト教の時代まで待たねばならない。二世紀のキリスト教教父テルトゥリアヌスは、キリスト教徒が年老いた奴隷（domestici senes）のために信徒の月例献金（stips）を用いることについて言及しているが、法的文書に「ゲロントコメイオン」と呼ばれる養老院が登場するのは六世紀以降のことである。[41] 古代世界では、寄辺ない老年に貧困が組み合わさると、耐え難い恐ろしい現実が待っていたのである。[42] ゼウスの復讐によって男たちは、怠け者で贅沢な女たちと結婚するか、結婚せず老後の世話をみてくれる子供をもたない寂しい悲惨な老年を送るかのいずれかを選択しなくてはならない。

この『神統記』では老年（ゲーラス）は、女神ニュクス（夜）が自分だけで生んだものとされている。ニュクスが一人で生んだのは、「忌まわしい定め（モロス）」、「死の運命（ケール）」、「死（タナトス）」、「眠り（ヒュプノス）」、「夢（オネイロス）」、「非難（モモス）」、「苦悩（オイジュス）」、「黄泉の娘（ヘスペリス）」、「運命（モイラ）」、「復讐の運命（クロト、ラケシス、アトロポス）」であり、最後から二番目にゲーラスは生まれる。

そして、死すべき人間にとっての禍である憤り（ネメシス）を
破壊するニュクスは生んだ。その後に、欺き（アパテー）と愛欲（ピロテース）と
忌まわしい老年（ゲーラス）と無慈悲な争い（エリス）を生んだ。
（『神統記』二二三―二二五行）

夜の女神ニュクスが生んだのは、人間にとってことごとく禍となるものばかりであり、老年はその一つに数えられている。

五時代説話のなかのヒュブリスと成熟

女性嫌悪的な物語と夜の女神ニュクスの系譜から、われわれは当時の高齢者がおかれた社会的地位と境遇をうかがうことができるけれど、老年に関してヘシオドスのいっそう興味深い考え方を示しているのが、『仕事と日』(一〇九―二〇一行)で語られる「五時代説話(五つの種族の物語)」である。それはよく知られた次の物語である。

神々は最初に黄金の種族をつくられた。黄金の種族は神々のごとく、悩みも労苦も悲嘆もなく、労することもなく、大地がおのずと与える豊かな実りを享受して幸せに暮らしていた。彼らには惨めな老年が訪れることがなく、手足が衰えることもなかった。その黄金の種族が絶えた後に、第二の銀の種族がつくられた。銀の種族にも老年は訪れなかった。しかし、それは黄金の種族とは大きく異なり、彼らが成熟することがなかったからである。彼らは生まれると百年もの間、幼な子のままで母の膝のもとで育てられ、やがて成長をはじめて成人に達するやいなや、おのれの無分別によって滅びてしまう。互いに無礼な「暴力/傲慢(ヒュブリス)」を抑えることができず、神々を崇めることも祭壇に生贄を捧げることもしなかったために、ゼウスによって滅ぼされたのである。続く青銅の種族と半神の種族も老年を迎えることがなかった。彼らが戦争と暴力(ヒュブリス)を本分とし、互いに戦って討ち死にしてしまったからである。そして、第五の鉄の種族がつくられた。現在の大地に生まれ住む人間の種族である。鉄の種族は、昼も夜も労役と苦悩に苛まれ、たえず心労の種が与えられ、この種族が衰えるのが早いことは、子供が生まれたときにこめかみに白髪（白い産毛）をつけている（一八一行）ことに象徴される。鉄の種族は誕生のときにすでに老いのしるしを身に帯びているのだ。鉄の時代に至ると、父と子は心が通わず、客は主人と、友は友と折り合わず、兄弟どうしも昔のように親密さを保てない。そして、

親が年をとれば、たちまちこれを冷遇し、
悪罵を放って誹るようになる——
神々を恐れることを知らぬ、けしからぬ振舞いじゃ。
かかる人間であれば、年老いた両親に、その養育の恩に報いることもするまい、
正義は力にありとする輩で、互いにその国を侵すことになるであろう。

（『仕事と日』一八五—一八九行[43]）

G・S・カークは、この五種族の物語の最もオリジナルな点は、「成熟」に強調が置かれていることにあると指摘している。[44]子供じみたことを捨て去り、成人として責任をもつことに焦点が当てられているからである。五種族のなかでは黄金の種族のみが、ふさわしい「成熟」を遂げていることになる。銀の種族はたとえ百年の間、幼子として生きながらえても、十分に成熟することはなく、若さ特有の無謀な「ヒュブリス（暴力・傲慢）」のため攻撃性に富み、成人としての責任を担うことができず、他人や神々への敬意を払うことができない。続く二つの種族が老年を迎えないのも、他者に対する正しい関係を学ぶことなく、もって生まれた暴力と戦いの力に訴えて、互いに戦って滅びるからである。若いことは称

賛されてはいない。暴力とも傲慢とも訳される「ヒュブリス」をもつことが、一貫して問題とされている（一三四、一四六、一九一行）。「驕るこころ（ヒュブリス）は専制君主を生む」というソポクレスの『オイディプス王』（八七二行）の有名な一節にあるように、古代アテナイの法廷や討論の場において、ヒュブリスは過剰な自己主張や道に外れた悪を象徴し、西洋古代社会で高く評価された徳目の「節制（ソープロシュネー）」の対極にあるものとみなされていた[45]。

若さ特有の未熟なヒュブリスにとどまるかぎり、他人とも神々とも正しい関係を保つことができず、たとえ百年の長生きをしても頑是ない幼子と等しいとするこの物語には、歳を重ねるにつれて成熟することの重要性が含意されている。成熟という観点から見れば、老年や加齢は否定的な陰影とは異なる意味と輝きの様相を帯びてくる。キケロも、老人に与えられる「成熟（maturitas）」を重視し、果物は未熟だと力ずくで木からもぎとられるが、よく熟していればみずから落ちるように、命もまた青年からは力ずくで奪われ、老人からは成熟の結果として取り去られるのであり、「この成熟ということこそ私にはこよなく喜ばしい」と語っている[46]。老年を人間としての成熟の時期であるとみなしうるか否かが、老年について悲観的な見解をとるか、楽観的な希望をもつかを分ける重要な分岐点なのである。

特筆すべきは、『仕事と日』では、「五時代説話」（一〇九―二〇一行）の後に続けて、「正義について」（二〇二―二八五行）が語られ、老年と正義が重なり合うように連続して取り上げられていることである。鉄の種族の時代になると、老いた両親を虐待する人間は、神々も恐れず、他国を侵略し、正義はただ力にあるとみなすようになる。そして、誓いを守る者、正義の士、善人を尊ぶ気風はすたれ、悪事を働く者、暴力をふるう者を重んずるようになる。人びとは互いに嫉妬心にとりつかれ、地上からはアイドス

（慎み・羞恥）とネメシス（復讐・義憤）の女神が立ち去り、人間には悲惨と苦悩と災難のみが残される（『仕事と日』一九〇―二〇一行）。この五種族の説話に引き続いて、正義（ディケー）が主題化されて、正義こそが暴力（ヒュブリス）に勝利するものであり、人間に幸福を約束し、ゼウスが人間に与えたもので正義にまさるものがないことが高らかに歌われる（同書、二〇二―二八五行）。五時代説話から「正義について」まで、一貫して対比されているのは、ヒュブリスと正義である。[47] つまり、人間としての成熟をはかる最も重要な尺度は、傲慢さと暴力に打ち克つ正義を身につけているか否かの一点にかかっている。老年と正義を結びつける明確なモチーフは、プラトンに先立って、ヘシオドスのなかにすでに見出すことができるといわねばならない。

『仕事と日』と『国家』の密接な関係

ヘシオドスの『仕事と日』で、老年と正義の問題がこのように架橋されて密接なつながりをもって語られていることは、プラトンが正義を主題とする『国家』の哲学的議論の冒頭に、ケパロスを登場させていることにも深い関連があるように思われる。ヘシオドスの場合には、正義論の前に不幸な老年が描かれ、プラトンの場合には、それとまったく対照的に、ケパロスの幸福な老年が正義論の前に描かれているからである。『仕事と日』の「親が年をとれば、たちまちこれを冷遇し、悪罵を放って謗るようになる」（一八五―一八六行）という詩句には、『国家』の「身内の者たちが老人を虐待するとこぼす者も何人かあって、そうしたことにかこつけては、老年が自分たちにとってどれほど不幸の原因となっているか、めんめんと訴える」（329B）というケパロスの言葉が相通じる。また、『国家』冒頭の「老いは平坦でない（tracheia）険しい（chalepe）道なのか、らくに行ける（rhaidia）楽しい道なのか」というソクラテスの最初の問いの言葉遣いは、J・アダムが注釈で指摘するように[48]、ヘシオドスの次の詩句から取られていると考えられる。

だが不死の神々は、すぐれて善きこと（徳）の前に汗を置かれた、
それに達する道は遠くかつ急な坂で、
始めはことに平坦ではないが（trechus）、頂上に至れば、
後はらくになる（rheidie）――始めこそ険しい（chalepe）道ではあるが。

（『仕事と日』二八九―二九二行）

また、『国家』冒頭（328E6）で語られた「老いの敷居」は、『仕事と日』（三三一行）にまったく同一の表現があり、『国家』第八巻（552C）で「寡頭制的人間」が浪費家として「雄蜂」にたとえられることも、『仕事と日』（三〇四行）で怠惰な人間が「雄蜂」と呼ばれることに対応する。

そして、プラトンが『国家』のなかで、ヘシオドスの正義論を強く意識していることは、『国家』におけるヘシオドスへの再三の言及と詩句の直接的な引用からも明らかである。プラトンは、『国家』第二巻で、正義がもたらす評判や報酬ではなく、正義それ自体が称賛に値するのかという問題を提起し、正義論を新たに根本的に問い直して展開する際に、ヘシオドスが語る正義の教説から次の詩句を、ホメロスの詩句とともに重要な証言として引用する（『国家』363B）。

樫の樹々の梢は実をたわわに結び
幹には蜜蜂が巣をいとなみ
毛深い羊らは、ふさふさとした綿毛を重くつける。

（『仕事と日』二三二―二三四行）

ヘシオドスやホメロスは、正しい人間であるというよい評判によって人びとや神々からも与えられる報酬や果実を称賛しているのにすぎず、[49]詩人たちが正義そのものを称賛していないことが批判される（『国家』363A–B）。そのうえで、正義からその評判や報酬のいっさいが剥ぎ取られて、正義がそれ自体として善きものであるかどうかがあらためて問われることになる。正義に課せられたそのきびしい問題設定は、正義論が語り尽くされた時点で、ヘシオドスとホメロスの名前があげられ再確認されている。「これでわれわれは、さまざまの問題を議論のなかで片づけたが、とくに、君たちが言っていたようなヘシオドスとホメロスのやり方と違って、われわれは正義について、その報酬や評判を讃えることはしなかった。われわれが発見したのは、正義はそれ自体として魂それ自体にとって最善のものであるということ」（『国家』612A–B）であると。つまり、『国家』第二巻でヘシオドスとホメロスの正義観を批判するきびしい問題が設定され、それに答える議論が全面展開されて解答が与えられたことが最終第一〇巻で明確に宣言されているのである。

『国家』のこのような構成は、古代ギリシアにおいてヘシオドスやホメロスの文学が倫理教育においてどれほど重要視されていたかを如実に物語る。ヘシオドスやホメロスの文学的伝統が倫理教育の中核をなしていたため、プラトンにとってその強力な伝統と対抗することが、みずからの正義論を提示するための最重要課題になったのである。『国家』第二巻で、教育の問題が取り上げられると、すぐにホメロスやヘシオドスが語った神々や英雄の物語が批判の対象にされる。とくにヘシオドスは、「最も重大なことについて最も重大な作りごとを、よからぬやり方で作ったことになる」として、ウラノスやクロノスの神々どうしの仕打ちや復讐劇を描いたことが（『神統記』一五四―一八一、四五三―五〇六行）、まず槍玉に挙げられている（『国家』377D-E）。プラトンは、その時代の新しい教育を担ったソフィストと対決する場合ですら、ホメロスやヘシオドスやシモニデス（前五五六頃―四六八年頃）たちを引き合いに出して、彼らが詩作という仮面をつけて偽装し、実はソフィストの技術を行使していたのだと、プロタゴラスに語らせている（『プロタゴラス』316D）。

プラトンが『国家』篇全体でヘシオドスとその正義論を強く意識していることは、ヘシオドスの五種族の物語に繰り返し言及していることからも見てとれるだろう。プラトンの理想国家を構成する守護者・補助者（戦士）・職人という三つの階層は、ヘシオドスの五種族説話になぞらえられて、金・銀・銅の種族と呼ばれる。理想国家の市民は同じ大地から生まれたが、誕生に際して、金・銀・銅と鉄が天性の素質として混ぜ合わされており、国家の三階層への適性が先天的に与えられていると信じさせる、現代では悪名の高い「高貴な嘘」（414B-415E）のフィクションである。その虚構は導入時にこそ、アルファベットの文字を発明したフェニキア人の物語に起源をもつと述べられ（414C）、ヘシオドスには言及されていない。しかし、理想国家の金の種族に対する死後の処遇について語られるときには（468E-469A）、ヘシオドスの名前と『仕事と日』（一二二―一二三行）の詩句が証言として引用されて、死後に人間の見張り手となるがゆえに、彼らを特別の栄誉をもって埋葬すべきだとされ、『国家』第八巻でも、ふたたびヘシオドスの名前があげられて（546E）、その虚構の物語が「五時代説話」からとられていることが明確に語られている。[50] さらに、『国家』第八巻では、「五時代説話」に関連するように、五つの国家体制と対応する五つの人間類型の変遷と退廃が語られている。理想国家（優秀者支配制）が、名誉支配制、寡頭制、民主制、僭主独裁制へと堕落してゆくのに応じて、五つの人間類型の堕落してゆく過程を描くその記述は、『仕事と日』の「五時代説話」の下降とパラレルであるとみなせるからである。[51]

『国家』だけではなく、プラトンが、その生涯にわたってヘシオドスにきわめて強い関心をもち続けたことが、最近の研究によって指摘されるようになってきた。[52] たとえば、プラトンの宇宙論が描かれる『ティマイオス』と『神統記』との間には密接な関連があることも新たに着目されている。D・セドレーは、『ティマイオス』で語られる宇宙創成以前の「無秩序の状態」や後述する難解な「場」の理論が、『神統記』で最初に「カオス（混沌）」が誕生したとされることをふまえて書かれていて、『神統記』との比較が『ティマイオス』を理解するのに役立つ可能性を示唆している。[53]

G・W・モストは、プラトンの初期対話篇から後期対話篇の年代順にヘシオドスへの言及箇所を調査し、引用されたヘシオドスに対する対話篇の文脈上での評価をプラス・マイナスで示した表を作成した。それによれば、引用された四〇箇所のうち、話し手によるヘシオドスへの評価が、ポジティヴな箇所が二九、ニュアンスが複雑で評価が微妙な箇所が五、ネガティヴな評価とされるのは六である。[54] モストは、プラトンが『ティマイオス』（21D, 40D–41A）や『法律』などの晩年の著作でヘシオドスを再評価し、共感をもって詩句を引用していると主張する。[55] またモストによれば、ヘシオドスの作品に関するプラトンの評価には次のような傾向がある。プラトンは、『神統記』に関しては、神々の名前や系譜や語源の権威として受容するが、神々の互いの仕打ちや争いの物語は斥ける。他方、『仕事と日』に関しては、正義について一貫した考察を行なっており、その帰結主義的な理論は不十分ではあるけれど、有益な教訓を集めたアンソロジーだとみなしている。つまり、プラトンにとって、『仕事と日』は、厳密な論理や哲学的洞察の深さといった点では十分ではないが、日常経験から得られた有益な指針を一般化し覚えやすい形に定式化した、通俗哲学の最も重要な範例であったのだとモストは論じている。[56]

たしかに、『国家』においても、きびしく批判されるのは主として『神統記』であり、『仕事と日』については、「『半分はある意味で全部よりも多い』」(同書、四〇行)と言ったヘシオドスは、まことの知者であったことを思い知るだろう」と述べられているように(『国家』466C)、その詩句が肯定的に引用されている。[57]そして、プラトンの『ソクラテスの弁明』(41A-B)においては、死刑判決を受けたソクラテスが、冥界にいるヘシオドスやホメロスと会える可能性があるなら何度でも死ぬに値すると語っているのは、正義と知恵に関するヘシオドスの名声のゆえであったとも指摘されている。[58]プラトンが正義論を展開するうえで、ヘシオドスとその伝統は、第一に考察されるべき対象であったのである。

以上のことから、プラトンは、ヘシオドスの詩に語られた正義論を先行する最も重要な教説として批判的に引き継いで、みずからの正義論を展開しているといってよいと考えられる。したがって、ヘシオドスの『仕事と日』でなされた老年と正義の架橋は、プラトンの『国家』冒頭の老年をめぐる対話に形をかえて、意識的に引き継がれ、正義論を導く序章とされたとみなすこともゆるされるだろう。ただし、老年とは、たとえ成熟という観点をふまえたうえでも、人間に与えられた不幸であるというヘシオドスの根本的な見解は、『仕事と日』においても変わることがなく、維持されている。それゆえ、プラトンが、ケパロスに老年を平和で精神の充実した喜ばしい年代だと語らせたことは、ヘシオドスの正義論だけではなく、彼の老年観への挑戦も含まれていたといえよう。

老いた両親を養う責務（ゲーロトロポス）

では、そもそも、ヘシオドスが『仕事と日』において老年と正義を結びつけた根本的な理由とは何であろうか。それは養育の恩義のある老いた両親を冷遇し虐待することが、西洋古代世界では正義に最も反する行為であるとみなされていたからである。ヘシオドスは、「苦しみの老いの閾に立つ老いた父親を口汚く罵っては言い争う者」には、ゼウスが憤激して過酷な報いを下すと語る（『仕事と日』三二七–三三四行）。古代ギリシアにおいて、両親が老いたときに、自分を養育してくれた負債を子供が返さねばならないとする考え方は、すでにホメロスの時代から自明のように語られてきた。若くして戦場で命を落とした者は、「両親に養育の恩を報いることもかなわず」との嘆きが歌われ（『イリアス』第四歌四七七–四七八行、第十七歌三〇一–三〇二行）、家督を守るために母親を追い出すように求められたテレマコスは、自分が母親を実家に帰そうものなら、祖父や母親の怒りばかりか、神霊の祟りや世の糾弾までも覚悟しなければならないとして、その要求を拒絶する（『オデュッセイア』第二歌一三〇–一三一行）。両親の恩に報いることは、文学や教育を通じて繰り返し強調された。[59] ソロンに帰されるアテナイの法律によれば、老いた両親を養わない者は市民権を剥奪され、両親を虐待した者を第三者が訴えることもできたという。[60] また公職に就く者は、彼らが自分の両親をよく遇しているかを問われたのである。[61]

プラトンは、老いた父母に対する恩義を重視するこの伝統的な考え方を継承し、老いた両親を養うことに重大な関心を寄せ、市民の最大の責務として位置づける。すでに見たように『国家』第一巻でも、ケパロスが引用するピンダロスの詩句には、正しく敬虔に生きた者には「老いの身を養う（ゲーロトロポス）」希望が備わると歌われていた。このゲーロトロポスというギリシア語は、「老後の糧」とも訳され、とくに子供が老いた両親の世話をして面倒を見るという意味で用いられる重要な言葉である。[62]『国家』第九巻では、「僭主（独裁者）とは父親殺しにほかならないし、老いた両親に対して残酷な養い手（ゲーロトロポス）だということになる」と述べられ、僭主（独裁的人間）が、両親の老後の世話をする伝統的規範を踏みにじる極みに位置づけられている（569B）。それに続いて、その僭主こそが、あらゆる人間類型のなかでも、最も不正で最も不幸な人間であることが詳細に論じられる（571A-580C）。『仕事と日』において、鉄の種族の時代になると、老いた両親を虐待する者が、他国を侵略し悪事と暴力をふるう者となると語られていた（一八〇―二〇一行）。そのことがより詳しく、『国家』のその箇所で展開されているとみなすこともできるだろう。

そして、プラトンは『法律』で、老いた両親に対して、「最初にして最大の負債、あらゆる恩義のうち最も重い負債を負っているのであるから、それを返すことは当然の掟である」として、自分の財産を父母に属するものと考えるべきことや、財産や身体や精神にかかわるあらゆる奉仕を義務づけている。

この両親に対しては、最初にして最大の負債、あらゆる恩義のうち最も重い負債を負っているのであるから、それを返すことは当然の掟である。彼はまた、その所有しているもの、もっているもののいっさいを、自分を生み育ててくれた親に属するものとみなし、それらを両親の奉仕に、できるかぎり提供しなくてはならない。まず、財産からはじめ、次には身体にかかわるものを、さらには精神にかかわるものを。そうすることは、その昔、幼い子供のために費やされた、骨身を惜しまぬ親たちの気苦労や労苦の借りを返し、今は老年の身で必要とするものの多い老人たちに、その返済をすることにほかならない。（『法律』717B–C）[63]

両親に対しては、生涯を通じ、とりわけ言葉の慎みを保たねばならず、軽はずみで浮ついた言葉には、最高の重い罰が待っているとされ、「まことに、そうしたいっさいのことに対しては、正義の女神の使者、かの復讐の女神ネメシスが、その監視者として配されている」（『法律』717D）と述べられる。復讐の女神ネメシスへの言及は、この義務に反する者への重罰を示唆するだけでなく、アイドスとネメシスを正義に結びつける『仕事と日』（一九〇―二〇一行）の叙述を思い起こさせる。また、『法律』では、金の種族が死んだ後はダイモーンとなって人間たちを守護するという五時代説話のなかの物語（『仕事と日』一二一―一二三行）も、ある真実性をもつと語られている（『法律』713C–E）。ヘシオドスの説話や正義の教説との親密な連関は、『国家』だけにとどまらず、『法律』においても維持されているのである。さらに、『法律』（658D）では、子供が喜ぶ喜劇や、婦人や青年たちが高く評価する悲劇ではなく、老人たちは、『イリアス』や『オデュッセイア』やヘシオドスの詩句を吟唱する詩人に、喜んで耳を傾け、真の勝利者と認めるとし、老人たちのその評価こそが正しいと論じられていることもヘシオドスへの評価として特筆に値する。プラトンの最晩年に書かれた『法律』で表明される老いた両親を養う責務は、ヘシオドスやホメロスの伝統的価値観をまっすぐに受け継いで、さらに強調したものといえる。ただし、老いた両親を世話する家族が直面する困難についても、プラトンは周到な配慮をしている。プラトンは、両親が高齢になり、認知症になった場合についての家族の対応も考察しているからである。重い認知症になり自分の財産管理ができなくなった場合には、子供が後見人になる仕組みを法律で定めている。

他方、何らかの病気や、老齢や、性格の意固地さが、あるいはそれらのものがいっしょになって、誰かを、多くの老人たちよりもきわ立って痴呆状態にしているけれども、そのことは生活を共にしている者以外の人びとには気づかれていないとする。そしてこの老人は、自分の財産は自分の勝手になるという考えで、これを浪費しているので、息子の方はほとほと困っているが、しかし、そうかといって、精神異常者（パラノイア）として訴えることはためらっているとする。さて、このような場合には、その息子のために、次のような法律が定められるべきです。その息子はまず、護法官のなかの年長者たちのところへ行って、父親の不幸な状態を詳しく説明しなければならない。これに対して、護法官の方は、充分に事情を調べたうえで、告訴すべきか否かについて、その者に助言してやるべきである。そして告訴すべきだと助言した場合には、〔裁判のときに〕その告訴者のための証人として出頭するとともに、弁護人の役割も果たさねばならない。そして裁判の結果、異常者と認定された父親は、それ以後は、自分の財産をほんの少したりとも自由にする資格のない者とみなされ、余生を家のなかで子供同様に暮らすのでなければならない。

（『法律』929D–E）

認知症になった両親の状況や変調を最もよく知るのは、生活を共にする家族である。しかも、家族がそのことを公にすることをためらう心理的葛藤についても、プラトンは十分に配慮したうえで、護法官による調査と相談制度のシステムを考えている。

ピエタースへ

プラトンが『法律』で、老いた両親への責務を語る文脈を、神々や神霊を敬う秩序のなかに位置づけた（718C以下）ことも興味深い。『法律』第四巻で、国家建設の任を担う立法者は、万物の尺度を神に置いて、神に愛される行為と敬虔であることを第一の目標とすべきだとされる。敬虔であるためには、まず第一にオリュンポスの神々や国家を守護する神々に敬いを捧げねばならず、第二に地下の神々に、そして、次にダイモーン（神霊）、半神、家々に伝わる神々の社へと続き、その後に存命中の両親への敬いが語られる。「敬虔（ホシオス717A3、エウセベイア717B1）」という文脈に、両親への敬いと責務は位置づけられるのである。

年老いた両親を成人した子供が敬い養護することを求める道徳的訓戒は、とりわけストア派の教義の影響のもとで、古代ギリシアからローマ社会にも受け継がれていくことになる。前四世紀の古代ギリシアには、プラトンが述べた後見人制度のように、家督を守るために父の意志に反して息子が家長になることを認める法律があったといわれるが、しかし、ローマ社会では事情が違った。ローマ法では男性の最年長の親族が、父であれ、祖父であれ、曽祖父であっても、死ぬまで財産を管理する強大な「家長権（パトリア・ポテスタース）」を保持することになっていた。それゆえ、老いた両親への義務は、法律のなかにではなく、「ウィルトゥース（武勇）」と並んでローマ人にとって枢要な徳目であった「ピエタース（敬虔）」のなかに具現されることになる。ピエタースは、神々への義務だけではなく、祖国への忠誠心と両親への義務を含む徳目であった。ピエタースは、いわば互恵的な契約関係という性格を備え、両親には自分たちの子供を養育する義務を与え、子供にはその返礼として両親が老いたときにその生活と必要な保護を与えることを道徳的に義務づけたのである。[64] ピエタースが、神々への敬虔だけではなく、国への忠誠心や両親への責務を含むことは、プラトンが『法律』で、両親を敬うことを神々への敬虔の延長線上に位置づけたことを考えれば容易に理解されるだろう。神々へ崇敬の念は、祖国を護る神々への信仰を基とし、家々を守る先祖崇拝と結び合わされて、両親への尊敬につなげられるからである。

ローマ人にとってピエタースの理想が意味するものが何であったかは、ウェルギリウス（前七〇―一九年）の『アエネーイス』において、ローマ建国の英雄アエネアスが老いた父アンキセスに示した態度に典型的に示されている。誰にもまして敬虔であったとされるアエネアスは（『アエネーイス』第一歌一〇、二五三、五四二―五四五行）、陥落したトロイアの戦火を逃れるときに妻クレウサを見失って愛する妻の命を失うが、家と国の守り神（ペナテス）の像を抱いた父をみずから背負って、戦場から脱出する（『アエネーイス』第二歌七〇〇行以下）。アエネアスがもつ威厳や尊厳は、試練のなかできびしい打撃を被るが、武勇とピエタースの徳だけは傷つくことがなく、ついにはそのおかげで、彼はローマ建国の偉業を達成するのであり、彼の武勇が現される場合には、つねにピエタースが密接に結びつけられているとも指摘されている。[65]「彼はローマの理想と苦難を背負う敬神的な人物であり、その敬虔な性格（ラテン語で pietas）はキリスト教の根本精神と通い合っている。というのは、この英雄に体現されるピエタースの精神がめざす理想の社会は、キリスト教の場合と同様、卓越した力の原理によって支配されるものではなく、各民族や個人が相互の理解と尊重にもとづいて結びつけられる高い次元の共同体だからである」ともいわれる。[66] ただし、ローマ人にとってピエタースの理想と現実がどうであったかは、後に触れるように別問題である。ローマ社会では、老人は特権を享受していたが、老年そのものは悲嘆や困窮や恐れを伴うものとみなされていたからである。[67]

4　悲劇における老年――悲観的な老年像の支配とその超克

老いたオイディプスの最期

プラトンが生まれ育った前五世紀は、ギリシア悲劇の全盛期である。そのギリシア悲劇において老年像を代表する作品の一つが、ソポクレス（前四九六頃―四〇六年頃）が最晩年に描き、彼の死後数年を経て前四〇一年に初演された『コロノスのオイディプス』であろう。自分のおぞましい過去と恐ろしい運命を知り、みずから眼をつぶして盲目となったオイディプスは、実の息子たちによって故国を追われ、娘に手を引かれて物乞いしながら、老いた身で他国を流浪し、最期のときを迎える。追放と盲目と貧困と老年。舞台に登場するオイディプスは、ぼろぼろの衣服を身にまとい、歳月を重ねた身体は汚れて痩せこけ、盲目の頭には櫛を入れぬ髪の毛が風にゆれている（一二五八―一二六三行）。老いさらばえた元テバイ王オイディプスの痛ましい壮絶な姿は、老人を襲う数々の不幸の極みを体現している。オイディプスは、「老いや死が訪れないのは、ただ神々だけだ。他のすべてのものは、万物に打ち勝つ時が滅ぼす」（六〇七―六一〇行）と、老いや死が、自分だけではなく、遅かれ早かれすべての力を滅ぼすと語る。[68]そして、コロノスの老人たちからなるコロス（合唱隊）は、第三スタシモンで長寿を願うことの愚かしさと老年の不幸を次のように歌う。

生まれて来ないのが最善のこと、
生まれたならば、できるだけ早く
生まれたところに立ち去るのが次善のこと。
軽はずみな無分別をもたらす青春が過ぎ去れば、
誰が数多くの苦しみから逃れられよう。
誰が苦難に巻きこまれずにおられよう。
妬み、内輪もめ、争い、戦い、
さらには殺人。そしてついに最後に訪れる運命が、
忌み嫌われ、無力な、無愛想で、友もない老年だ。
そこにはありとあらゆる禍が同居する。

（『コロノスのオイディプス』一二二四―一二三八行）

コロスが歌うこのよく知られた一節が、ギリシア悲劇のなかで老年について語られる調べの基調をなしているように思われる。一方で、父オイディプスを祖国から追放した二人の息子らは、互いに王権を争って戦い共に滅びる運命にあることが描かれている。兄弟どうしで王座をかけて争い助力を求めにきた息子の一人ポリュネイケスを、オイディプスは赦すことなく追い返し、自分を追放した者には禍が来るというアポロンの予言どおり、二人の兄弟が互いに命を奪い合って死ぬ定めにまかせる。老いた親の面倒をみないで冷遇するという、正義に悖った息子たちの非道な仕打ちに対して、神が最も重い罰を下されたかのようだ。

この作品には息子との諍いを経験したソポクレス自身の辛い老年の実体験が反映されているとも考えられている。キケロによれば、ソポクレスの息子たちが、彼から家政の権限を奪おうとして、父親が痴呆になったので禁治産者とすべきだとの訴えを裁判所に起こしたという。老詩人は、まだ公開していなかった『コロノスのオイディプス』のコロスの歌の一節を裁判官に向かって朗読し、これが痴呆になった老人の作品かとたずねて、その訴えを斥けて放免された。(69) その歌があまりにすばらしかったので、ソポクレスが法廷から退出するときには、居合わせた人びとの拍手と歓声で、さながら劇場の舞台から退場するかのようであったとプルタルコスも記している。(70) 詩人の創造力や精神的力が年齢によって衰えた証拠と人びとがみなすはずの作品が、逆にその反対を証明することになったのである。この作品が書かれたと推測される前四〇五年頃、ソポクレスはすでに九〇歳に近い高齢であり、彼自身が、劇中で最期を迎えるオイディプスのように死を目前にしていた。詩人は最晩年に書いたこの最後の作品に、自分の遺志と遺言を託していたように思われる。(71) 神の定めに従って数々の苦しみを味わい尽くしたオイディプスは、神の約束された地であるコロノスにたどり着く。舞台とされたアテナイ郊外のコロノスは、ソポクレスが生まれた地であり、住まいがあったとされる土地でもある。老人を英雄（ヘーロース）に配役すること自体も、悲劇作品では大胆な手法である。

オイディプスは、神々がなぜ自分に恐ろしい運命を定めたのか理解できず、父を殺し、母を妻とする人間に悖る行為を自分にさせた理由を問い続けてさまよう。弟アベルを殺して地上の放浪者となった旧約聖書のカインのように、オイディプスは「罪の意識に捕らわれた放浪者」の原型であるともいわれる。(72)
オイディプスには、神アポロンが下したみずからに降りかかる不幸の予言とともに、長い年月の旅路の果てにエウメニデス（恵み深い女神たち）の祠で休息を得て人生を終え、彼を最後に迎え入れてくれた者には恩恵を与えることになると告げられていた。オイディプスはその運命の結末が与えられることを信じて、「人の世の最大の苦しみの僕」（一〇五行）として、流浪の旅を耐え抜いたように描かれている。オイディプスが盲目であることは、人間の力の限界を示すとともに、実は他の誰よりも自分に与えられた運命ついて深い内的洞察力をもっていることを象徴している[73]。

オイディプスは、神々がなぜに自分を悪運に定めたかを問い続けてきたが、その苦しみの頂点で、解決は突然にやってくる。神々から耐えがたい苦しみを与えられてきたオイディプスは、神々から愛されており、その報酬としてある特別の不死を与えられる[74]。オイディプスは、呪われ疎まれたこの世の生を終えて、自分が眠るアテナイの地に平安を与え続ける英雄として神格化され、永久に崇拝されることになるのである。息子から冷遇されて老いの苦しみの頂点にあったソポクレスは、オイディプスにわが身を仮託し、自分の死後の不朽の名声と作品の永遠性への願いをこの遺作にこめたのであろう。

フォークナーは、そのような観点から、この作品が老年の悲惨を語りつつも、逆に老年についての否定的な考え方に対するソポクレスの挑戦を含んでいるとする[75]。『国家』のケパロスが愛欲について引用したソポクレスの逸話も、老ソポクレスが財産目当ての息子に禁治産者として訴えられた裁判で『コロノスのオイディプス』の一節を朗読して聴かせたという先述の逸話も、身体と精神の両面で衰えるという老年への一般的な非難や通念をくつがえすものである。老年についての一般的な想定をソポクレスが斥けたとする逸話の伝統は、実はこの『コロノスのオイディプス』の作品そのものが生じさせたのではないかとフォークナーは考える。この作品のなかで、ソポクレスは、それらの逸話が示すのと同様に、老年が単純なものではなく、異なった意味に理解できる複雑なものであることを示唆しているからである。老年についての人びとの見識や経験そのものが、作品では問われており、『コロノスのオイディプス』は、一般的な老年概念に挑戦した文化批判の試みとみなすことができるとフォークナーは主張している。[76]

たしかに、老年を弱々しい哀れな時期だとみなす人びとの通念は、老いたオイディプスの言葉によって打ち砕かれるだろう。老オイディプスは、老年に対する憐憫の情を催させるというよりも、むしろ彼の意思の堅固さがわれわれの胸を打つ。オイディプスが過酷な運命に耐える強い力をもっているからである。オイディプスの運命観は、悲劇における行為の責任についての理解に深くかかわっている。実の父を殺し、実の母を妻としたオイディプスは、自分が悪党であるために好きこのんで穢らわしい所業を行なったのではなく、それらは自分には抗することのできなかった、神が定めた不可避の運命であるという認識によってみずからを支えている。オイディプスに噂の真相をたずねるコロスの問いかけに対して、彼は自分のなしたことは、自分が能動的になした仕業というよりは、むしろ自分も被害者であったと述べ、父親殺しも正当防衛であり、結婚した相手が母だということも知らず、両親に捨てられたのも自分のせいではないと弁明する（二六五―二七四行）。さらに、父親殺しと瀆神の結婚をしたことを非難するクレオンに対しても、それが好きこのんでやったことではなく、遠い昔から自分たちの一族に怒りをいだいている神々が望むところであったためであると反論する。「少なくとも、わたし個人に関しては、お前は、その因果でわたしが自分自身と自分の親族にあのようなことを犯すことになったと咎め立てできるような過ちは何も見出せまい」とし、自分が何をしているか、誰に向かってしているかも知らずに、神々の導きで災難に遭ったのだと抗弁する（九六〇―一〇一三行）。オイディプスは、「本意で、自発的（ヘコーン）」な行為と対比し、自分は知らずに「不本意（アコーン）」に行なったのであり、そのため自分には非がないことを一貫して強く主張するのである。そのことは、後にアリストテレスが、「自発的（ヘクーシオン）」と「非自発的（アクーシオン）」の観点から行為の分類と分析を行なったことにもつながるだろう。アリストテレスは、その分析にあたって、アイスキュロス（前五二五／四―四五六／五年）やエウリピデス（前四八五／八〇頃―四〇六年頃）の悲劇作品を例に取り上げて論じている（『ニコマコス倫理学』第四巻一章以下）からである。この作品でも責任をめぐって本意と不本意が明確に対比されて語られているように、悲劇作品は、アリストテレスの倫理学に、さまざまな性格類型の分析の材料だけではなく、行為の責任の分析についても豊かな題材を提供したのである。

オイディプスは、度重なる苦労の原因について、自分の非を見出すことができないが、それは神々が与えた運命であると受忍する。このことに関連して想い起こされるのは、A・N・ホワイトヘッド（一八六一―一九四七年）がギリシア悲劇と近代科学との連関について指摘したことである。ホワイトヘッドは、ギリシア悲劇が西洋社会に与えた多様な影響の一つとして、悲劇詩人たちが、運命は無慈悲で冷淡であり、運命が悲劇的な出来事をその不可避の決着へ駆り立てていくとみなしたことが、近代科学によって受容された世界観となったと述べている。

ここで悲劇の本質が不幸にはないということを思い起こさねばならない。悲劇の本質は、出来事の無慈悲な働きの厳粛性にある。運命の不可避性は、じっさいには不幸を含む出来事によって、人生において例証されうるが、それは、そうした出来事によってのみ、劇において運命を逃れる試みが無益であることが明白にされるからである。その無慈悲な不可避性が、科学的思考にゆきわたっている。物理法則とは、運命の命ずる定めなのである。[77]

老いたオイディプスの姿がわれわれの胸を打つのは、彼が自分の与えられた恐ろしい運命を厳粛に受け入れる力を示していることによる。息子らに国を追放され、盲目の身で日々の糧を物乞いしながらも、自分を支えてくれる娘を愛し、悲運を与えた同じ神が約束した言葉が成就するまで耐え忍ぶ。与えられた非情な運命をわが身に引き受ける力が人間には与えられていること、そして、それが老年や高齢によっても奪われるものではないことが、オイディプスの姿を通して描かれている。フォークナーが指摘したように、老年の不幸の極致を体現したオイディプスには、不幸な運命を厳粛に受け入れる力をもつ者として、最も悲惨な老人の姿のなかに、ネガティヴな老年像を超える可能性がこめられているといってよいだろう。

老年の嘆きと生への執着

しかし、『コロノスのオイディプス』におけるソポクレスの挑戦的な試みは例外的であり、悲劇のなかの老年は一般に悲観的に扱われている。ギリシア悲劇では、『コロノスのオイディプス』のように、舞台となる地元の老人や長老たちからなるコロスが登場することが稀ではなく、現存するギリシア悲劇三三作品のうち八作品のコロスが長老や老人たちによって構成されている。そして、老人たちのコロスが、老年の辛さや苦しさを切々と語る場面が少なくない。アイスキュロスの『アガメムノン』(前四五八年初演)では、アルゴスの長老からなるコロスによって老年の無力が次のように歌われる。

老いさらばえた者は、葉がすでに枯れ果てたように、
三つ足(杖)で道を歩けども、子供より力が劣り
白昼見る夢のごとくさまよう。

(『アガメムノン』七九―八二行)

エウリピデスの『ヘラクレス』においても、テバイの長老たちのコロスによって、若さと青春は美しいけれど、死と禍をもたらす老いは重く呪わしいと嘆きが歌われている。

若さこそ愛しいもの。エトナ山の切り立つ峰よりも
老いの重荷はなお重く、わが頭にのしかかり、両眼の光を覆ってかすませる。
アジアの君主の富も黄金に満ちた館も青春にはかえられぬ。
青春こそ富めるときも貧しいときも、このうえなく美しい。
私は憎む、死をもたらすこの忌まわしい老年を。

(『ヘラクレス』六三七―六五〇行)

エトナ山はシチリア島にあるヨーロッパ最大の火山で、ゼウスが怪物テュポンの上に火山を投げつけて退治したという伝説があることから、重いものの代名詞とされ、キケロの『大カト』(四節)でもコロスのこの一節が、人びとが老年を重荷と考えている証しとして引用されている。エウリピデスの作品のなかには、「老いとともに積まれていくすべてが禍とはかぎらない。経験の力によって若者にくらべれ

ば、少しは知恵に富んだことを話せるようになる」（『フェニキアの女たち』五二八―五三〇行）というイオカステのせりふや、「たとえ老人であろうと気概さえあれば、若者が束になっても負けはせぬもの」（『アンドロマケ』（七六四―七六五行）といったペレウスのせりふもあるが、それらはごく例外的であり、エウリピデスは老年に対して総じて悲観的であって、作品の数多くの箇所に老年に否定的な評価を散りばめ、アイスキュロスよりもさらにいっそう辛辣で手きびしい。そのことをよく物語るのは次の詩句である。

老人とはただの物音か影にすぎない。夢の似像が歩いているのだ。
知恵をもっていないのに、思慮深いと思いこむ。
（『アイオロス』断片二五）

アイスキュロスの先の詩句では、老人は白昼夢を見ている主体であるが、この詩句では老人はもはや実体のない夢の似像にすぎない。このように悲劇においては、老年について肯定的に述べたものは例外的であり、大半が悲観的で否定的である。ストバイオスが『精華集』で老年についてまとめたもののうちで、悲劇作品から引用しているものをいくつかあげておこう。[78]

長生きするほど苦しいことはないのだ。
（ソポクレス「断片」五五六）

老年にはありとあらゆる災厄が生じるものだ。
思慮分別は消え去り、なすことは役に立たず、些細なことにのみこだわる。
（ソポクレス「断片」九四九）

老いとは人を気難しくさせ、
顔に不機嫌を浮かべさせるもの。

（エウリピデス『バッカイ』一二五一―一二五二行）

老人とは堪え性がないもの、かっとなったら最後、とどまるところを知らぬ。

（エウリピデス『アンドロマケ』七二七行）

およそ死すべき人間の身で、その名も忌まわしい老年まで
生きながらえようと望むものは、考え方がおかしいのだ。
永い歳月は数えきれぬ苦労を生むのだから。

（エウリピデス「断片」五七五）

ああ、老年とはなんと多くの病をもたらすことか。

（エウリピデス「断片」六三七）

しかし、悲劇において老年はこのような嘆きの対象となるだけではなく、老人たちの生への強い執着心も描かれている。その代表例として、エウリピデスの『アルケスティス』（前四三八年初演）をあげることができる。アルケスティスは、プラトンの『饗宴』（179B）でも、夫への愛のために死んだ妻として讃えられているように、この作品は古くからよく知られた説話に由来する。まだ盛年のアドメトスに死期が迫ったため、神アポロンが運命の女神たち（モイライ）に乞い、アドメトスの身代わりになって死ぬ者を差し出せば彼が生き延びられるように取り計らうと言う。アドメトスの老いた両親は息子のために死ぬことを拒絶し、妻アルケスティスが夫のために死を選ぶことになる。しかし、アドメトスの友人であるヘラクレスが死神と戦って彼女を冥界から奪還する、という物語である。

劇中でアドメトスは、妻の葬儀にやってきた父ペレスを、自分の身代わりとならずに若い者を見殺しにしたと激しく罵倒する。自分はもはやあなたの息子ではない、寿命の尽きるような年齢に達していながら、わが子のために死ぬ度胸がなく、他家から嫁いできた若い女を見殺しにするとは卑怯未練このうえないと非難し、息子の責務であった父親の「老後の面倒を見ること（ゲーロトロポス）」（六六八行）も葬式を出すことすらも拒否して、次のような悪態をつく。

年寄りどもは浅はかにも、老年や長生きは嫌なものだなどといって、
死を願ったりするが、
死が目の前に迫ると誰も死にたがらず、
老年も苦にならなくなるのだ。

（『アルケスティス』六六九—六七二行）[79]

これに対して父ペレスは、父親が子の身代わりになって死ぬような義理も家風もギリシアの掟もないとして、老いた者にも生きる喜びがあり、何の落ち度もない両親を責める息子アドメトスこそが卑怯者だと詰り返す。

お前は自分が生きる喜びを味わいながら、父はそうではないとでも思っているのか。
もとよりあの世で過ごす時の長いことはわしにも判っている。
この世で生きる時は短い、しかしそれは甘く楽しい時だ。
お前は死にたくないばかりに、恥も外聞も忘れてじたばたとあがいた挙句、

この女を身代わりに死なせて、すでに定まっていた運命を逃れ、
今そうして生きている。

（『アルケスティス』六九一—六九五行）

「この陽の神の光は愛しい、実に愛しい」（七二二行）と吐露する老いたペレスの一連のせりふは、他の悲劇で語られ、また日常的にもよく耳にする、老年や長生きを嘆く老人の言葉の背後に、死すべき人間がいだく、生に対する隠された強い執着をリアルに描き出している。

『アルケスティス』には、親子の歯に衣着せぬ罵り合いや、息子アドメトスが父親を逆に「勘当」するというせりふや、客人のヘラクレスが通夜の館で悪酔いする場面など、観衆の笑いを誘うくだりが盛りこまれている。古伝梗概（ヒュポテシス）において、『アルケスティス』は、上演される四部作の最終篇として通例は滑稽なサテュロス劇の占める位置におかれていたことや、典型的な悲劇作品とは違って結末が幸福と歓喜に終わることなどから、喜劇の特質をもっと古くから指摘されている。『アルケスティス』は形式的には悲劇作品であるけれども、喜劇的要素をも併せもつ作品なのである。老人が生に執着する姿を皮肉に描く喜劇的老年像が、『アルケスティス』からは透けて見えてくる。

エウリピデスの悲劇作品には、このほかにも『イオン』など喜劇的要素の強い作品がある。また、夫と妻、親と子との家族どうしに起きた誤解や争いが、気づかれなかった手がかりや近親関係が発見される「認知（アナグノーリシス）」[80]によって和解を迎えるといった、前四世紀の新喜劇の主題や文学的技法の先行例を見出すことができる。そのため、アリストパネス（前四五〇／四五頃—三八五／八〇年頃）ではなく、エウリピデスこそ、新喜劇のメナンドロス（前三四二—二九二年）やピレモン（前三六八／六〇

頃―二六七／三年頃）に影響を及ぼし、ひいてはシェイクスピアやオスカー・ワイルド（一八五四―一九〇〇年）にまで感化を与えた西洋近代喜劇の祖であると位置づける研究者もいる。[81] プラトンが『饗宴』で、喜劇と悲劇を創作する知識が同じ人物に属し、「技術による悲劇作者はまた、喜劇作者でもある」とソクラテスに語らせた言葉は（『饗宴』223D）、この詩人に対するプラトンの批判（『国家』568A–B）には反するが、エウリピデスにこそよく当てはまるかもしれない。最後に喜劇のなかの老人の姿を見ておこう。

5　喜劇のなかの老年——世代間の争い

周縁化された老人たちの反逆

悲劇における老年観が、悲惨で無力で禍に満ちた重苦しい悲観的なものであるのに対して、喜劇では、盛年の力を失った老人がかつての名声や古い考え方に固執して憤ったり、老いても愛欲の快楽や金銭を貪欲に求めたりする姿が、笑いを引き起こす原動力とされる。ギリシア喜劇のなかでは老人が重要な役割を演じることが多く、それゆえ新旧の世代間の競い合いに喜劇の起源が求められることがある。他の文化世界と同じく古代ギリシアにも、空腹と死を象徴する冬を追い出し、富と新しい生命の春夏を迎える年ごとの季節の交代を象徴する祭礼があった。それが古い世代と若い世代との争いとして表現され、古い王を打ち倒して若い王が誕生し、大地の女神と婚礼をあげる祝賀の行事が執り行われたことに喜劇の起源があると主張されるのである[82]。

古喜劇を代表するアリストパネスの初期の作品でも、主要な登場人物やコロスに老人が配され、世代間の軋轢にスポットライトが当てられる[83]。ギリシア喜劇の大きな特徴の一つは、社会制度や地位が逆転することによって、周縁化されていた集団の地位がいっきょに高められることにあるが、アリストパネスの作品においては、社会から疎外された集団として、女性とともに、老人がしばしば前面に現れる。『騎士』の主人公の若い「腸詰屋」を除けば、アリストパネスの作品のヒーローは年齢を重ねた人物である。老人の若返りは繰り返し現れるテーマであり、性欲を満たすのも年長の人間の特権とされる。これに対して、若い男の登場人物は稀であり、登場しても好意的に描かれることは少なく、多くの場合に敵意が示され、彼らは当惑や挫折を経験することになる。傲慢だが愚かであることが、若い男のステレオタイプである。(84) 父親と息子の間で、財産の相続や伝統の意義や若い女や息子の務めなどをめぐって、強い葛藤が描かれることになる。

現存する最古の喜劇作品である『アカルナイの人々』(前四二五年初演)においても、世代間の争いが重要な要素とされ、かつてペルシア軍を撃退したマラトンの戦い(前四九〇年)に従軍したアカルナイの老人たちが、スパルタとの和平を結ぶ主人公ディカイオポリス(ギリシア語で「正義の国家」を意味する)と対決する。老人たちは、平和条約に反対し、自分たちがかつての戦いの功績にふさわしい老年の世話を受けていないどころか、裁判で苦しめられているとしてポリスを次のように告発する。

われら齢老いた老人は、このポリスを非難する。
なぜなら、われらが戦ったあの海戦にふさわしい老年の世話を
われわれは諸君から受けとっていないばかりか、
恐ろしい目に遭わされているからだ。
諸君は、年老いた者たちを訴訟の渦中に投げこんでは、
若造の弁論家の連中に笑いものされるままにしている。
年老いた者たちはまったくとるにたらず、まるで使い古された笛のように、

力なく声なく黙りこみ、
支え主の神ポセイドンといえば杖だけなのだ。
老年のせいで口ごもりながら、あの石のそばに立つが、
われらには裁判の霧のほかには何も見えず、
老人を訴えることに躍起になってきた若造は、
挑みかかって、矢継ぎ早に鋭い言葉を投げかけてくる。
老人を演壇に引っ張りあげ、言葉の罠を仕掛けて尋問し、
ティトノス君を引き裂き、混乱させ、引っ掻き回す。
老人は、老年のためにもぐもぐつぶやくだけで、裁判に敗れて立ち去る。
すすり泣き、涙をこぼしながら、仲間たちにこう言うのだ、
「棺桶を買うために必要な金も罰金に取られて帰らねばならん」。

（『アカルナイの人々』六七六―六九一行）

老人たちは裁判（ディケー）では霧に包まれたように何も真実が見えずに、訴える若者に言葉の罠をかけられ、尋問に動揺して口ごもって敗訴し、葬式のためにとっておいた金さえ罰金に取られて立ち去る羽目になる、とコロスの長は不当な扱いと不公正を訴える。

『蜂』（前四二二年初演）では、これとはうって変わって裁判好きで裁判人になることにとりつかれた老いた父親ピロクレオンと、それを制止する息子との諍いが主題となる。息子は父親を裁判所に行かせ

まいとして家に閉じこめる。父親は裁判人を務める老人仲間のコロスの助けで脱出を試みるが失敗する。裁判の安い日当で国家に懐柔されていると説く息子との論争にも負けて、ピロクレオンは家のなかで二匹の犬の模擬裁判をすることになる。父親は息子の監視下にあり、息子は父親の生活の面倒を見ることを約束するが、父親にまったく敬意を払わない。また、父親も恥ずべき言行を繰り返し、パン売り女に暴力をふるって告訴までされてしまう。アリストパネスの描く老人たちは、すぐれた知恵や権威をもたない。老いた父親ピロクレオンが「今のところわしは若いので、自分の財産を勝手にはできない。それに厳重に監視されている。倅がわしを見張っている」（一三五四—五六行）と自虐的に語っているように、息子に養育される年老いた親は逆に子供扱いされる。

年長の女性の役割

古喜劇においては、年長の女性にも大きな役割が与えられている。古代ギリシア社会では、若い女性は公的な領域からまったく排除されていた。その姿が公の場で見られることがないばかりか、身分のある女性について、生前にその名前が公に言及されることもなく、女性の名前があげられることは、すなわち非難を意味した[85]。女性は四〇歳になると、ようやくある程度の自律性が認められ、家庭においても忠告役や指導的役割を果たすようになり、付き添いなしに外出する自由が与えられた[86]。したがって、アテナイの社会を描いた古喜劇においては、未婚の女性が登場することはほとんどなく、せりふの部分はいっさいない。筋にかかわる年長の女性だけが、描かれている。年長の女たちは、『リュシストラテ（女の平和）』『テスモポリア祭を営む女たち』『女の議会』などの作品において、若い妻たちの保護者や代弁者を演じている。さらに、同じ女性を悪く言う女に対して、「女でありながら、女たちを悪し様に言わないように教育してやる」と別の女が述べるように（『テスモポリア祭を営む女たち』五三八―五三九行）、彼女たちは女性どうしの連帯にも強調を置く。[87] 喜劇詩人は、若い女性には非同情的だが、年長の女性に好意的な役割を与えている。年長の女性は、若い女性よりも世知に長け、団結心に富んでいるように描かれている。

古代ギリシアでは、年長の女性は母親として保護者の役割をもち、女性たちが担ってきた文化の技能や価値の伝承者でもあった。男性社会が敵愾心と競い合いの世界であるのに対して、女性の世界はプライベートでかつ協力的な世界であり、男性がもたらす変化に対して、女性たちは伝統の継続性を擁護しようとしたと考えられている。しかし、ほんとうに女性の方が保守的なのか。女性の「保守性」が社会の前面に出るならば、それは革新的主張になるのではないか。喜劇はそれを問いかけている。女性たちが、昔ながらの流儀を守ることに男性よりも長けていることは、それだけにとどまらず、『女の議会』（前三九三年初演）では、国家の支配についても同様に女性の方がすぐれている理由として主張される。首謀者の女プラクサゴラは、女性に国家の支配を委ねる提案理由を次のように述べる。

すなわち、第一に女性たちは母親であるがゆえに、兵士たちの安全を切望するという。第二に、生みの母親ほど食料を速やかに補充してやる者などいようか。女性は金の算段がこのうえなくうまい。それに支配者になれば決してだまされないだろう、みずからが人をだますのはお手のものだから。

（『女の議会』二三三―二三八行）[88]

年長の女たちは、第一の理由で述べられているように、自分たちの子供を戦場で失うまいと国家に対して立ち上がる。『リュシストラテ』(前四一一年初演)でも、年長の女たちが、自分たちの反乱を正当化する理由は、男たちが国家を愚かな戦争に導くことへの批判にある(五二三―五二六行)。女たちは、戦争をやめるまで男と同衾しないことを誓ってアクロポリスを占拠する。老いた男女の二つのコロスが登場し、互いに悪口雑言で応酬を繰り広げる。老人男性のコロスは、女たちが占拠するアクロポリスの城門に向かって攻めかかるが、彼らは好色であっても力は無く、老人女性のコロスにわけもなく撃退され、女たちが勝利を収める。女性たちに与えられたその英雄的役割を説明するものとして、前四一三年にシケリアに遠征したアテナイ軍が、スパルタの援軍によって壊滅した歴史的事件の影響があると指摘されている。[89] つまり、『リュシストラテ』は、アリストパネスが、祝祭や文学の先行事例から着想したというよりも、夫や息子を失った女性たちの不満や家庭での実際の反抗が反映されていると考えられるのである。アリストパネスは、反戦のメッセージを、公的な領域からは排除されている女性たちの口を通して語らせることによって、男たちが同じことを語れば人びとの反感や怒りを買うことになるのを避けて、自分への攻撃をも逃れようとしたのかもしれない。

しかし、アリストパネスの喜劇で、年長の女性がつねによく描かれているわけではない。たとえば、男女で年齢を重ねるのに違いがあることが、リュシストラテによって、「復員してくれば、男は齢を取っていても、すぐに子供みたいな若い娘を貰えます。ところが女の適齢期は短いんです。それを逃せば貰ってやろうという男は誰もいません」(五九四―五九七行)と語られている。息子たちが戦死することを恐れる母親たちの恐れとともに、若い男たちが出征している間に、女たちが独りで年齢を重ねていく、辛くきびしい現実が、女たちの反戦の直接行動の動機にあることが示される。年齢の格差と男女の性差のこのモチーフは、『女の議会』では、若い女を欲する男にはまず先に老婆と寝ることを義務づけた法が決議されることによって、六〇歳を過ぎた三人の老婆が若い女から若い男を奪い合うという舞台設定で繰り返されている。若さと美しさを失った老いた女性が若者をめぐって争うことが、笑いを誘うように描かれている。古代ギリシアでは、男性老人を意味する「ゲローン」は男性にはふつうに適用されたが、女性が若さを失ったと言うことは女性への非難を意味し、女性の老人を意味する「グラウス」は、女性に対する呼びかけ方としてはつねに侮辱を含んでいたという。(90) しかし、『女の議会』のその場面では、老女への一方的な嘲りが見られるだけではなく、彼女たちが自惚れた若者や少女を懲らしめる役割も同時に果たしていることを見逃してはならないだろう。

伝統的価値の「復権」？

世代間の争いを描いた最も代表的な喜劇作品として、『雲』(前四二三年初演)をあげなければならない。ソクラテスが青年を堕落させていると「告発」するこの喜劇では、老いた父親ストレプシアデスが馬道楽の息子の借金に苦しんで、借金取りを言い負かすために、ソクラテスの弁論術を息子に学ばせようとする。嫌がる息子に代わって、父親の方がソクラテスに弟子入りするが、愚鈍で話の内容を理解できずに、すぐに破門される。ようやくソクラテスに弟子入りした息子は、学んだ詭弁で借金取りを言い負かすだけではなく、口喧嘩になって父親を殴りつけ、父親に向かって詭弁を弄して次のように自己正当化をはかる。

「お前は子供が泣きわめきながら、父はそうではないとでも思っているのか」。
お前さんの主張では殴られることが子供の務めとなっている。
だが反論したい。老人は二度目の子供であり、
年寄りなればこそ過ちを犯すことが似つかわしくないその分だけ、
子供よりも年寄りがもっとたくさん泣きわめくのが理屈というものだ。（『雲』一四一五―一四一九行）[91]

引用した息子の冒頭のせりふは、先に引いたエウリピデスの『アルケスティス』で父親が息子を非難する「お前は自分が生きる喜びを味わいながら、父はそうではないとでも思っているのか」（六九一行）のせりふのパロディである。また、老人がふたたび子供のような状態に戻っていくことを指す「老人は二度目の子供」という表現は、前五世紀にはすでによく知られていた慣用句であり、プラトンの『法律』（646D）にも見出される。後代でもウァロやセネカ（前四頃―後六五年）など多くの著者によって引用され、先述のようにシェイクスピアの『お気に召すまま』にも登場している。[92]『雲』のこの箇所では、「老人は二度目の子供」という通念にひそむ老人を蔑む感情が露わになっているといえるだろう。

しかし、アリストパネスの老年像はアンビバレントであり、彼らは知的にも身体的にも弱々しく描かれる一方で、ときには攻撃的で暴力的ですらある。[93]『アカルナイの人々』では老人のコロスがスパルタとの平和条約を結んだ主人公に激怒して石を投げつけ、『蜂』では老ピロクレオンが暴行を働き夜通し踊り狂うように、『雲』のストレプシアデスは最後にソクラテスの学校に復讐のために火を放つ。

正気の沙汰ではなかったな。ソクラテスのために神々の信仰を捨てたときは、まったく気が狂ってい

たのだ。さあ、大切なヘルメスさま、どうか腹を立てないでください。わたしを痛めつけるのは、やめてください。どうかお許しを。空疎な議論のせいで気がふれたものですから。あの連中を告訴するべきか、また、よいとお考えのことならどんなことでも、どうかお知恵を授けてください。裁判など起こすのは駄目だと、まっとうにお勧めですね。かわりに、すぐにでもあの空疎なおしゃべり野郎どもの建物に火をつけろと。（中略）誰か火のついた松明をこっちへ持ってこい。今日の今日こそ、いかに口のうまいペテン師であっても、わたしは連中の誰彼なく仕返しを加えるつもりだ。

（『雲』一四七六―一四九二行）

なぜ、老人のストレプシアデスが、ソクラテスの瞑想塾という学校に放火するのか。ソクラテスは、プラトンの描いた『ソクラテスの弁明』（18D, 19C）でも言及されているように、アリストパネスによって、正邪にかかわらず弱論を強弁するような詭弁を教える新しい教育者の代表格として扱われている。『雲』に登場するソクラテスは、からくりに乗って運ばれながら空中を闊歩し、ゼウスの力ではなく雲によって雨が降るといった自然学的説明を行ない、言葉の細かな用法を区別して弱論を強弁する。ソクラテスが若い時点で「自然学的探究」を放棄したとするプラトンの記述とは大きく異なる（『パイドン』96A–97B）。ソクラテスは、アリストパネスによって新しい教育を代表するソフィストのように戯画化されたうえで攻撃されているのである。

しかしながら、『雲』において描かれたようなソクラテスが、実際のソクラテスとはあまりにもかけ離れていたことは、『ソクラテスの弁明』のなかでソクラテスが、「あなたがたの大多数をわたしの証人にしましょう」（同書、19D）と述べていることからも、ソクラテスの言行を直接に知る当時のアテナイ人にとっては明らかであったと考えられる。ソクラテスにとって告訴人よりも手ごわい敵であったのは、古い中傷者のなかでも、物笑いの種にするためにソクラテスを舞台に登場させた喜劇詩人たちではなく、その名前さえ知ることができず、そのため中傷内容を吟味にかけて論駁することができない多数の無名の批判者であった（『ソクラテスの弁明』18B–E）。また、『雲』におけるソクラテスの戯画化をプラトン自身が真剣なソクラテス批判であるとはみなしていないことは、『饗宴』におけるアリストパネスの描き方からも推し量ることができる。プラトンは『饗宴』の主要な登場人物としてアリストパネスをソクラテスと同席させて、「アンドロギュノス（おとこおんな）」や「自分の半身を求めるエロース」の興味深い話（同書、189C–193E）を楽しく語らせているからである。『雲』の老人ストレプシアデスによるソクラテスのありもしなかった学校への放火は、歴史的なソクラテスを批判の対象としたというより、ソクラテスの名を騙って、ソフィストや新しい教育を担った者たちに対する批判であったといえるのではないか。(94)

ではいったい老人のストレプシアデスが、なぜソフィストの新教育を敵視し、復讐を企てるのか。ソフィストたちの活動は、前五世紀半ば以降のアテナイに最も大きな社会的影響を与えたばかりではなく、とくに正義や宗教を人為的なものとみなす彼らの考え方は、老人に対する攻撃となっていたからである。(95)老人は過去の歴史や伝統的価値や従来の宗教と結びついているために、倫理上の大きな変化や革命が起きれば、老人たちが最初の犠牲者となった。ソフィストたちは、愛国心をもった市民戦士こそ人間の理想であるとする古い時代の精神を拒絶し、マラトンの戦士たちを時代遅れとしたのである。正義や神々をも人為的で相対的とみなす彼らの活動は、前四三一年にはじまった長いペロポネソス戦争による疲弊と敗戦がもたらした社会状況とも連動して、伝統的な価値の急速な崩壊をもたらし、強者こそ正義であるとする風潮を蔓延させる結果となった。前五世紀の後半にギリシア世界を揺るがした劇的変化のなかで、世代間の意識の格差や世代どうしの攻撃は激しく、古い世代の地位の格下げは、それ以前の歴史には類を見ない大きさであったと指摘されている[96]。それゆえ、アリストパネスの作品のなかで、アカルナイのマラトンの老戦士が立ち上がり、老人ストレプシアデスが新教育の代表格とみなしたソクラテスの学校に火を放つことは、時代を支配する新しい風潮に対する古い世代からの反逆や異議申し立ての象徴的行為とみなすことができる。『蜂』では、裁判人を務める老人たちからなるコロスは、腰に針をつけている理由を、自分たちがペルシア軍から祖国を守る最大の働きをなしアテナイに貢ぎ物をさせる立役者となったにもかかわらず、その成果を「今の若い連中が、盗み取っている」ため、自分たちは裁判で誰彼かまわず針で刺し、裁判の日当の金で生計を立てているのだと述べている。社会が劇的に変化していくなかで、古い世代の正義はその意義をまったく失ってしまうのかという問いが、繰り返し主題化されている。

アリストパネスはこれらの喜劇で、伝統的な価値と理念を代表する老人たちをふたたび若返らせて力づけることによって、アテナイ社会をふたたび活性化することを意図していたとも指摘されている[97]。そのような観点から見るならば、「今のところわしは若いので」という『蜂』のなかの老ピロクレオンの言葉は、古い世代こそが今や新しいのだという逆説的な宣言とも受け取れるかもしれない。アリストパネスの作品においては、老人は老後の正当な世話を要求するだけではなく、政治的な立場と主張をもち、ときに反権力的な存在であり、老年と正義は強い結びつきをもって描かれている。老年と正義というモチーフは、古い時代の正義と新しい世代との価値観の対立や葛藤として、アリストパネスによって作品の主題とされていたのである。

古喜劇から新喜劇へ――政治性を失った老年像の拡大

しかし、「歴史は繰り返す、一度目は悲劇として、二度目は喜劇として」とかつてよく聞かされたように、[98] 現実には力をもたない老人たちによって声高に主張される過去の時代の正義は、喜劇にとどまる。アリストパネスの初期や中期作品に代表される政治や権力者への強い批判をこめた古喜劇は、ペロポネソス戦争でのアテナイの敗北と時を同じくして衰えていくことになる。政治批判を許容していた「言論の自由（パレーシアー）」は前四世紀の初頭にはきびしく制限されるようになり、喜劇のなかで政治や宗教に対して批判を述べることは危険になった。中期喜劇（前三九三―三三六年）に区分される作品群からは政治的な関心が徐々に薄れ、社会批判の精神はまだ保たれてはいたけれども、作品の焦点は次第に人びとの生活や風俗に移っていく。新喜劇（前三三七年以降）を代表するメナンドロスの作品では、もはや国政や時事問題は作品の関心事ではなく、人びととの日常生活における恋愛騒動や人情や迷信などの風俗が主題となる。一般に、古喜劇と新喜劇との区別は、「res publica（公共の事柄＝国家）」から「res privata（私的な事柄）」へ、また「トピカル（時事問題）」から「ティピカル（典型）」に向かう移行であると性格づけられる。[99] その背景には、カイロネイアの戦い（前三三八年）に続いて、前三二二年のラミア戦争でマケドニアにふたたび敗北を喫したアテナイが、マケドニア軍の駐留と寡頭政権を余儀なくされ、民主制の幕を下ろしていた(100)ことがあげられるだろう。強烈な政治性を特徴としたアリストパネス的古喜劇は、直系の後継者をもつことはできなかった。西洋の近代喜劇に大きな影響を与えるのは、メナンドロスをはじめとする新喜劇の系譜である。

ところが、新喜劇においても老人たちは重要な役どころを演じた。メナンドロスの作品のなかで今日、唯一ほぼ完全な作品として読むことのできる『人間嫌い（気むずかし屋）』（前三一六年初演）は、老いた農夫クネモンをめぐる人情喜劇である。人間嫌いのクネモンは、息子を連れ子にもつ女と結婚して娘をもうけるが、彼の性格がわざわいして夫婦喧嘩が絶えず、妻は早くに家を出てしまい、農地の世話をしながら娘を育てている。その娘に一目惚れした若い男ソストラトスが求婚に来るが、クネモンは拒否する。だが、クネモンは誤って井戸に落ち、求婚者たちに助けられたことで回心をして、娘を彼に嫁がせることになる、という筋立てである。老人クネモンは、人間嫌いで、気難しく、誰にでも当り散らし、他人の言動をつねに悪く解釈し、けちで人づき合いの悪い、憎まれ役として描かれている。クネモンが畑から帰宅して、自分の家の戸口の前に立っている見知らぬソストラトスを見かけると、人に会うことすら嫌いな彼はすぐに追い払いにかかる。

クネモン　無人の静寂など最早どこを探しても無くなってしまった、たとえ首を縊ろうとする者にさえも。

ソストラトス　わたしに腹を立てているのかな、ご老人、わたしは人を待っているのです、ここで。約束があるので。

クネモン　ほら、言った通りだ。あんたたちはここをストアかレオスの社とでも思っているのか。わが家の戸口で、誰かと会おうというのなら、結構だ、全部整備するがいい、やるなら徹底してベンチでも作るといい、そうしたいなら、いっそのこと、寄り合い所でも。ああ何てことだ。たちの悪い嫌がらせじゃないか、これは。

（『人間嫌い』一六九―一七八行）[101]

鍋を借りにきた料理人シコンとのやり取りもクネモンの性格をよく表している。

シコン　料理鍋をお借りしようと思って。
クネモン　わしの家には、料理鍋も、両刀斧も、塩もないし、酢だってないんだ、このあたりの連中には、皆、わしの家には近づくなと言ってあるんだ。
シコン　でも、わたしにはおっしゃっていません。
クネモン　たった今、言っただろうが。
シコン　はい、でも困ったな。教えてくれませんか、どこへ行けば借りることができるか。
クネモン　今、言わなかったか。それなのにまだぐずぐず言っているのか。
シコン　お元気で、さようなら。
クネモン　お前たちから「お元気で」などと言われたくないわ。
シコン　じゃ、お元気でなく。
クネモン　ああ、度しがたい悪党どもめ。

（『人間嫌い』五〇五―五一四行）

クネモンの発言のなかでは、「もしもすべての人間が自分のようであれば、裁判も牢獄も戦争もなかっただろう」というせりふが政治にかかわる唯一の箇所（『人間嫌い』七四三―七四五行）であり、他の役者のせりふにも直接的に政治にかかわる言葉はない。新喜劇のなかには、古喜劇で見られたような明確な政治性はもはや見られない。

ディオゲネス・ラエルティオスが語るように、メナンドロスは、アリストテレスを引き継いでリュケイオンの学頭となったテオプラストス（前三七二／七〇頃―二八八／六年頃）の弟子であるといわれる。[102]それゆえ、メナンドロスの作品には、テオプラストスの『人さまざま』に描かれた性格類型の分析や、アリストテレスの『ニコマコス倫理学』の第二巻から第四巻にかけてなされた詳しい性格分析が取りこまれて反映されていると指摘されている。[103]『人間嫌い』でメナンドロスの描いた老年像が、序章で触れ、後に詳しく見るアリストテレスの『弁論術』で描かれた老年の典型的記述からも強い影響を受けていることは疑う余地がないだろう。

正義との結びつきや政治的なメッセージを失ったメナンドロスらの類型的な老年像は、プラウトゥス（前二五四頃―一八四年）やテレンティウス（前一九五／八五頃―一五九年）らの古代ローマの喜劇に受け継がれた。プラウトゥスの『三文銭』では親子の財産をめぐる騒動が取り上げられ、『商人』では老いた父親が息子の女を奪おうとしたあげく、大団円で六〇歳以上の色恋が法律で禁止される羽目になるように、財産や色恋をめぐり、老人たちがいかに強欲で好色であるかを滑稽に描きたてる。古代ギリシアにはなかった強い家長権（パトリア・ポテスタース）をもつ老人に対する若い世代の不満が鬱積するにつれ、ローマ喜劇は老人への嘲笑と皮肉をいっそう辛辣なものにしたのである。富と権力を握る老人たちに舞台で復讐することによって、観衆は溜飲をさげたにちがいない。ギリシアの新喜劇が描く正義と政治から切り離された老人類型は、ローマ喜劇に受け継がれて、やがてシェイクスピアやモリエール（一六二二―一六七三年）の近代劇のなかへと色濃く投影されていくことになる。アリストテレスが『弁論術』で強調した悲観的で否定的な老年像は、ギリシア・ローマの喜劇作品を介して増幅され、現代にまでおよぶ深く甚大な影響を与え続けているのである。

第二章　文学から哲学へ——プラトンとアリストテレスの老年観

《プラトンの学園アカデメイア》 ギリシア時代の絵をモデルにローマ時代に制作されたモザイク画。哲学者は老人として描かれることが多かった。左から3番目がプラトンで，足元には天球儀が置かれ，杖で地面に幾何学図形を描いて講義している。右端で巻物を手にして立ち去ろうとしている人物がアリストテレスだと思われる。ナポリ，国立考古学博物館。

1 プラトンの老年論と自然学的理論――『ティマイオス』

前章で老年についての具体的な考え方が表現された古代の文学世界の老年像を概観したことによって、プラトンの『国家』の問いが切り出された文脈や背景を理解するために必要な基礎的な理解は得られたものとしよう。すなわち、「老年と正義」というモチーフは、古老ネストルや町の長老（デーモゲロンテス）の相談役や助言者の役割に見られるように、正義を基本とする政治的知恵が、経験を積んだ老年の賢慮と結びつけられていたことと、他方で、古代社会においては老年の生活がとりわけきびしいものであったがゆえに、老齢になった両親を世話する責務（ゲーロトロポス）に反し、老いた両親を冷遇し虐待することこそ正義に最も悖る行為とみなす伝統的価値観が存在したことに淵源をもつことを見てきた。とりわけ、叙事詩においてはヘシオドスが、ヒュブリス（暴力・傲慢）と成熟という観点から、老年と正義論とを接続し、また喜劇においてはアリストパネスが世代間における価値観の鋭い対立という観点から、老人と正義を結びつけて作品の主題としていたことは重要である。プラトンは、前五世紀までに積み重ねられてきた古代世界の人間経験と叙事詩から悲劇や喜劇に至る文学世界の洞察に富んだ多様な老年像に対し、人間の生き方への問いと自然を含む世界の見方を統合する観点から、新たな知的反省を加えて、みずからの哲学的老年論を登場させている。

すでに見てきたように、プラトンは『国家』で正しい生き方と密接にかかわる仕方で、老年について明確な問いを立て、最晩年の『法律』で神々への信仰と先祖への崇敬の文脈に、老いた両親への義務を位置づけて、老人の社会的役割や老人にかかわる法的措置について論じている。しかし、それだけにとどまることなく、プラトンは、宇宙の生成から人間の心身の構造や人間の自然本性までを論じた『ティマイオス』で老年の自然学的理論を展開している。プラトンやアリストテレスの老年観が、これまで見てきた文学世界の老年像と際立って大きく異なる点は、彼らが古代ギリシアの文学や宗教的伝統を十分にふまえつつも、それと同時に、老年や老化についての生理学的説明をもち、自然現象の生成変化を説明する広義の宇宙論的世界観のなかに老年を位置づけていることにある。およそ認識論的考察をもたない倫理的教説が堅固な思想基盤をもち難いように、自然世界の見方や生理学的理論に裏打ちされていない老年論は、個々人の経験に偏った人生論にとどまる傾向をもつ。老年論は、高齢者のおかれる社会的な文脈や境遇だけではなく、人間の自然本性や精神と身体の関係をめぐる考察、つまり、広義の心身問題のなかで基礎づけられ、吟味されることによって、われわれの生の全体を支える、広く確かな視座を与えることになるだろう。しかし、こうした考察がどうしても苦手だという読者は、第1、2節をとばして第3節へと読み進んでもらってもかまわない。

では、プラトンの描く「楽観的」とみなされる老年観は、いったいどのような老年の自然学的理論によって裏づけられているのであろうか。『ティマイオス』の老年の自然学的説明を見ることにしたい。

プラトン『ティマイオス』のコスモロジーの骨格

最初に、プラトンの自然学的枠組みとなるコスモロジーの基本的性格とそれを支える諸原則について、概略をまとめておくことにする。

コスモロジーの一般原則として、まずイデア論思想（27D-28A）が述べられ、「つねにあるもの（イデア）」と「つねに生成しているもの（現象）」とが厳格に区別される。前者は、生成することなく、つねに同一性を保ち、「理（ロゴス）」とともに思惟によってとらえられるものであり、後者は、あることはけっしてなく、つねに生成変化し、理と合致しない感覚とともに「思わく（ドクサ）」によってとらえられる。次に、つねに生成するものの方はすべて、何らかの原因（アイティアー）によって生じるのでなければならないとされ（28A）、生成の原因となるものは、製作者（デーミウールゴス）と呼ばれることになる。そして、その製作者が、(1)つねに同一性を保つものをモデル（パラデイグマ）として用いて形相と機能を作り上げる場合には、すべてが美しいもの（すぐれたもの）に仕上がるが、(2)生成したものをモデルに用いる場合には、美しいものにはならないとされる（28A-B）。これが製作上の一貫した原則である。

以上の一般原則が、宇宙論に適用される（28B-29D）。宇宙は生成するものの部類に入る。なぜなら、それは見られるもの、触れられるもの、物体（ソーマ）をもつものであり、そのような性質のものはすべて感覚されるものであって、感覚とともに思わくによってとらえられるものは、生成するものだからである。したがって宇宙は生じたものであるけれども、生成したもののなかでは最も美しい。この宇宙が美しいことは、その製作者が善きものであること、製作者が永遠なるものをモデルとして製作したことを示している。しかし、他方で宇宙は、永遠なるものの似像であるという身分には変わりがない。理論の対象となるものが永続的で堅固であり、それが知性とともに明らかにされる場合には、その理論も永続的で堅固なものになるが、しかし理論の対象が、永続的で堅固なものに似せられてはいるけれども、その似像である場合には、理論の方もその似像になる。「生成」に対する「実在（ウーシアー）」の関係は、「思わく」に対する「真理」の関係に等しい。その比例式に従えば、宇宙を説明する理論は、イデアの似像を対象とした「ありそうな理論（エイコース・ロゴス）」[1]にとどまる。

このような宇宙論の枠組みのもとで、宇宙の生成が語られる（29D–30C）。宇宙の製作者は善きものである。善きものは誰にも何についても嫉妬心をもたない。それゆえ、コスモゴニー（宇宙生誕説）において決定的に重要なのは、宇宙の製作者が、すべてのものができるかぎり自分自身に似た善きものになるのを望むということである。すなわち、製作者たる神は、可能なかぎり、すべてのものが善いものであり、悪いものがないように望んだので、可視的世界が初期状態では調子はずれに無秩序に動いていたため、秩序の方が無秩序よりもすぐれていると考えて、神は世界を無秩序から秩序へと導いたのである。

ここで注意すべき点は、神が可視的世界を善きものとするにあたって、「できるかぎり」「可能なかぎり」と限定句がつけられているように、デーミウールゴスと呼ばれる神が、全能の神ではないことである。ユダヤ・キリスト教の「全能の神（Omnipotens Deus）」とは異なり、デーミウールゴスはこの宇宙を超越した存在者ではなく、その宇宙も、「無からの創造（creatio ex nihilo）」によって創造されたものではない。デーミウールゴスによる宇宙の製作とは、コスモスというギリシア語が本来「秩序（order）」を意味する言葉であるように、無秩序状態から秩序をもつ宇宙を生み出すことにほかならない。

さらに、神は思慮を働かせ、自然本性上見られるもののなかで、知性をもたないものは、知性をもつものよりも善くなることはできないこと、そして、その知性は魂（プシューケー）から離れては何もののにも備わることができないことを見てとった。それゆえ、神は自然本性のゆるすかぎり、宇宙が最も美しく最善になるようにと、理性を魂のうちに、魂を身体に結び合わせて万有を構築した。したがって、ありそうな理論に従えば、この宇宙は、魂と知性を備えた真に生けるものである（30A–C）。

神はさらに宇宙をモデルに似せるために、モデルとなるイデアが永遠なるものであるように、この万有もできるかぎりそうなるよう仕上げようとした（37C）。しかし、イデアの本性は永遠であるが、それを生成したものに完全に付与することはできない。そのため、神は「永遠」の動く似像をつくろうと考えた。神は宇宙を秩序づけると同時に、それ自体は一にとどまる永遠に対して、数に従って動く「永遠の似像」をつくった。それが「時間（クロノス）」と名づけられるものである（37D）。宇宙が構築されると同時に、昼や夜や月や年が生じるように、太陽と月と惑星とが、時間の数を区分し、それらを見張るものとして生み出された（38C）。そして、火・空気・水・土を用いて、他の天体や大地がつくられたことが語られ、引き続いて人間の魂と身体の組成が説かれる（38C–45A）。人間の頭部の形成が説明され、最初につくられた感覚器官として視覚についてのメカニカルな教説が語られた後に（45B–46C）、原因に関する重要な区別がなされる。

これらすべてのもの（眼の機能を説明する補助的原因）は、神ができるかぎり、最もすぐれた形相を実現するために用いる副原因である。しかし、大多数の人びとは、それらを副原因（シュナイティアー）として受け入れることをせずに、あらゆることの原因（アイティアー）であるとみなしている。つまり、冷やしたり、熱くしたり、濃密にしたり、希薄にしたり、それに類することを働きかけることが

> 原因であると。しかし、このような事柄は、どのようなことに対しても、いかなる理も知性ももつことができない。存在するもののなかで、知性をもつのにふさわしい唯一のものは魂であると言わねばならないからである。（中略）知性と知識を愛し求める者は、知的本性をもつ存在（魂）に属する第一の原因を追究しなくてはいけない。他のものによって動かされながら、必然的に他のものを動かすものに属するものは二次的な原因である。われわれもこれと同様にすべきだ。すなわち、われわれはいずれの原因についても述べなければならないが、知性とともに美しい善いものを製作する原因と、行き当たりばったりの無秩序なものをそのつど作り上げる原因とを区別しなければならない。（46C–E）

この第一の原因と二次的原因の区別の表明は、『パイドン』（97E–99C）でなされた原因と副原因の区別——選択したある行動の真の原因は理性が最善の行動であるとした判断にあり、その行動のために必要な身体は補助的原因にとどまるという区別——に対応するだけではなく、魂を「自分で自分を動かす動」と規定して、他から動かされて他を動かす物体の動から区別する『法律』第一〇巻（894A–896B）の議論にも対応している。『ティマイオス』のこのテクストでも、魂の動は、外的相互作用をする物体的動とは異なることが示唆されており、魂が自分で自分を動かす動であることは言外に含意されている。物体的動については言及されながら、『ティマイオス』では自己動者としての魂の規定が明示的に語られていないのは、デーミウールゴスによる宇宙の構築や魂の製作という物語の枠組みを壊す懸念があるからだと推察される。

さて、物体的原因が、原因の身分としては二次的でしかないと認定されると、それまで宇宙の形成において素材として語られてきた火・空気・水・土の身分が、根本的に問われることになる。それらの四要素はイオニアの自然哲学においては、万有の最も根本的な構成要素（ストイケイオン）として、「始原（アルケー）」と呼ばれていたものである（48B）。しかし、それらの四要素は、確固とした実体としての存在資格を保持することができず、さらに徹底的に流転変化するものへと解体され、それらの生成をそのつど受け入れる「場（コーラー）」/「受容者（ヒュポドケー）」の理論が、新たに要請される（48E–53C）。それまで語られてきた二種類のもの、つまり、モデルとして知性の対象となり、つねに同一性を保つイデアと、モデルの似像にあたり生成する可視的なものに加えて、その生成を受容する「場（受容者）」が必要とされるのである。

「場」は、生成するものとは異なり、滅亡することなく、生成するかぎりのすべてのものに、その座を提供する。しかし、「場」それ自体は感覚されることなく、イデアを認識する知性とは区別された「正嫡ではない推理（ノトス・ロギスモス）」によって把握されるが、「場」を理解することは困難であり、容易には信じ難いものだとされる（52A–B）。「場」はそれ自体の形相をもたないため、「乳母」や「母親」のほか、「さまざまな物が形作られる黄金」や、「印影や刻印が刻まれる物質」や、「芳香を受け入れる油」、「現象を振動で振り分ける箕」などの重層的な比喩で説明されている。ホワイトヘッドは、プラトンの「場（受容者）」が曖昧で難しい概念であり、それ自身の本質において形相をもたないとプラトン自身が語っていることは重要であるとして、次のように述べている。(2)

私がプラトンの受容者の説に注意を向けてきたのは、現時点で、物理学が、プラトンの死後のどの時期よりも、これに近づいているからだ。現代の数理物理学の時空は、そのなかでのさまざまな出来事に適用される特殊な数学公式から抽象して考えられると、ほとんどまさしくプラトンの〈受容者〉である。数理物理学者たちが、これらの公式が厳密には何であるかについて極端に不確かなこと、また彼らが、単なる時空の概念からこうした公式が引き出せるなどとは信じてはいないことに留意すべきである。こうして、プラトンが宣言しているごとく、時空それ自体は、すべての形相を欠いている。

プラトンの「場」は、古代原子論が主張する「空虚（ケノン）」でもなく、アリストテレス的な「質料（ヒューレー）」でもない。ここではこれ以上立ち入る余裕がないので、プラトンの重層的な比喩をそのまま受け入れて、あらゆる生成を受け入れる「受容者」としておこう。[3] 秩序ある宇宙生誕の原因としてのデーミウールゴスは、生ける宇宙が備えもつ魂の知性と重なり合うとみなすことも可能であるため、プラトンの自然学にとって最小限必要な原理は、生成がうつし取られるところの範型（イデア）、その範型がうつし出される場（コーラー）、生成の原因となる、知性（ヌース）の宿る魂（プシューケー）の三つとなる。[4]

幾何学的アトミズムの導入

デーミウールゴスが魂をもつ生けるものとして宇宙をつくったというコスモゴニーの枠組みのもとで、恒常不変性を保つイデアと、流転変化するあらゆる生成を受け入れる「場（コーラー）」を基本原理として、火・空気・水・土の四要素の組成を説明するために、今度は「幾何学的アトミズム」と呼ばれるものがはじめて導入される（53B以下）。イデアを範として、イデアの似像（知覚的現象）が「場」のなかに生み出されるという理論構造は堅持されるが、イデアの似像を構成するのが、火・空気・水・土という四つの元素的物体であることが新たに明確に述べられる。四つの元素的物体には、それぞれ四つの正多面体（四、六、八、二〇面体）が割り当てられ、その正多面体は二種類の直角三角形によって構成される。

火＝正四面体＝四個の正三角形（一個の正三角形は六個の不等辺直角三角形からなる）
空気＝正八面体＝八個の正三角形（同右）
水＝正二〇面体＝二〇個の正三角形（同右）
土＝正六面体＝六個の正方形（一個の正方形は四個の直角二等辺三角形からなる）

なぜ、直角三角形が基礎的な要素として選ばれたかというと、物体はすべて奥行き（立体性）をもち、奥行きはこれを面が取りこむのが必然であり、その面のうちでも平面は三角形を要素として成り立ち（53C）、すべての三角形は直角二等辺三角形と直角不等辺三角形から派生しているからである（53C–D）。それゆえ宇宙に存在するあらゆる物体は、球形の宇宙を除くと、この二つの直角三角形をもとに構造が説明されることになる。われわれに身近な例をあげれば小学校の算数の時間に、プラトンがあげた二種類の直角三角形の定規を必ずもたされたことを思い出せばよいだろう。

ここで注意すべき重要な点がある。第一に、宇宙のあらゆる物体と人間を含むすべての生き物の身体は、ともに等しく二種類の三角形を基礎的要素として説明されうることである。つまり、身体に入ってくる飲食物も身体のあらゆる器官も、これらの三角形によって組織され構成されることになる。第二に、これらの二種類の三角形が四つの元素的物体である正多面体を構成するので、元素的物体は相互に交換が可能になり、かつそれぞれの多面体を構成する三角形の数が決まっていることから、物質相互の転換には、単純な整数比が成り立つことである。たとえば水の一粒子は、火や空気によって分解されると、火の粒子一個と空気の粒子二個ができるという関係である（56D–E）。

水の一粒子＝火の一粒子＋空気の二粒子（二〇＝四＋八×二）
空気の一粒子＝火の二粒子（八＝四×二）

近代原子論のJ・L・プルースト（一七五四―一八二六年）の定比例の法則やJ・ドルトン（一七六六―一八四四年）の倍数比例の法則を思い起こさせるようなこの数学的な関係によって、物質相互の転換の規則性が説明可能になる。エピクロスの古代原子論では、原子の形は無限でこそないものの理解し難いほど多くの種類があると想定されていたために[5]、原子を基にした物質の相互変化の定量的説明ができなかったのに対して、プラトンの幾何学的アトミズムは、水や火や空気の定量的な相互転換の理論的説明が可能であったことは画期的である。第三に、これらの二つの直角三角形は、合理的と思われる理由に従って、仮説的原理として想定されるものであり、さらにそれらの三角形をさかのぼる原理が存在する可能性が、プラトンによって示唆されていることである（53D）。基礎的三角形は、古代原子論者の原子のようにそれ以上には分割できない不生不滅の実体でも第一の原理（アルケー）でもない。ただし、プラトンは、それらの基礎的三角形がいかに生成されるかについては書き記していない。要素的な三角形をさらに思考実験によって分析する作業は、『ティマイオス』の自然探究の枠組みを超えた思弁的議論にならざるをえなかったからであろう。

生命活動の源としての髄の重要性と老化のプロセス

幾何学的アトミズムが導入された後に、諸感覚の仕組みが説明され、続いて老年の自然学的説明にとって重要な身体の成り立ちと、そのはじまりとして髄の生成が述べられる。

骨や肉やそれに類する性質の自然本性をもつものについては次の通りである。それらすべてのはじまりとなるのは、髄の生成である。なぜなら、生命の絆は、魂が身体に固く縛りつけられている間は、この髄のなかに縛りつけられて、死すべき種族をそこに根づかせているからである。髄そのものは、他のものから生じる。すなわち、あの三角形のなかでも、歪みがなく滑らかで、それゆえ火や水や空気や土を最大限に正確に生み出すことができる第一級の三角形を、神がそれぞれの種類から選別して、互いに均衡を保つように混ぜ合わせて、あらゆる死すべき種族にとってすべての種子の混合体（パンスペルミアー）となるように工夫して、それらの三角形から髄を作り上げたのである。（73B–C）

髄に含まれる要素に、人体のすべての組織の元となる特別な役割が与えられ、生命の再生力の最も重要な働きが認められていることがまず注意を引く。人間の骨髄では、人体のあらゆる組織を形成維持する栄養分を供給する血液（白血球、赤血球、血小板）が造られる。現代の医学では、白血病患者に血液を造る骨髄幹細胞が移植されるだけではなく、骨髄幹細胞を取り出して培養し、患者の血液に注入することによって、幹細胞がもつ再生力を発揮させ、脳梗塞などによって傷ついた脳神経を再生させる試みも行なわれている。生命の再生能力の根源が髄にあるとみなした『ティマイオス』の洞察には驚きを禁じえない。『ティマイオス』の説明に従えば、魂はこの髄の各部分に結びつけられて広がり、魂の知的な部分、すなわち理知的活動は丸い脳髄のなかに格納されることになる。誤解してはならないのは、プラトンにとって魂とは自然学的にいえば「(運)動」であることであり、魂の部分といわれても機械の部品のようにイメージしてはならないことである。魂とは、髄を幹線として全身に広がる自発的な運動（自分で自分を動かす動）の総体である。

そして、われわれが問題とする老化は次のように説明されている。

いかなるものも、それから流出するものの方が流入するものよりも多い場合には減衰するが、逆に少ない場合には増大する。ところで、ある生き物の全体の組織が若い場合には、それを構成する基本要素の三角形もいわば新造の船の竜骨のようにまだ新しいので、それらの三角形は互いにしっかりとかみ合わさった状態にある。一方、その組織のまとまった全体は、それが髄から真新しくできたばかりだし、また乳で養われてきたので柔らかくできている。かくて、食べ物や飲み物を形成する三角形が外から組織体のなかに入ってきてそのなかに取りこまれると、飲食物を形成する三角形はその組織体自体の三角形よりも古くて弱いので、組織体は若く新しい三角形によってそれらの三角形を切り離して支配力をふるい、多くの同種の三角形で養ってその生き物を大きくする。しかし、多くのものども長い時間にわたって多くの戦いを経たために組織体の三角形の根[6]が弛んでくるときには、入ってきた栄養分を自分と同種の三角形に切り離すことがもはやできなくなり、逆にそれら自体が外から侵入してきたものによって容易に解体されてしまうようになる。あらゆる生き物が、この戦いに敗れると衰えるのであり、その状態が老年と呼ばれるのである。

(81B–D)

老化というプロセスは、人間の身体の中核をなす髄を構成する基本要素の三角形が、経年の働きで疲労消耗することによって、栄養分を消化吸収し身体に新たな要素を供給して新しい組織を生み出すことができなくなり、身体組織が徐々に解体され衰えていく過程であると理解されている。老化を惹き起こすのは、生命活動の最も基本となる特定の物質的因子が、生物組織体内では再生されることがなく、一定の耐用期間を経ると消耗してしまうようにあらかじめプログラムされているとみなす考え方である。それは後の箇所では次のように表現されている。

なぜなら、個々の生物のかの三角形は、ある一定の時間までは十分に機能する能力をもつけれども、一定の限度を越えてその生命を延ばすことができないように、まったく最初からそのように作成されているからである。

(89C)

ギリシア語の「末端・終極(テロス)」と「部分(メロス)」を表す語から合成されて「テロメア(telomere)」と名づけられた染色体の両端部分が、細胞分裂のたびに磨耗するために、一定回数分裂すると細胞分裂が停止し、細胞が老化し滅びることによって個体の老化と死がプログラムされているとする現代生物学の知見は、プラトンには歓迎されたかもしれない。人間の胎児の細胞ならば、約五〇回の複製

（分裂）しかできないことは、今日では発見者の名前をとって「ヘイフリック限界」と呼ばれている。[7]
われわれの問題は、プログラムされた身体の老化のプロセスは、魂の精神的活動にどのような影響を与えるとプラトンが考えていたかである。『ティマイオス』の老年の生理学的説明の記述に従えば、老化のプロセスが進行しても、病気や障害を併発しないかぎり、魂の精神的な働きに直接の悪影響を与えて知性の働きを衰退させるとは想定されていないように思われる。プラトンの老年についての「楽観的」な見方もそのような老化の考え方に基礎を置いているといえるだろう。自然な老化が進んで老衰による死を迎えるプロセスにおいて、魂が根本的な変化や苦痛を被ることなく、歓びを伴って解放される様子が次のように描かれている。

そして最後に、髄のまわりの三角形を結び合わせていた絆が、もはや持ちこたえることができずに負担によって壊れてしまうと、次に魂を結びつけていた絆が解き放たれ、魂は自然に従って解放されて歓び（快楽）をもって飛び去ることになる。なぜなら、何であれ自然に反することは苦痛をもたらすが、自然本来に生じるものは快いからである。死もまた同様であり、病気や傷害による死は苦痛と強制をもたらすが、老いとともに自然に従って最期を迎える死は、死のなかでも最も苦しみがなく、苦痛ではなくむしろ歓び（快楽）を伴うものである。（81D–E）

老いというプロセスは自然にかなったものであり、それゆえ自然に従って老いるということも快いことになる。われわれはキケロのなかに、プラトンのこの考え方の木霊を聞くことになる。

自然に従って起こることはすべて善きことのなかに数えられる。とすると、老人が死ぬことほど自然なことがあろうか。[8]（『大カト』七一節）

老年と病気の区別

しかし、自然に従った身体の老化が魂の精神的活動に直接の悪影響を与えないということは、魂が身体の影響を受けないとか、逆に魂の活動が身体に影響を与えないとプラトンが想定していたというわけではまったくない。身体の悪い状態や病気が魂に悪い影響を与えることや心身の相互作用をプラトンは明確に述べているからである。『ティマイオス』では老いのメカニズムの説明のすぐ後に、身体と魂（精神）の病気の原因の説明が引き続いてなされる（81E–87B）。そこでは老年と病気は明確に区別して記述されている。これに対してアリストテレスは、「病とは新たに身につけた老年、老年とは自然な病である」と述べている（『動物発生論』784b33）。セネカの有名な言葉「老年とは不治の病である（senectus enim insanabilis morbus est）」（『書簡』第一〇八、二八）も示すように、老いを病気の一種とみなす通念が根強くあることを考えれば、プラトンが老いと病気とを明瞭に区別して述べている点は特筆すべきである。

さて、魂の病気は、身体的条件を通して起こると、次のように説明されている（『ティマイオス』86B–87A）。魂の病気には、「狂気」と「無知」があるが、過度の快苦が病の最大の原因とされる。度を越した快や苦を経験すると、人は快をとらえ苦を避けることに夢中になるあまり、事の善悪を判断することも正しく考えることもできなくなる。一例では、種子（精子）が髄のところに多量に生じる場合には、性的欲望が強くなって人生の大部分を狂乱じみた状態で過ごすことになる。身体のせいで魂が無思慮になっているのに、病ではなく本人がみずから悪くなっているとみなされてしまう。しかし、性欲に抑制がきかないたいていの場合は、髄の周囲の骨の組成が疎らなために引き起こされる身体に起因する魂の病なのである。誰であれみずからすすんで悪くなっている者は一人もおらず、悪い人が悪くなるのは、①身体がある有害なあり方をしていること、②教育を受けずに育てられていること、によるのだとされている（86D7–9）。悪い人間がみずから悪くなっていることを否定するこの考え方は、「みずからすすんで悪を行なう者はいない」というよく知られた「ソクラテスのパラドクス」と同一の主張である。そのパラドクスは、『国家』の魂の三区分説によって否定されたとされ、パラドクスの解釈について多くの議論をまき起こしてきた。『ティマイオス』のこの説明によれば、悪しき振舞いは、①の精神物理的原因（psychophysical causes）と②の無教育によって引き起こされており、その行為は意志によって行なわれたのでも、選択されて行なわれたのでもなく、そのかぎりにおいては行為者に責任を帰することはできないことになる[9]。

また、さまざまな体液や粘液がうまく排出されずに身体内に蓄積されると、魂の病を引き起こす原因となり、「気難しさ」「意気消沈」「臆病」「物忘れの早さ」「物覚えの悪さ」を生み出す。このような身体からの悪しき影響に加えて、国政が悪く、悪しき言論が公私にわたって語られ、それを癒すような適切な教育がなされない場合には、悪しき身体と悪しき教育によって人びとが悪くなるのは不可避であるとまで述べられている（87B）。

身体と精神の運動と調和

それではいかにすれば身体と魂の健全性を維持できるのだろうか（87C）。それは魂と身体の均衡を保つ努力をすることである。つまり、心身の健康を守る方法はただ一つであり、それは身体を伴わずに魂を動かすことも、魂を伴わずに身体を動かすこともなく、両者が自分を守って等しく均衡を保つように世話をすることである（88B）。

これは他方では身体を自然にかなった仕方で動かすことでもある。自然に従って身体を動かすことでめざされるのは、宇宙万有の調和と秩序ある運動を模倣して、身体にそれと同じような調和を生み出すことである。

しかし、もしも人が、万有の育ての親とか乳母といわれたもの（「場」）を真似て、身体をできるかぎりどんな時にも静止したままにしておかず、つねに動かして身体にその全体にわたって振動（セイスモス）を生み出すならば、内なる運動と外なる運動を自然に従った状態に保つことになる。そして、もしも、以前に万有についてわれわれが述べていた言論のように、適切に振動させて、身体に関して彷徨っている状態と部分を同族性に従って互いに秩序づけるならば、敵対する要素どうしを相並べて身体に病気を生み出すままにすることはなく、互いに親しい要素どうしを相並べて健康を生み出すことになるだろう。（88D–E）

これに先立つ『ティマイオス』のコスモゴニーにおいては、宇宙の「場」の「振動（セイスモス）」が、混合していた火・空気・水・土の四元素をあたかも穀物を篩にかけるように同種のものへと選り分ける働きをすることが述べられていた（52E–53A）。興味深いことに、ここでは人間の身体が、宇宙論的な「場（コーラー）」と類比されている。また宇宙の「場」の役割は乳母にもたとえられ、振動する宇宙には、乳母が赤ん坊を揺さぶりあやして育てるイメージが重ねられている。[10] 振動と訳されるセイスモスは、身体と魂に共通して作用するものであることが、『ピレボス』（33D–34A）でも、「身体にそのつど生じる受動状態のうち、あるものは魂にまで到達する前に身体のなかで消え去ってしまって、魂を何の影響も受けないままにしておくのだが、あるものはまた身体と魂の両方を通って進行し、ちょうど振動（セイスモス）のように何事かをそれぞれに固有かつ共通なものとして送りこむ」と明確に語られている。さらに、『法律』（790D–791B）においても、母親が子供を揺さぶって寝かせるように、外から与える運動によって心臓の苦しい鼓動を静め、魂に平静と安らぎを与えるとされている。つまり、子供が寝つかない心理状態は一種の恐れであり、それは心のある種の病的な状態に起因するので、「そのような状態に対して、人が外から揺さぶり（セイスモス）を与えると、外から与えられた運動が恐怖と狂気という内なる運動に打ち勝ち、打ち勝つことによって各人の心臓の鼓動を静めて、魂のなかに静かさと安らぎを生ぜしめ、すこぶる好ましい状態を生む」と述べられている。振動が「身体と魂に共通した状態」を生み出す要因として考えられていることは、プラトンの心身観の理解にとってきわめて重要である。[11]

だが、宇宙万有に似た調和を身体に生み出すために薦められている身体の運動の内実は、きわめて単純でわれわれにも身近な内容である（89A–B）。人間の身体を清浄にして整える具体的な運動としては、最もすぐれた運動が天体や思考がもつような自分で自分を動かす運動であるように、第一にみずから身体を動かす体操が最もよいものとされている。第二には受動的な運動として船などの乗り物に乗って受ける振動、そして最後に、できうるかぎり避けるべきであるが、医薬による治療が、おそらく下剤が身体つまり体内を強制的に動かすという意味で、身体の運動の一種としてあげられている。

他方、身体をそのような運動に導く魂については、魂の各部分が無為に動きを停止しないように、均衡のとれた仕方で運動させることが重要であると語られる（89D–90A）。とくに頭脳の回転運動を万有の回転運動と調和に学んで矯正して、それに似たものにする魂の世話が課せられる。宇宙そのものが魂をもつ生きものであり（30A–C）、宇宙の魂は、ピュタゴラス音律にかなった音階を生むような数学的比率によって構築され（35A–36B）、思惟と感覚を生み出す「同」と「異」の調和のとれた円運動を休みなく永劫に続けている（36C–37C）。プラトンが述べる「自然に従う」ということは、何もしないでなるがまま、なすがままにしておくということではけっしてない。身体だけではなく魂に関しても、学びを通して宇宙の秩序と調和に連動させることによって、魂がもつべき本来の自然を回復することが要請されている（90C–D）。身体は場（コーラー）に類比され、マクロコスモス（宇宙）とミクロコスモス（人間）のアナロジーは、宇宙の運動と場の振動をモデルとして、人間の心身の両面にわたって構想され、心身の両面において自然本性に従った調和と秩序の回復の努力が求められていることになる。

このような構想の基礎となるのが、心身や生命についての洞察である。プラトンは、生命と知性の本質的な特徴を「運動」であると考え、生命原理である魂を「運動そのもの」として規定することにより、魂が身体や物体と相互作用をもつとともに、身体や物体ではなく魂を基礎にした世界観を提示している。それゆえ、心身の運動を調和させるこの勧めは、狭い意味での少数の「哲学者」に限られたものではない。知性を酷使する数学者ならば体育に親しむようにし、逆に身体づくりに気を使う人ならば音楽文芸や哲学全般にたずさわって魂に運動を与えることが勧められている（88C）ように、これが多くの人びとに向けられた一般的な勧告であることを見逃してはならない。

以上見てきたように『ティマイオス』においては、老年（81B–81E）と病気（81E–87B）と健康（87C–89C）が明確に区別されたうえで、内的な連関を保ちながら一続きにまとめて語られている。老年を心身の健全なあり方と一連のものとして語ることによって、老年の生理的メカニズムを説明するだけではなく、いかにすれば老年がよく生きられるかということもまた示されていることになる。それは自然に従って身体と魂との均衡を保つように、それぞれを適切な仕方で運動させて心身の健全さを生み、学びと知を愛して魂の運動を万有の調和と運動に似せて秩序づけ、神々から人間に与えられた最もよき生を最期までまっとうする生き方である（89D–90D）。老いをよく生きる可能性は、人生全体をよく生きる可能性とぴったりと重なることになる。

2　アリストテレスの老年論と自然学的理論——『自然学小論集』

次にプラトンとの対比においてアリストテレスの老年の理論を見てみよう。彼の老年理論は、『自然学小論集（Parva naturalia）』に残されている。アリストテレスの老年論については、R・A・H・キングが、栄養摂取とライフサイクルの観点から関連する研究を発表している。[12] キングの研究の良い点は、『自然学小論集』の三つの著作『長命と短命について』（464b19–467b9）『青年と老年、生と死について』（467b10–470b5）『呼吸について』（470b6–480b30）を一つのまとまった著作とみなして、アリストテレスの老年の生理学について整合性をもった説明をわかりやすい形で提出していることである。アリストテレスは魂を身体の働きの現実活動態（エンテレケイア・actuality）と定義するが、キングはそれが第一に栄養摂取の活動であると考え、アリストテレスの生物理論の再構築を試みている。キングの研究をふまえ、『自然学小論集』に示されたアリストテレスの老年理論をまとめておこう。

「冷」と「乾燥」——老化の二つの原理

アリストテレスは老年を、「冷」と「乾燥」で特徴づけている。老年は生命維持の仕組みから生理学的に説明される。生命に欠かせない栄養摂取を行なうのは魂であり、それは身体の胸部に位置している（468a）。脳髄に知覚の機能をおいたプラトンとは異なり、アリストテレスは魂の感覚能力と栄養摂取の能力の両方を心臓におく(469a)。身体は熱、冷、乾、湿のバランスから成り立っているが、そのバランスを保つためには栄養摂取が不可欠である。食物に作用して身体を維持する最も重要な働きを担うのが、心臓に生まれつき備わっている固有の「熱」である。

もしも動物が、感覚能力を備えた魂をもつことによって定義されるならば、魂の始原を有血動物においては心臓のなかに、無血動物においてはそれと類似する部分にもたなければならない。しかるに、諸動物のあらゆる部分と身体の全体は、本性的で生得的な熱をもち、それゆえ動物は、生きている間は温かいと認められ、死んで生を失うとその反対になる。実際、その熱は有血動物においては心臓にあるのが必然であり、無血動物においてはそれと類似した器官になければならない。なぜなら、この本性的な熱によって、身体のあらゆる部分は働き、かつ食物を消化するからであり、支配的な器官には最もそれがあてはまるからである。 (469b3–13)

あらゆる動物が、自然本性的に備えている生得的な熱によって、摂取した食物を調理して消化する。生命の本質的な特徴は、この本性的な熱とその源となる湿気をもつことにあり、老いることはそれらを徐々に失っていくことである。

動物は自然本性として湿気と熱をもち、生きているとはその状態にあることであり、これに対して老年は乾燥し冷たく、死者もそうした状態になる。それは見てのとおり明らかである。しかるに、動物の身体の質料は、熱、冷、乾、湿からなっている。したがって、老いるにつれて乾燥するのは必然で

ある。それゆえ、湿気が容易に乾燥してしまわないようにすべきである。（466a18-23）

したがって、ある生物が長命であることは、身体内部にある固有の熱がより大きく、その熱の燃料源となる湿気がより多く備わっていることによって説明できる。逆に身体の湿気が少なくなって燃料がなくなると、熱を生み出すことができなくなり、冷たくなって死に近づく。大きな動物は湿気をより多くもつので、小さな動物よりも一般的には長命である（466a）。しかし、湿気の量だけではなく、その湿気の温度も生命維持にとって重要である。湿気が凍結すると死をもたらすからである。人間が、より大きい別の動物よりも長生きなのは、人間がその動物よりも温かいためである（469a-b）。熱と湿気が生命の維持と成長にとって不可欠であるように、それとは対極に死へと向かう老化のプロセスは、冷と乾燥によって規定される。

さらに、アリストテレスは老化を灯火にたとえて説明している（469b-470a）。火が消滅するには二通りの仕方がある。水のような対立物によって消滅する場合は消火であるが、火が同じく火によって、つまり、大きな炎が小さな炎の燃料を呑みこんで燃やし尽くしてしまうことがあるように、消耗によって消滅する場合がある。いずれの場合にも、栄養物が不足し、熱を維持できなくなって消滅する点では同じであるが、前者の消火は強制によって起きる場合であり、後者の消耗は老年によってもたらされる。老年は、生き物が本来固有にもっている生命熱が、いわば命の灯火がみずからを燃やして消えてゆくように、時間とともに少しずつ失われてゆく過程とされる。

そして、火が消滅するこの二通りの仕方は、生命維持に必要な別の機能についても説明することになる。生命を維持するためには、生物が先天的にもっている固有の生命熱が燃え尽きないよう燃料を補う必要があるとともに、熱が過度に大きく高くなってその熱を一度に燃やし尽くしてしまわないように、調整して冷却する必要がある（470a）。アリストテレスは、呼吸とは体温を下げるこの調節作用を担うものであって、冷却の機能を担う臓器が肺や鰓であると考えた。『自然学小論集』で老化の説明に関連して、呼吸や気息についての仕組みが語られる（470b以下）のはこのためである。そして、肺が時間の経過とともに硬化することによって老化が進み死に至る生理学的な過程が次のように記述されている。

生命の始原（原理）は、それに結びついた熱が冷やされない場合には、生命をもつものから消え去ってしまう。なぜならこれまで何度も述べてきたように、熱が熱によって燃やし尽くされてしまうからである。そこで、ある動物においては肺が、別の動物においては鰓が硬化すると、つまり時間の経過によって、前者では肺が、後者では鰓が乾燥して土のようになると、これらの部分を動かすことができず、膨らませることも縮めることもできなくなる。そして最後に、何らかの緊張が起きると火が燃え尽きてしまう。

それゆえに、老年においてはほんの小さな病気にかかっても急速に死に至る。なぜなら、人生の長い期間に、熱の大部分が呼吸によって排出されてしまったので、熱が少量しかなく、その部分に何らかの緊張が起こると急速に熱が消え去ってしまうからである。すなわち、ちょうど自分のなかに束の間の小さな炎があって、それがわずかな動きでも消え去ってしまうかのようだ。このゆえに、老年における死は苦痛を感じない。なぜなら、彼らには強い苦しみが生じなくても死が訪れるからであり、

魂の解放がまったく感覚されずに生じるからである。（479a7–23）

生物が心臓のなかに生得的にもっている熱が、長い時間の呼吸作用によって徐々に排出されると、肺や鰓の呼吸器官を冷やし乾燥させて硬化を引き起こし、そのため生命維持に必要な熱を適度に冷やす機能が落ち、固有の熱がさらに燃え尽きてゆく過程が進行する。これが老化の生理学的プロセスということになる。この記述に続けてアリストテレスは、逆に熱病のように熱の過剰もまた肺を硬化させ、肺の膨張と収縮を困難にするので息が頻繁になり、ついには肺の運動が不可能になり呼吸ができなくなって死に至ると記している（479a23–28）。アリストテレスの老化の生理学的理論は、体温と呼吸作用という生体と死体とを際立って区別する生理的現象に着目して、それらをたくみに結びつけたものといえるだろう。老化の大きな外見的特徴である皮膚の皺も、この冷却と乾燥の原理で説明するなど、一般的な老化現象をも取りこんだ理論化が試みられている。

生得的な生命熱とは

しかし、アリストテレスの理論内部においてまず曖昧に思えるのは、生得的な生命熱の身分である。

誕生とは、この熱に栄養摂取を行なう魂が初めて関与することである。生命とはこの関与を続けることである。青年はこれを冷却する第一の器官が成長する時期であり、老年はその器官が衰退する時期であり、壮年はその中間の時期にあたる。（479a29–32）

生物のそれぞれに誕生のときから心臓などの器官に先天的に備わるとされるこの熱とはいったい何であろうか。その熱が魂なのではない。魂はその熱ではなく、生物の身体器官の現実の活動態である。その特別な熱が、どこからどのようにして生物に生じるかをアリストテレスはここでは語っていない。他の生物学的著作によれば、動物の場合には、その熱は雄の精子から雌の経血へと伝えられるとアリストテレスは考えていたようである(『動物発生論』739b sqq.)。しかし、その生命熱は、身体内で食物を燃やすことによって得られる熱によって補われるが、食物の燃焼による熱とまったく同じなのか、あるいは、異なるとすればどのようなプロセスによって質的に異なるものになるのかも明確ではない。

アリストテレスの生命熱の考え方は、パルメニデス(前五一五頃—四五〇年頃)やエンペドクレス(前四九二頃—四三二年頃)の哲学に遡って関連づけることもできるが、彼が生命の最も基本的な特徴を体温と呼吸作用とみなし、個体の生死や老化のメカニズムを身体器官の機能の説明の枠内にとどめていることは、経験と観察を重んじた古代医学理論に密接な関係があると思われる。実は老化の過程が熱の消失であるとする見解は、ヒポクラテス学派の医学的な主張でもあったと指摘されているからである。(13) たとえば、ヒポクラテス学派によって、老人の発熱が高熱になりにくいことが、「体が成長するときに、内的な熱は最も大きい。だから最も多くの栄養を必要とする。もし、栄養を欠けば衰弱する。これに対して老人の熱は小さく、そのためわずかな食料しか必要ではなく、多くの食料によって死ぬこともある。身体が冷たいからである」(『箴言』第一章一四)と説明されている。ヒポクラテス学派にも、生得的に備わる特別な熱がやはり心臓にあって、栄養補給ではその生命の熱を補いきれずに消費されていくことで老化が進むという考え方が見られるのである。ヒポクラテス文書のなかの『心臓について』(五、六、一二節）では、生得的な火が心臓の左心室にあり、それゆえ左心室は熱を保つように密に組織されており、肺が呼吸によって冷やすために心臓を取り囲んでいると説明されている。[14]

したがって、アリストテレスが生得的な生命熱について詳しい説明を省略しているのは、その考え方がヒポクラテス学派の医学によってよく知られたものであったからだとすればさほど不思議ではないだろう。ヒポクラテス学派を起源とする体液説と熱の低下による老化の説明が、アリストテレスの老年理論を経て、ガレノスに受け継がれ、古代医学の伝統においては長きにわたって身体の冷たさと乾燥が老年を規定することになる。

アリストテレスの老年の説明は、ヒポクラテス学派の主張を踏襲したものであり、彼自身の独創性は肺や鰓を体内の熱の冷却器官として位置づけ、老化によって基礎代謝量が衰えることを明確に指摘したことにあるのだろうか。だが、アリストテレスの生命熱の考え方については、F・ゾルムゼンが指摘しているように、その直接の最も重要な先駆者はプラトンであるとみなすことができる。[15]『ティマイオス』では、呼吸によって身体内部の熱が外から入ってくる空気で冷やされる仕組みが詳しく説明され、熱と同一視された「火」が、食物を「切る」ことによって消化し、栄養摂取するプロセスが説明されていたからである（78B–79E）。プラトンと『心臓について』を書いたヒポクラテス学派の著者の心臓の生理学においては、内的な熱の教説が決定的に重要な要因となっていると指摘されている。[16]

アリストテレスは、みずからの自然学理論の枠組みを基に火と熱とを区別して、火で「切る」ことに変えて、摂取した食物を熱で「調理する」という修正をプラトンの理論に加えたとみなすこともできる。しかし、プラトンが、内的な熱の重要性を意図的に小さくして、その熱量の増大が魂の領域にまでに及ばないようにしたのに対して[17]、W・D・ロスが注解で書いているように、アリストテレスはアカデメイアの彼の師ほど用心深くはなく、心臓の内なる熱を、生命だけではなく、栄養、感覚、運動、思考の機能の源泉として扱っている[18]。

生命熱と知的能力

アリストテレスが魂を身体の現実活動態として、身体を基礎にして魂を規定したことは、プラトンの場合とは大きく異なる老化の考えを導くことになる。キングが強調するように[19]、魂の第一の基本的機能が栄養摂取の能力にあるとすれば、身体の老化にしたがって魂の最も基礎的な活動や機能が身体とともに確実に衰えていくことになるからである。アリストテレスの『自然学小論集』の老化のメカニズムの分析においては、彼の『魂について』において示唆されているような思惟や知性が身体とは独立に存在する可能性——いわゆる「能動理性」——には触れられていない[20]。アリストテレスの心理学と生理学はオーバーラップし、精神の働きにおいても身体や物体の果たす役割は小さくないが、身体についての記述が少ない『魂について』と、身体器官の詳細な分析を行なっている動物学的著作、そして、両者の中間に位置する『自然学小論集』の著作に描かれた、魂と身体の関係を総合的にとらえることは難しい。それらは視野や目的や方法や主題が大きく異なるからである[21]。しかし、魂を身体の現実化された活動態であるとみなすならば、身体の老化はそのまま魂の老化をも意味することになるように思われる。

そして、アリストテレスの理論の枠組みでは、身体の老化が知的老化をもたらすことを示唆する別の重要な指摘がある。G・フロイデンタールは、人間を他の動物よりも知覚や知性においてすぐれたものにするのは生命熱の量の多さであるとアリストテレスが考えていたと指摘する。[22] フロイデンタールは、アリストテレスの魂理論と生命熱との関係の問題を解くために、生命熱に形相因的原理も認めて、その根拠をソクラテス以前の哲学者やアリストテレスの初期著作に求める。フロイデンタールのそのような理解には問題点があるが、[23] 生命熱と知的能力の関係についての彼の指摘は興味深い。フロイデンタールは、アリストテレスの『動物部分論』の記述にもとづいて次のように主張する。アリストテレスは最もすぐれた血液とは温かくてかつ薄く澄んだものであり、そのような血液をもつ動物が勇気においても知恵においてもすぐれているとする（648a9–10）。感覚器官は血液を含むものであり、知覚の中枢が置かれる心臓は敏感なほど柔らかい（667a14 sqq.）。アリストテレスはそれらを一般化して、動物の知的な能力は、その土質の部分が少なくなるにつれて増大すると述べている（686a25–687a1）。これとは逆に「物を上昇させる熱が減り、土質のものが増すと、動物の体は小さくなり、かつ足の数が多くなり、ついには足がなくなって身体が長くのびて地面に横たわるようになる」（686b29–686b32）という。生命熱には身体を上方へ持ち上げる力があり、人間はその熱が大きいために地面から体を離して二本足で立つことができる。人間だけが動物のなかで神的であるので直立するのであり、考えることや思慮深いことは最も神的である（686a27–29）。感覚や知性は、土質のものの量に反比例して大きくなるので、生命熱が大きいことが知性の働きにとって重要になる。他の生物学的著作においても、アリストテレスは老年と「土質」を結びつけている。

同じ原因によって、動物は年をとるにつれて、毛のあるものでは毛が硬くなり、羽や鱗のあるものでは羽や鱗が硬くなるのである。これは、年をとるにつれて皮膚が硬くなり、厚くなるからであるが、それはまた乾くからでもあり、熱とともに湿気が欠乏するために、老年（ゲーラス）はその名が示すとおり、土質（ゲエーロン）なのである。（『動物発生論』783b2-8）

また、アリストテレスは、老いた動物の血液について、「老いたものでは、濃くて黒くて少量である」（『動物誌』521b）と記している。年をとるにつれて生命熱と湿り気が失われることが血液の変化をもたらすのである。しかるに、知性や感覚の優秀さは、感覚器官やその中枢である心臓の状態に依存し、血液が熱く軽く薄い場合にその最善の状態を生み出すのであり、血液の状態は最終的には生命熱の高さによると考えられていた。したがって、老化によって生命熱やその元となる湿気が失われることは、血液を冷たく濃く少量にし、身体全体を土質にすることによって、感覚と知性の活動の衰弱と質の低下をも必然的にもたらすことになる。

アリストテレスによれば、老化によって生命熱が失われるにしたがって、知性の活動の衰弱と質の低下がもたらされることは避けがたい。老化がどれほど自然な現象と規定されても、プラトンが描いたような悦ばしい老年の可能性を開くということは、アリストテレスの老年理論の枠組みでは困難になるだろう。

老年と病気

さらにまた、アリストテレスが、老年と病気を似たものとして、老年を病に、病を老年になぞらえて記述している点もプラトンとは異なる点である。『動物発生論』では、白髪になる原因に関して、老齢による白髪は、身体の弱さと熱の不足によって生じるとされ、病気の結果としても白髪になる仕組みが説明されている（784a–785a）。病気から回復するとまた黒い髪が生えてくることがあるように、「病気からの回復は老人が若者になるようなもの」（784b33）とか、「ある病気は老年と同じ結果を生む」（784b34）とされる。そして、「病とは新たに身につけた老年であり、老年とは自然な病である」と記されている（784b32–33）。これは「長患いは老年のように、後者は年齢のゆえに前者は病気のゆえに、乾燥と冷たさをうむ」（『問題集』861a27–29）と考えられたからであろう。

以上のように、老年になると、身体は熱と湿気を失い、その結果、血液が乾燥によって濃くなり冷たくなることで知的な衰弱をもたらすとされ、「自然な病気」の過程が進行していくことになる。たとえ老化がどれほど自然な現象と規定されても（『自然学』230a28）、悦ばしい老年の可能性を開くということは、アリストテレスの老年理論の枠組みでは困難になる。老衰による死が苦痛をもたらさないとするアリストテレスが提出した理由（『自然学小論集』479a7–23）も、プラトンのものとは質的に異なり、高齢者が大きな苦痛を感じる前に、小さな衝撃でもたやすく残された命のわずかな熱を失うとされるからである。

それではアリストテレスにとって「よき老年」とはどのようなものになるのか。老年を身体と知性の衰弱であるととらえるアリストテレスにとって、よき老年とは老年のもたらす苦痛をいかに減らすかに帰着することは容易に想像できるだろう。事実、アリストテレスは『弁論術』において、「よき老年（エウゲーリア）」を、次のように規定している。

よき老年（エウゲーリア）を送るとは、老齢が苦痛なく穏やかに進むことである。というのは、足早に老いる場合も、老い方は遅々としているが苦痛が多いような場合も、よい老年とは言えないからである。だが、よい老年は身体の徳（健康）と運から生じてくる。なぜなら、病い知らずでも強健でもないようなら、身体のことで煩わされずにはすまないだろうし、また、運に恵まれなければ、まったく苦しみを知らずに長い間生き続けることはできないだろうから。

（『弁論術』1361b27–31）[24]

アリストテレスがかかげるよき老年とは、苦痛なく穏やかに進むことであり、主として身体の健康にかかわることであり、「運」をも必要とするという点で、われわれが老年に求める願望や一般的な通念にも近いのではないだろうか。プラトンのように魂のよきあり方を第一とする心身の調和は、アリストテレスの老年論には見出すことはできない。

二つの自然学的理論から帰結すること

プラトンの「楽観的」な老年観とアリストテレスの「悲観的」な老年観が、それぞれの心身観の異なる理解に裏打ちされたものであることを概観してきた。さしあたって、この二つの自然学的理論からはどのようなことがいえるだろうか。プラトンは生命と知性の本質的特徴を運動とみなし、思考と身体を自分で動かすことができる運動を魂とした。つまり、魂を生命と万有の運動の最も基本的な原理とする世界理解のもとに、老年の自然学的メカニズムを描きながら、どのように老年を、すなわち、死すべき人間が限られた人生の全体を最後までいかによく生きるかをプラトンは探究している。これに対してアリストテレスは、生命の特徴を身体の体温と呼吸作用におき、魂を身体の現実の活動態とみなして、身体の現象として老いのメカニズムを探究している。魂は栄養摂取を司る理論上の役割を果たしているが、魂がもつ意志や知性の役割はその場面では語られることはない。老いは自然学の一環として観察され、どこまでも身体器官に即して生理学的にメカニズムが検討されるような自然学的現象である。老年をいかによく生きるかといった価値的な問いは、アリストテレスの行なった老年の自然学的探究の内部からは排除されているようであるが、しかし、その探究の結果はまぎれもなく、老年について悲観的な印象と否定的な評価を与えるものであるといわねばならない。

だが、『国家』のソクラテスとケパロスの問答が示すように、「老い」とはどのようなものであるかという問いは、老いをよく生き抜いて、いかに死を迎えるのかという人間の根本的で尽きることのない問いに根ざしている。その問いは、アリストテレスの記述したような老化の生理学的説明や死のメカニズムの自然学的説明の領域にとどめておくことはできない。人間はその自然学的プロセスを、かけがえのない一度きりの人生として生きなければならないからである。では、生きられる老年を問題にする知のあり方とはいかなるものだろうか。

みずからの老年をよく生きる知を見出すために取ることが可能な一つの方途は、プラトンが行なったような仕方で、身体ではなく、魂を自己理解と世界理解の基本にすえることであるように私には思われる。プラトンの考えた魂とはどこまでも意識や価値選択の主体であると同時に、自分で自分を動かす「動」として規定され、身体全体を動かして自然世界に働きかける存在として考えられている。プラトンの「魂」は、広がりをもつ「場」を占めることが原理的にできないデカルト的な「精神」ではなく、またソクラテス以前の哲学者たちの場合のように心身概念が未分離なままに一体化されているものでもない。プラトンは、『パイドン』で行なっているように、心身を鋭く対立させ、きびしい吟味の作業を通して身体や物体とは異なる純粋な魂の概念を成立させたうえで、「場」を運動する自己動者としての魂を基本にすえた有機的な自然世界像と心身関係を描いている。[25] 魂は身体のすみずみに行きわたって支配するものであり、身体は、魂を受容する宇宙論的な場（コーラー）に類比されていた。それゆえに、魂と身体はそれぞれの運動を互いに調和させることが可能であり、まさにその調和こそが求められている。

したがって、プラトンにとって、たとえば身体にかかわる医学的知識も、身体だけにとどまることがない。そのことは、プラトンが医学的知識を取り扱う場面で見てとることができる。プラトンは、『法律』で「奴隷のための医師」と「自由人のための医師」の区別をしている。奴隷のための医者は、患者に対して、「病気それぞれについて、なにかの説明を与えもしなければ、受けつけもしない。むしろ、経験からしてよいと思われる処置を、あたかも正確な知識をもっているかのように、僭主さながらの横柄な態度で、一人の病人に指示しておいては、さっさと、病気にかかっている別の奴隷（患者）のもとへ立ち去っていく」（『法律』720C）。これに対して自由人のための医者は次のように行動すると述べられている。

病気をその根源から、本来のあり方に則って検査をし、患者自身とその身内の人びとともよく話し合い、自分の方も、病人からなにかを学ぶとともに、その病人自身にも、できるだけのことは教えてやるのです。そして、なんらかの仕方で相手を同意させるまでは、処置の手を下さず、同意させたときでも、説得の手段によって、たえず病人の気持ちを穏やかにさせながら、健康回復の仕事を成しとげるべく努力するのです。

（『法律』720D-E）

医者は、治療に当たっては患者自身とその気持ちをつねに中心において、医者も病人から学ぶことがあるとされる。医者には病気や患部の治療を対象とするだけではなく、患者や人間を中心にすえた医療のあり方が求められている。この自由人のための医者の説明には、今日の生命倫理で主張されるインフォームド・コンセントの原型を読みとることができるだろう。日本でもインフォームド・コンセントの重要性が医療現場でも定着してきたが、ようやくプラトンが書いたような奴隷の医学から自由人の医学の段階に達してきたといえるかもしれない。そして、プラトンは、『カルミデス』（155E-157C）においても、病気の治療をするためには、患部だけを診て処方するだけではなく、身体全体に注意を向ける必要があること、そしてさらに、「魂の世話（テラペウエスタイ）」（157A3）——文字通りに英訳すればサイコセラピーになる——をしなければならないことを明確に論じている。[26] 本来的には身体の治療とは、魂の治療／世話を欠いてはならないのである。

プラトンが探り当てた魂の観念には、人間がよい生き方と行為を選び取る知恵と、世界のあり方を理解する知識とを、ともに全一的な知へと統合することをめざす探究の道筋を読みとることができるだろう。老年というわれわれの問題についても、文学によってすぐれてよく表現された老年についての「主観的」な洞察と、身体の医学的生理学的な老化のメカニズムの「客観的」な探究を、そのいずれかを切り捨てることなく、老年をよく生きるために両者の統合をめざす知の営みが――たとえその統合が困難であっても不可能な道筋ではないことの確たる範例として――プラトンの哲学には息づいているように思われる。

だが、プラトンが述べた老年をよく生きる可能性とは、手放しの楽観論などからはほど遠い。プラトンが老化は魂には何の影響も与えないと考えていたとみなすならば、プラトンの心身観について過度な単純化をしてしまうことになる。プラトンは、老いという身体状況が魂の活動に間接的には影響を与えることを十分に知っていたからである。『ティマイオス』の病気の説明に見られたように、身体の状況は魂に大きな影響を与える。それゆえ、老化という身体の衰弱もまた魂の活動に間接的に影響を与えること、つまり、老化による体力の一般的な低下が、間接的には知的活動の量的な縮小を招くことをプラトンは認めている。先に言及した、青少年の時期に精神の働きに仕えることができるよう身体の鍛錬をする必要を述べた箇所（『国家』498B–C）からもそれは推察できるが、国家の高等教育について記した次の箇所からも見てとることができる。

ソロンは老年になっても多くのことを学ぶことができると言ったけれども、それを信じてはいけないのであって、学ぶことは走るのよりも、もっとだめだろうからね。むしろ大きな苦労、たくさんの苦労はすべて、若者たちにこそふさわしいのだ。（『国家』536D）

また、プラトンは老年期において発症することがある老人性の認知症の病気についてもよく知っており、『法律』では老いた両親を遺棄したり虐待したりすることに罰則を定めて、虐待行為を禁止するとともに（930E–932D）、父親が認知症になった場合には家族による後見人を含めた措置を認めるなどの社会的対策をも規定していた（928E, 929D–E）。プラトンは、このような老年における人間のきびしい現実をふまえたうえで、自然に従って身体と魂との均衡を保ち、学びと知を愛して魂の運動を万有に似せて秩序づけ、神々から人間に与えられた最もよき生を最期まで全うとする生き方を示しているのである。

わずかばかりの時間のうちには、どれほどの大きなことが生じうるだろうか？　というのは、幼少から老年に至るまでのこの時間の全体などというものは、全永劫の時間にくらべるならば、ほんのわずかなものにすぎないだろうからね。（『国家』608C）

老年をいかによく生きるかという問いへのプラトン自身の答えは、「八一歳のとき、書きながら死んだ」[27]と語られるように最期まで真実への美しき邁進を続けたその生き方と、この永遠へのまなざしのなかで理解されねばならない。

3　プラトンとアリストテレスの老年論の比較

ボーヴォワールへの批判

しかし、われわれは前節で、プラトンとアリストテレスの老年論について、あまりにも性急に結論を下してしまったのではないだろうか。プラトンとアリストテレスの老年の自然学的理論の相違から、プラトンの立場に一方的に与するような評価を導きだすことが本書の目的ではないし、またそれは彼らの哲学に対する公正な態度とはいえない。今一度、ボーヴォワールの評価に立ち戻って、あらためてプラトンとアリストテレスの老年観の比較を試みよう。

ボーヴォワールは『老い』において、「プラトンとアリストテレスは老年について考察し、正反対の結論に達している」と指摘し、プラトンが老年を高く評価したのに対して、アリストテレスは老年を悲観的に描いており、その対照的な老年観は彼らの哲学の基礎をなす心身観の差異に根ざすものであると主張していた[28]。しかし、これまで見てきたように、ボーヴォワールの主張には、プラトンの心身論について過度な単純化が含まれている。テクストを重んじる古典学の観点からも、ボーヴォワールの主張には反論が可能であろう。たとえば古典学者のS・ビルは、プラトンとアリストテレスの老年の考えは基本的には一致しているとして反論を展開している[29]。ビルはボーヴォワールの表現の細部にわたって細かな批判を繰り広げているが、ビルの反論のポイントは、以下の三点に絞ることができる。

㈠プラトンもアリストテレスも老年それ自体を誉め称えているのではない。プラトンは『ティマイオス』で老年を衰弱と位置づけ、アリストテレスは生物学的観点から身体的衰弱に多く言及しているが、両者はともに、老年が知性と身体の両面での衰弱であると考えている。

㈡プラトンとアリストテレスが高く評価する老年は、賢人や哲学者のものである。それは例外的なエリートのもので、ごく少数の老人にしか当てはまらない。ボーヴォワールは、プラトンの『国家』第一巻の冒頭にあるケパロスによる老年の讃歌と、アリストテレスが『弁論術』（第二巻一三章）で与えた喜ばしくない老年の描写を対比させた。しかし、プラトンが称賛しケパロスに帰しているのは、賢明で財産があり充分な良識をもった老年である。ケパロスは大部分の老人が生きる喜びをもっていないことを述べているが、それが『弁論術』で批判的に描かれている老人の性格描写に対応している。

㈢プラトンは老人が支配し若者が従うこと（『国家』412C, 465A,『法律』917A）を強調するが、アリストテレスも同様の政治的考えをもっている（『政治学』1259b1-4,『ニコマコス倫理学』1142a11-19）。理想の国家における老人の地位と役割は同様であり、国土の防衛を若者に任せ、討議と裁判権を年長者に帰している。プラトンもアリストテレスも、老人の前で敬意を表し、老いた両親を敬うことを勧めている（『国家』425B,『ニコマコス倫理学』1165a27-29）。

ビルのこの三つの批判を検討する作業を通して、プラトンとアリストテレスの老年論をあらためて比較することにしたい。まずは彼らの老年の自然学的理論を再確認することからはじめて、彼らの老年にかかわる用語法の違いや関心の違いについても考察を広げていくことにする。

プラトンの「老年」の自然学的理論と心身の衰弱

前節までに見たように、プラトンは老年の自然学的理論を『ティマイオス』で明確に示し、老化を次のように説明していた（81B4–D4）。いかなるものも流出するものの方が流入するものよりも多い場合には減衰する。老化とは、髄を構成する基本要素の三角形が経年の働きで疲労消耗することによって、栄養分を分解し身体に新たな要素を供給して新しい組織を生み出すことができなくなり、身体組織が徐々に解体されて衰えていく過程である。結論的にいえば、『ティマイオス』の老年の自然学的説明においては、老化が進行しても病気や障害を併発しないかぎり、魂の精神的な働きに直接の影響を与えて知性の働きを衰退させるとは想定されていない。そのことは、老年の説明に続き、自然な老化が進んで老衰死を迎える過程において、魂が根本的な変化や苦痛を被ることなく「歓びを伴って」解放される様子の描写からもうかがい知れる。病気や傷害による死は苦痛と強制をもたらすが、老いとともに自然に従って最期を迎える死は、苦痛ではなく歓びを伴うのである。それはまた、『ティマイオス』では魂が身体よりも生まれにおいて古く、身体を支配するものとされ、魂の不死の教説（41C–D, 43A）が堅持されていることによって裏打ちされる。老年が知性の低下を招くとされているというビルの反論㈠の主張は、プラトンの考え方と齟齬をきたすことになる。

また『ティマイオス』で、老いと心身の病気が明確に区別されて語られていることが重要である。老いのメカニズムの説明の直後に、身体と魂の病気の原因説明が続き、魂の病気は身体的条件を通して起こるとされる。身体と魂の健全性を維持するために必要なのは、身体を伴わずに魂を動かすことも、魂を伴わずに身体を動かすこともなく、両者が自分を守って等しく均衡を保つように世話をすることである。すなわち、身体を自然にかなった仕方で動かし、宇宙万有の調和と秩序ある運動を模倣して調和を生み出すことが求められ、魂の各部分が動きをやめないよう、頭脳の回転運動を万有の調和と回転運動に学んで矯正する世話が必要となる。老年や心身の病気や健康についてのこのような考え方は、魂と身体についてのプラトンの原理的な考察にもとづいている。プラトンは、生命と知性の本質的な特徴を運動に置いて、生命原理である魂を運動そのものとして規定することにより、魂が身体や物体と相互作用をもつとともに、身体や物体ではなく魂をこそ世界観の基礎にすえている。それゆえ、心身の運動を調和させるこの勧めは、狭い意味での少数の「哲学者」に限られたものではない。知性を酷使する数学者ならば体育に親しむようにし、逆に身体づくりに気を使う人ならば音楽文芸や哲学全般にたずさわって魂に運動を与えることが勧められていた（88C）ように、多くの人びとに向けられた一般的な勧告である。『ティマイオス』においては、老年（81B–81E）と病気（81E–87B）と健康（87C–89C）が明確に区別されたうえで、内的な連関を保ちながら一続きにまとめられ、老年を心身の健全なあり方と一連のものとして語ることによって、老年の生理学的メカニズムを説明するだけではなく、いかにすれば人間は老年をよく生きうるかが示されていた。老いをよく生きる可能性は、人生全体をよく生きる可能性とぴたりと重なる。それゆえ、ビルの反論(二)で、プラトンが少数の賢者や哲学者の老年だけを高く評価していたというのは誤りである。プラトンは、哲学者などに限定された老年を称賛しているのではなく、人間がいかにすれば老年をよく生きうるかを考察しているからである。プラトンとアリストテレスが称賛する老年は同じであるとするビルの論点(二)も、彼らの老年理論に深く立ち入ると支持しがたいものになる。

晩学(オプシマティアー)についてのプラトンの見解

しかし、老化による身体の運動や活動の力が衰えるならば、身体の運動と均衡を保つべき魂の運動や活動にも影響を与えることは考えられるのではないかという疑問がわくだろう。たとえば『国家』では、先に見たように「老年になっても多くのことを学ぶことができる」というソロンの言葉が批判されているので(『国家』536D1–3)、老化による体力の一般的な低下が、間接的には知的活動の量的な縮小を招くことをプラトンが認めていると思われるからである。だが、たとえ身体の老化が魂の知的活動の量的な縮小をもたらすことが認められているとしても、それが必ず質的な低下や衰弱を招くとは述べられていない。

これに対して、晩学については、アリストテレスを継いで学園リュケイオンの学頭となったテオプラストスが、『人さまざま』で明確な批判と皮肉を述べている。

晩学とは、年齢を超えた苦労好きのことであるように思われる。晩学の人とは次のような人のことである。たとえば、六〇歳になってから名言麗句を学んで、宴席の場でいざ語らんとして忘れてしまうといったことである。(テオプラストス『人さまざま』二七「晩学(オプシマティアー)」一―二)

これに続けてテオプラストスは、祭りの松明競争で若者たちと競い合ったり、レスリング場で練習したり、子供の養育係に弓や槍の勝負を挑み、女たちの前で踊りの練習をしてみせるなど、相手に自分がその道に心得があることを見せびらかす人物像を滑稽に描いている。

しかし、プラトンの『国家』の記述は、そのような晩学を揶揄したテオプラストスとは異なっており、H・タラントが主張するように、年長者には若者が学ぶべき仕方とは異なる学びがあることが示唆されているとも考えられる。[30] なぜなら、「老年になっても多くのことを学ぶことができる」というソロンの言葉が斥けられる『国家』の文脈は、高等教育プログラムにおける若者に向けての労苦を要する教育の奨励であり、老年になると学びができなくなることを主張するものではないからである。

プラトンが晩学について、批判めいたことを語っているとされるもう一つの箇所として、『ソピステス』の「一と多」をめぐる議論（251B-C）があげられるかもしれない。一つのものがさまざまに語られることは本来不可能であるという「一」と「多」の議論が、老人たちのうちでも晩学の者（オプシマテース）たちに「楽しいご馳走」を提供し、彼らを熱中させてきたと批判されているからである。しかし、そこで問題とされているのは、若いときには何ら知的な訓練をせずに、年老いてから急に学びをはじめたために、彼らの知的財産が貧困であるということである。つまり、批判されているのは、老年になって学ぶことではなく、晩学の人たちが知的財産の乏しさゆえに、論争術的な議論のレベルに満足し、それだけで何かたいへんな「知恵の宝庫（パンソポス）」を発見したように思いこんで、それ以上の探究をやめてしまうことである（『ソピステス』251C5）。

むしろ、晩学についてのプラトンの立場は、「たとえ老人であっても知恵を学ぶことは立派なことである」（アイスキュロス「断片」三九六）という言葉に近いと思われる。そのことは、プラトンが晩学について、『エウテュデモス』において記していることから裏づけることができる。『エウテュデモス』の冒頭で、ソクラテスが論争術（エリスティケー）を格闘技パンクラティオンの奥義であると呼んで、それを学ぶ希望を述べるのに対して、対話相手のクリトンが、ソクラテスの身を気遣って、「年が心配にならないかね、それには、もう年をとりすぎていると思うが」と懸念を表明する。ソクラテスは、気遣う友人の懸念を完全に打ち消して、次のように述べている。

> いや、どうして、クリトン、その心配はまったくない。心配しなくてすむ十分な証拠がある。そしてそれが、わたしの心を励ましてくれているのだ。というのは、あの両人（エウテュデモスとディオニュソドロス）自身にしてからが、わたしの欲しているあの知恵、すなわち論争術に手をつけた時は、こう言っていいなら、老人（ゲロンテス）だったからね。（『エウテュデモス』272B–C）[31]

ソクラテスはこれに続けて自分の晩学を嘲笑する人びとや子供たちがいることを述べたうえで、それにもかかわらず、自分と同じ相弟子になって学びにいそしむように以前にも他の老人たちを説きつけたように、これからも説得を試みよう、と述べている（同書、272C–D）[32]。老いても旺盛な知的好奇心を失うことなく、つねに新たな学びを愛し、自分の知の財産に満足することなく、人びととの哲学的問答に明け暮れたこの老ソクラテスの姿こそ、プラトンの老年像の中核にあったといえるだろう[33]。

アリストテレスの「老年」の自然学的理論と老年の心身の衰弱

次にアリストテレスの老年の自然学的理論を振り返っておこう。彼の老年のまとまった自然学理論は『自然学小論集』に残されていた。アリストテレスは老年を、冷と乾燥の二つの原理で特徴づけており、老年は生命維持の仕組みから次のように説明される。生命に欠かせない栄養摂取を行なうのは魂であり、それは身体の胸部に位置する。食物に作用して最も重要な働きを担うのが、心臓に位置する身体内部に固有の「熱」である。この熱が摂取した食物を調理して消化する。ある生物が長命であることは、身体内部にある固有の熱がより大きく、その熱の燃料源となる「湿気」がより多く備わっていることによって説明される。熱と湿気が生命の維持と成長にとって不可欠であり、死へと向かうプロセスにある老年は冷と乾燥によって規定される。生命を維持するためには、生物がもつ固有の生命熱が燃え尽きないように燃料を補う必要があるとともに、熱が過度に高くなってその熱を一度に燃え尽くさないように調整して冷却する必要がある。アリストテレスは、呼吸とは体温を冷やす調節作用を担うものであり、冷却機能を担う臓器が肺や鰓であると考える。加齢が進むにつれて肺や鰓の呼吸器官が硬化を引き起こし、そのため生命の中心となる熱を適度に冷やす機能が落ち、固有の熱がさらに燃え尽きてゆく過程が進行する。これが老化の生理学的プロセスである。逆に熱病のように熱の過剰もまた肺を硬化させ、肺の膨張と収縮を困難にするので息が頻繁になり、ついには肺の運動が不可能になり呼吸できなくなって死に至る。アリストテレスの老化の自然学的理論は、体温と呼吸作用という生体と死体とを際立って区別する生理的現象に着目して、それらをたくみに結びつけたものであった。

こうしたアリストテレスの生命熱の考え方は、その直接の最も重要な先駆者をプラトンであるとみなすこともできた。しかしながら、アリストテレスが魂を身体の現実活動態として、身体を基礎にして魂を規定したことは、プラトンの場合とは大きく異なる老年の考えを導くことになった。キングが強調するように、アリストテレスにとって魂の第一の基本的機能が栄養摂取の能力であるとすれば、身体の老化に従って魂の最も基礎的な活動や機能が確実に衰えてゆくことになり、身体の老化はそのまま魂の老化をも意味してしまうだろう。事実、フロイデンタールの指摘によれば、アリストテレスは、知性や感覚の優秀さは、感覚器官やその中枢である心臓の状態に依存し、血液が熱く軽く薄い場合にその最善の状態を生み出すのであり、血液の状態は最終的には生命熱の高さに支配されると考えていた。それゆえ、老化によって生命熱やその元となる湿り気が失われることは、血液を冷たく濃く少量にし、身体全体を土質にすることによって、感覚と知性の活動の衰弱と質の低下をも必然的にもたらすことを意味することになった。

以上のように、老年が知性と身体の両面での衰弱であるとアリストテレスがみなしていたことは正しいが、プラトンがその見解を共有していたとするビルの㈠の主張は正しくないと結論づけられる。プラトンとアリストテレスの老年論には自然学的理論にもとづく大きな相違があり、それは、次に述べるように、プラトンとアリストテレスの老年にかかわる用語法の違いからも見てとることができる。

老年を示す用語の異なる用法

老年に関するプラトンとアリストテレスの考え方の違いは、彼らの用語法の相違にも現れている。老年をさすギリシア語には、主として「ゲーラス」と「プレスビュス」の二系列の言葉があるが、*Thesaurus Linguae Graecae* によって調査をするとプラトンの著作集とアリストテレスの著作集では、次頁の表1に示したような用語の使用回数が現れる。

プラトンはプレスビュス系の語をゲーラス系の約二倍の頻度で用いているのに対して、アリストテレ

表1　老年に関するプラトンとアリストテレスの用語

用語／回数	プレスビュス系	ゲーラス系	（ゲーラス，ゲーラスケイン，アゲーラトン）	（ゲローン，グラウス）
プラトン	261回	127回	(79回)	(48回)
アリストテレス	143回	247回	(175回)	(72回)

スはゲーラス系の語をプレスビュス系の約二倍近い頻度で使用している。ゲーラスやゲローンは老年期を固有に示す言葉であるが、プレスビュス系の語は年長者をさし、子供どうしの間でも使われるように、必ずしも老年や老人を示すとはかぎらない。またプレスビュスは、*Liddell-Scott-Jones* の *Greek English Lexicon* によれば、比較級や最上級の用法として、"more or most important" という肯定的な語義をもつことも重要である。この表には数えていない動詞の「プレスベウオー」は、「最年長である」という語義から、第一位に位置づけられて崇めるべきものという意味が生じ、政治的用語として「国家の使節・大使（プレスベウス、プレスベウテース）になる」を表し、一般にもよく用いられる。

プラトンのプレスビュス系の用例において最初に目につくのは、『パルメニデス』第二部で集中的に六六回使用されていることである。イデア論の批判的検討として「一」が存在するかしないかをめぐる議論において、年長と年下の相対的関係が取り上げられている。そこでは同と異、等と不等、大と小などの相関関係の語と並べられているように、相対的な時間的変化のみが問題にされ、老年の固有の問題は取り扱われていない。これと関連して注目されるのは、「老人であれ若者であれ」という表現で、あることが「老若を問わず」に妥当するという文脈で、「老年」に言及される箇所が著作全体にわたり一七回にも及ぶことである（『弁明』30A3, 30A8, 33A7,『ポリティコス』299C5,『ピレボス』

15E5,『プロタゴラス』316C8,『ゴルギアス』488A1,『メノン』73A2, 93E4,『国家』380C1, 395D7, 492B2,『法律』631E1, 687C10, 799C4, 950A7, 952C6)。また、「長子」や「一〇歳以上」など、単に年齢差を示すとか、「成人になる」といった年を重ねることを意味する日常的な用例も多い。以上のような用例を見れば、老年に関する用語としてプレスビュス系の語が最も多く使われていることは、プラトンにとって老年とは、相対的な年齢差にすぎないことが最も基礎的な理解であったと推察できるだろう。『ティマイオス』でわれわれが見たように、老年をよく生きることと人生全体をよく生きることとは重なり合い、人生の全体はその目的のために統合されていて、年齢による大きな断絶はないからである。

　プラトンの著作においても、プレスビュス系の語がネガティヴな意味で語られる場合がないわけではない。しかしその用例は、たとえばソクラテスが語る「わたしは年をとって足がのろいから、のろい方の死に負かされたけれども、わたしを訴えた人たちは速い方の邪悪というものに打ち負かされた」(『弁明』39B)や、カリクレスの言葉として「いい年をしてまだ哲学している者はぶん殴ってやる」(『ゴルギアス』485D)などといったアイロニカルな用法である。プレスビュス系の語で老年を否定的に語る場合には、そのような皮肉やユーモアがこめられている(『ゴルギアス』461C6, 485A6,『エウテュデモス』285C,『法律』712B2,『メネクセノス』236C8)。

　むしろ、プラトンは、プレスビュス系の語を明らかにポジティヴな意味で語っている場合の方がはるかに多い。たとえば、「エロースの神が偉大であるのは、その神が最も古く年長であるからである」(『饗宴』)とか、『ティマイオス』や『法律』で語られるように、「魂は身体よりも生まれが古く、年長であるがゆえに身体を支配すべきである」という用法である。明らかにポジティヴな意味が与えられたプレスビュス系の用法は一九例が認められる（『饗宴』178A9, 178C1, 178C2, 180B6, 218D2,『国家』548C1,『ティマイオス』34C2, 34C4, 40C3,『法律』892B1, 892C6, 895B5, 896B3, 896C6, 896C7, 967B7, 980D6,『エピノミス』980E2, 991D2)。そして、年長者にポジティヴな意味が与えられることは、「年長者が支配すべきであり、若者が従うべきである」（一一例）という主張につながる（『国家』412C2, 465A5, 467E7,『法律』680E1, 681A9, 690A7, 701B7, 714E4, 762E6, 879C6, 917A4)。「年長者の支配」が主張される場合には、プレスビュス系の語が使われ、ゲーラス系の語は使われていない。年長者の支配に関して、ゲーラス系の語が使用される例外は、スパルタの長老会の制度や「夜明け前の会議」に言及したわずかな箇所（『法律』692A2, 965A2）にとどまる。

　他方、プラトンがゲーラス系の用語を使う場合は、「老年」を特に主題化するときであるといえるだろう。プラトンは、『国家』の第一巻で老年が険しいか楽な時期かを主題化し（『国家』328E6, 329B1, B2, B5, C6, D3, D5, E3, 330A4, A5, E2, 331A2, A7)、『ティマイオス』で老年の自然学的説明を明確に提示し（『ティマイオス』81D4, 81E4)、『国家』で提起した老年と正義の問題を引継いで『法律』で老人の政治的役割や老年期の生活の保護などの社会的措置を定めている（『法律』635A4, 717C6, 761C6, 922D8, 923B3, 928E2, 930B2)。それらの該当箇所では、プラトンは老年や老人を主題にしていることを明確にするために、ゲーラス系の言葉を用いている。また、表には入れなかったが、ゲーラス系の言葉にも、「ゲライオス」という威厳や尊敬の意味を含む言葉があり、プラトンには五例の用例があって、高齢でかつ裁判官や最高会議の要職についている場合などに使われている（『法律』855E, 952A)。

　しかし、プラトンが老年をごく稀にネガティヴな意味で使っていると思われる場合には、ゲーラス系の用語が使われている。ビルが、プラトンはアリストテレス同様に老年をよくない状態としていることを確信したいなら、『ティマイオス』で神が生ける宇宙を老年や病のないものとして製作したとしていることを見ればよいとする次の箇所である。(34)

つまり、まず第一に、宇宙は生けるものとして、できうるかぎり全体性と完全性をもち、完全な部分からなるようにするためである。第二に、これに加えて、宇宙が唯一つになることであり、残されたものから他の同様の宇宙が生じないようにするためである。第三に、宇宙が老いることなく(アゲーローン)、病むことがないようにするためである。なぜなら、構築者は、強い力をもつ熱や冷やその他のものが、構築された身体を外側から囲みこんで攻撃すれば、時ならずにその身体を解体して、病と老年(ゲーラス)をもたらし、滅びさせてしまうのを見てとったからである。このような理由と推理によって、宇宙をあらゆる全体からなる唯一の全体であり、完全性をもち、不老で無病のものとして構築したのである。

(『ティマイオス』32D1–33B1)

たしかに、ここでは老いという言葉がネガティヴに使われているといえるかもしれない。しかし、それはこの宇宙に対して言われているものであり、本来死すべき人間に対して述べられているものではない。しかも、ビルは、『ティマイオス』の宇宙論的文脈において、宇宙の魂がその身体よりも年長である(プレスビュテラン)がゆえに、身体を支配するものとして構成されたという続く重要な論点(34A–C)には触れていない。ビルはプラトンの老年についての例外的な用法によって、プラトンの老年観を代表させていることになる。

より一般的な語法の区別として、R・ガーランドは、プレスビュテスとその同語源の語は、二九歳から五九歳までに当てられた言葉で、ゲローンは五九歳よりも高齢の者をさすために使われたと想定している。[35] しかし、プラトンは六五歳のパルメニデスや、さらに高齢と思われるケパロスにプレスビュテスという語を用いている（『パルメニデス』127B2,『国家』328B9）。プラトンにとって、プレスビュス系の用語とゲーラス系の言葉は、年齢区分ではなく、われわれが見てきたように意味内容から使い分けられていると考える方が妥当であろう。

次にアリストテレスの著作集の用語法について触れておこう。プラトンが老年を年齢の相対的な差異とみなすことを基本とするのに対して、アリストテレス著作集の老年の用語法の際立った特徴は、次項で述べるように生物学的な観点から老年という時期を明確に位置づけ、生物一般の老年期に大きな関心を示していることである。アリストテレスの用法は、ゲーラス系の用語が中心であり、人間やさまざまな生物の老年期に焦点をあてた観察や考察が中心である。また、プラトンとは違って、プレスビュス系の用語も年齢差の比較を示すのではなく、ゲーラス系と同じく生物のライフサイクル（生活周期）としての老年期をさす場合が多い。また「老若を問わずに、あることが妥当する」というプラトンではよく使われている用法はほとんど見られない。そして、プレスビュス系の語がポジティヴな意味に語られる用例もほぼないといってよい。アリストテレスには、『弁論術』の第二巻で青年、壮年、老年の三つの時期が明確に対比して描かれているように、人間や生物の成長発達の段階に応じて、顕著に異なる能力や特徴的な性格が存在するとみなす理解が根底にあるからだと考えられる。

アリストテレスの老年論のスコープ

プラトンとアリストテレスの用語法の相違は、老年に対する彼らの異なる評価を示唆するだけではなく、彼らの関心の相違をも示している。実は、老年に対して悲観的か楽観的かという観点からアリストテレスの老年観を考察することは、アリストテレスの老年観を理解するためには問題設定が狭く、適切とはいえない面がある。アリストテレスの老年論は、強い生物学的関心によって基礎づけられているからである。生物学は、論理学などと同様に、アリストテレスがはじめて体系的な研究を行なうことによって確立された学問領域であり、彼は老年についてプラトンよりもはるかに広範な生物学的観察と自然学的研究を行なっている。アリストテレスは、何よりも経験主義者であり、彼の科学上の発見は、近代生物学の辞典にも比較され、その成果は、進化生態学といってよいものだとも言われている[36]。イルカが魚類でなく哺乳類であること、胎生の鮫が子供を産むこと、爬虫類が体の一部を再生できること、卵黄が胚そのものではなく鳥の胚の栄養であること、哺乳類の胎児が臍を通じて栄養を受け取ることなど、ヨーロッパの生物学者が一七世紀から一九世紀にかけて知るようになったさまざまな事実をアリストテレスはすでに知っていたからである。アリストテレスの老年論を分析して驚かされるのは、冷と乾燥という老化の説明原理が、きわめて多様な生物の老化現象に、完膚なきまでに適用されていることである。

アリストテレスが観察し考察している人間と他の生物の老年期の現象として、主に以下のような項目をあげることができる。

人間の老年期の主な現象

声が不明瞭になる（[*De. audib.*] 801b6, 802a3, [*Pr.*] 902b28, 906a9）
白髪になる（*Eth. Eud.* 1224b34, *Gen. an.* 780b5, 782a12, 784a33, *Hist. an.* 581a10）
精液が減少する（*Gen. an.* 725b20）
毛が少なくなる（*Gen. an.* 745a12, 14）
歯が磨耗する（*Gen. an.* 745a29, 32）
女性の方が老化は早い（*Gen. an.* 775a13, 20）
青眼症が増える（*Gen. an.* 780a18, 20）
視力の低下（*Gen. an.* 780a31, 33, [*Pr.*] 958b31, 959b38）
声が高い（*Gen. an.* 787a27, [*Pr.*] 900b16）
腱がゆるむ（*Gen. an.* 787b13）
骨に隙間ができる（*Hist. an.* 518b8）
血液が黒く少量になる（*Hist. an.* 521a33）
好色な女、多産な女は早く老いる（*Hist. an.* 582a22）
労苦は老衰を早める（*Parv. nat.* 466b13）
記憶が鈍い（*Mem.* 450b6, 453b4）
老年になってからの子供は虚弱（*Pol.* 1335b29）
冬に老人が多く死ぬ（[*Pr.*] 861a21）
体が震える（[*Pr.*] 874b33, 906a12）

眉毛が濃くなる（[*Pr.*] 878b24）

皮膚が硬い（[*Pr.*] 958b32）

傷がふさがりにくい（[*Pr.*] 961a5）

くしゃみをするのに苦労する（[*Pr.*] 962b28）

皮膚や肉が黒ずむ（[*Pr.*] 887b13, 967b13, 967b16）

諸生物の老年期の主な現象

〈一般的現象〉

年をとった親は雌を産む（*Gen. an.* 766b30）

毛、羽、鱗、角が硬くなる（*Hist. an.* 518b30, 518b31, [*De. audib.*] 802b7, *Gen. an.* 783b2, b6）

脂肪がつく（*Hist. an.* 520b7）

骨髄は年をとると軟脂質や硬脂質がすすむ（*Hist. an.* 521b9）

年をとった魚は貯蔵に向かない（*Hist. an.* 607b28, 29, 31）

過剰に脂をもつ動物は老化が早い（*Part. an.* 651b8）

多種子の動物は速やかに老衰する（*Parv. nat.* 466b8）

雄は雌よりも長命（*Parv. nat.* 466b14）

植物は長命（*Parv. nat.* 467a13）

〈個別的現象〉

ツルは年をとると黒っぽくなる（*Gen. an.* 785a24, *Hist. an.* 519a3）
馬の白髪（*Gen. an.* 782a12）
年長の犬の歯は黒くて先が鈍い（*Hist. an.* 501b13）
雄羊は年長の雌羊と交尾する（*Hist. an.* 546a4）
若い雌羊は年長のものより小さい子を産む（*Hist. an.* 546a7）
豚は三歳より年長になると生まれる子が悪くなる（*Hist. an.* 546a8）
豚は年をとると交尾が衰える（*Hist. an.* 546a22, 573a33）
雌ゾウは最年長では一五歳で交尾をはじめる（*Hist. an.* 546b8）
メンドリは年長の方がたくさんの卵を産む（*Hist. an.* 560b5）
年長の雄鳩は嘴を交えないと交尾しない（*Hist. an.* 560b27）
決まった季節に年長のヤギが発情するのがよい（*Hist. an.* 574a13）
雌のラバは雄よりも老衰が遅い（*Hist. an.* 578a1, 4）
年老いた鹿には防枝ができない（*Hist. an.* 611b3, 7）
ジュズカケバトは年長になると爪が伸びる（*Hist. an.* 613a19）
ジュズカケバトは長生きで元気（*Hist. an.* 613a21）
年をとった鷲の嘴は曲がる（*Hist. an.* 619a16）
蛸は産卵すると老衰する（*Hist. an.* 622a26）
年長のハチは巣の内部で働く（*Hist. an.* 626b8）

ライオンは老齢になると歯が衰える（*Hist. an.* 629b28）
ライオンは年をとると狩りができず、牛の囲い場に来て危害を加える（*Hist. an.* 629b28–29）
子馬も年長になると後足で頭に触れることができない（*Part. an.* 686b17）

このように、アリストテレスの著作集で観察され考察されている人間の老年期の主な現象としては、白髪になる、毛が少なくなる、視力の低下、血液が黒く少量になる、記憶が鈍い、体が震える、皮膚や肉が黒ずむなどがある。また、生物の老年期の主な現象としては、毛、羽、鱗、角が硬くなる、年をとった親は雌を産む、雄は雌よりも長命になることがあげられる。さらに個別的現象として、ライオンは老齢になると歯が衰えるとか、年老いた鹿には防枝ができないとか、年をとった鷲の嘴は曲がるなど、さまざまな生物の詳細な現象が観察され報告されている。そのうえで、アリストテレスは、老年期にみられるこれらの諸現象を、冷と乾燥の原理によって一貫した説明を試みている。たとえば、老年になって視力が衰えるのは、老化により皮膚が乾燥するにつれて、目の皮膚も同様に乾燥して硬くなり、皺がよるためであると考える。白髪になるのは、湿気の加熱調理の不足が原因であると説明される。皮膚や肉が黒ずむのは、血が乾燥すると黒ずむためである。動物の毛、羽、鱗、角などが硬くなるのも、すべて同様に老化による乾燥の結果である。また、女性が男性よりも老化が早いのは、女性の体温がより低いからであるとされている。それゆえ、両親が年をとれば熱が不足して、体温の低い方の雌を生むことになるという。

アリストテレスは、多種多様な生物のライフサイクルを観察し、多くの生物が老年期においてどのように繁殖力やその他の能力を失って、老衰してゆくかを詳しく調査している。アリストテレスの老年観は、人間よりもライフサイクルのずっと短い生物の成長と老化の膨大な観察事実を基礎として構築されているといえるだろう。

さらに驚くべきことは、アリストテレスが生物にかぎらず、陸地と海が交代するような大規模な自然現象についても、冷と乾燥という老化の原理を適用していることである。大地の同じ場所が永遠に湿っていたり乾いていたりすることはなく、川の生成消滅によって陸地と海とが周期的に変化する。その原因は、大地にもアクメー（盛年・成熟期）と老年があるからだとアリストテレスは述べている。

これらのことの始原と原因は、大地の内部がちょうど動物や植物のからだのように、成熟期（アクメー）と老年（ゲーラス）をもつからである。動物や植物の場合にはそれは部分的に起こることなく、全体が同時に成熟期を迎えたり老衰したりしなければならないが、大地の場合は冷と熱の働きによって部分的に起きる。この冷と熱とは太陽とその運行によって増大したり減少したりするが、それらによって大地の各部分は異なる力を受け取り、その結果、大地のある部分はある時期までは湿ったままにとどまることができるが、やがては老年になって（ゲーラスケイ）ふたたび乾く。しかし、今度は別の場所が生気を取り戻して湿ってくるようになる。（『気象論』351a26–36）

川の生成消滅によって陸地と海とが周期的に変化する。その原因は、大地も盛年と老年とをもつからであり、太陽の運行によって大地の熱の状態が変化し、そのため大地の湿った地域もやがて老年期を迎えて乾くとされている。アリストテレスの老年理論は、人間だけではなく、大地と海の交替変化という長期間にわたる大規模な自然現象を含め、冷と乾燥の二つの原理によって、全自然の「老化現象」を一貫して説明する試みである。宇宙論的な枠組みで語りながらも人間が老年をいかによく生きるかという問いを中心としたプラトンとは異なり、アリストテレスは自然世界に見られる多様な老化現象について飽くことのない冷徹な観察者であり、より普遍的な老年理論を構築しようとしている。そのことはプラトンの老年理論との相違にとどまらず、アリストテレスの老年理論が後世に大きな影響力をもちえた要因の一つにあげられるだろう。

アリストテレスの『弁論術』の老年像

アリストテレスはこのように生物のライフサイクルの観察と調査を集中的に行なったうえで、『弁論術』第二巻一二章から一四章において、青年、壮年、老年の三つの時期を明確に区別している。三つの時期のうち、アリストテレスは中庸理論[37]にもとづき、最も望ましいのは壮年期としているが、老年と対照的とされる青年期の性格の記述は以下のように分けられる。[38]

〈青年の性格〉（1389a3–1389b12）

1　欲望（1389a3–9）

①欲望に走りやすく（epithymetikoi）、欲することは何でも実行し、性的欲望を抑えることが難しい。

②気移りしやすく、飽きやすく長続きしない。

③激しく求めるが、力強くはない。

2　感情（1389a9–16）

④激しやすく（thymikoi）、短気で衝動に流れやすい。

⑤誇りが強く（philotimoi）、軽んじられるとすぐに憤慨する。

⑥財産や富を得ることを好むより（philochrematoi）も、勝利にこだわる（philonikoi）。

3　態度（1389a17–34）

⑦世の醜悪なところをまだ見ていないために気立ては悪くなく、お人好し（euetheis）。

⑧いろいろと欺かれたことがないので人を信じやすい（eupistoi）。

⑨また、多くの失意を経験していないので、希望に燃えている（euelpides）。希望は未来にかかわり、青年にとって過ぎ去った時はわずかであるので、未来は洋々としており、思い出すものは一つもなく、すべては希望のうちにある。

⑩何にでもすぐに期待をいだくので人に騙されやすい。

⑪気力が充実し希望に燃えているので、他の世代よりも勇敢である（andreioteroi）。

⑫社会のきめた法によって教育されているにすぎず、そのほかにも立派なことがたくさんあることをまだ知らないので、恥じらいを感じやすい（aischynteloi）。

⑬生活のために卑屈にされていないので、気持ちが大らかである（megalopsychoi）。

4　行動（1389a34–1389b12）

⑭利益になることよりも立派な行為を選ぶ。

⑮利害の打算で判断せずに、品性に従って生きる。
⑯友を愛し（philophiloi）、仲間を愛する。
⑰物事に熱心すぎるあまり失敗する。行動に行き過ぎる。
⑱愛するのも憎むのも過度である。
⑲どんなことも知っていると思いこみ、そう主張する。
⑳不正に走るのは傲慢による。
㉑腹黒くないので誰をも実際よりもすぐれた人だと考えやすく、憐れみやすい（eleetikoi）。
㉒笑うことが好き（philogelontes）で洒落が好きである。

老年期の性格の記述は、青年の性格と反対の性質から成り立ち、内容的に以下のように三つに分けることができる。[39]

〈老年の性格〉（1389b13–1390a27）

1　態度（1389b15–1390a6）

(1)確言を避ける。長い歳月のなかで、多く騙され、多くの失敗や悪い経験を重ねているので、いつも「おそらく」や「たぶん」という言葉をつけたし、確言することがない。（青年の⑲に対応。以下同様）
(2)ひがみ根性である（kakoetheis）。すべてを悪い方へ歪めて解釈する。（⑦）
(3)猜疑心が強い。何も信用しないから。（⑧⑩）

(4)人を激しく愛することも憎むこともない。(③⑱)

(5)心が狭い(mikropsychoi)。生活のために卑屈になっており、大きなことは望まず、生活に必要なことだけを欲望の対象にする。(⑨⑬)

(6)臆病である(deiloi)。何事にも先々に不安をいだく。(⑪)

(7)生への執着が強い(philozoi)。人生の末期になるとそれがいっそう強くなる。というのは、欲望はもう手許にないものを求めるからである。

(8)必要以上に自己中心的である(philautoi)。それは心が狭いことの一形態である。(⑯)

(9)利益のあることをめざし、立派なことを求めて生きることはない。(⑭⑮)

(10)恥知らずである(anaischyntoi)。立派なことを利益になることと同じ程度に気遣うことがなく、他人にどう思われるかはまったく気にかけないからである。(⑤⑫)

(11)簡単に希望をいだかない(dyselpides)。(⑨)

2　感情と欲望(1390a11-16)

(12)憤りは燃え上がりやすいが、力がない。(④)

(13)欲望は弱い。(①)

3　行動(1390a6-11)(1390a16-24)

(14)過去に生きる。この世の大半がよからぬものであり、多くのことは期待より悪い結果となるので、希望よりも過去の記憶に生きるようになり、過去には饒舌になる。(⑨)

(15)欲望のまま行動することはない。(①)

⒃品性よりも損得勘定によって行動する。（⑥⑮）
⒄不正行為をするのは、悪意によるものであり、傲慢なためではない。（⑳）
⒅憐れみを感じやすい。青年たちの場合は人間愛によるが、老人の場合は自分の弱さによる。（㉑）
⒆よく愚痴をこぼし、洒落や笑いを好まない。（㉒）

青年を特徴づけるギリシア語には、「愛する」とか「求める」ことを意味する「philo」や、「よく」を意味する「eu」が多く用いられるのに対して、老年を特徴づけるギリシア語には、否定を意味する接頭語や否定詞が多く用いられている。老年に「philo」が使われているのは「ピロゾーオイ（生への執着が強い）」「ピラウトイ（自己愛）」だけであり、他人やさまざまな物事を愛し希求する情熱は青年の特徴であって、老年にはその情熱は冷えて枯れて自分に向かうだけであるという見方が用語にも示されている。青年と老年は、一八の項目にわたって対比されて描かれており、青年だけに対応する項目は、②「気移りしすい（eumetaboloi）」、⑰「物事に熱心すぎるあまり失敗する」の二項目にすぎない。他方、老年だけに対応する項目は、⑺の「生への執着が強い」のみである。人生の最盛期とされる壮年は、この青年と老年のそれぞれの行き過ぎを取り去ったかたちで、両者の中間的な性格として規定される（1390a28–b13）。壮年は、ひどく大胆でもなく、臆病でもなく、すべての人を信じるでもなく、誰に対しても不信をいだくのでもなく、立派なこと（ト・カロン）と利益になることのバランスをとりながら調和をとる。老年や青年の性格がきわめて対照的で特徴的であるのにくらべて、中庸としての壮年期の記述はごく簡潔である。人間の心身が成育して最も充実した時期を迎えるのはこの壮年期であり、アリストテレスは人間としての成熟をこの壮年期に見ていることになる。

老人の行動の大きな特徴として挙げられる⒁の「過去に生きる」は、老人の回顧癖を批判したものであるが、現代の老年学や発達心理学においては、高齢者が自己の人生を振り返ってその意義を再発見し、人生全体の統合感を得ることは「ライフ・レビュー」として推奨されている。よく知られているようにE・H・エリクソン（一九〇二―一九九四年）は、人生を八つの心理的発達の段階に区分し、その最終段階において、自我を統合する課題に取り組まねばならないとした。[40] 自分の人生の生き方を身体的・経済的な脅威などから擁護して、自我の統合感を得ることが、差し迫る死を受容することにつながる。自我の統合感を失うと、別の道で人生をやり直すにはもはや時間が短すぎ、その焦りが死の恐怖や絶望となって表現されることになる。P・マッキーは、ライフ・レビューという観点から見ると、アリストテレスとプラトンは対照的な態度を示していると指摘している。アリストテレスは、『弁論術』のこの箇所で老人が過去を振り返ることへの特別な関心をいだき、過去を回想することに歓びをもつことを記しているが、そのような回想が哲学的洞察にかかわることを無視している。だが、プラトンは、ソクラテスに自分の人生を回想させて（『ソクラテスの弁明』20A–24A）、そこに重要な哲学的洞察をこめているのである。[41] 老年において、人生全体を回顧し、その意味を問うことは死すべき人間には不可避であり、そのことが人間の幸福な生にとって重要であることは、かの老ケパロスの姿にも示されている。

しかし、アリストテレスが『弁論術』で行なった年齢による詳しい性格分析は、先行する悲劇や喜劇などの文学作品の分析によって導出されているだけではなく、ひとたび類型化されたこれらの老年や青年の対照的な性格分析が、今度は創作の規範となって、メナンドロスをはじめ多くの喜劇作品の登場人物の性格に色濃く反映され、大きな影響力をもつようになった。文学理論として西洋文学に多大な影響を与えた前一世紀の詩人ホラティウスの『詩論』のなかにも、アリストテレスの描く老人の性格と類似した老人像を見てとることができるだろう。

老人を取り囲む煩いは多い。そのわけは、稼ぎはするが、稼いだものにあわれにも手をつけようとはせず、それを使うことを恐れるためか、あるいは、何かにつけびくびくしながらも熱意もなしに事に当たり、物事を先に延ばし、希望をいだくのは遅く[42]、何もしないくせに将来のことには欲が深いためだ。気むずかしい不平屋で、若かりし日を称え、年下の者を叱責しきびしく裁く[43]。

（一六九—一七四行）

また、アリストテレスの老年の性格分析において注目を引くのは、老人が臆病である理由が次のように主張されていることである。

なぜなら、彼らは青年と反対の状態にあるからである。すなわち、青年たちが熱いのに対して、彼らは冷え切った状態にあり、それゆえ、老齢は臆病への道を用意しているからである。つまり、恐れとは一種の冷却なのである。

（『弁論術』1389b30–32）

ここで「冷え切った状態にある」と訳されたカタプシュケインという語は、冷却という語義とともに、灌漑された後に土地を乾燥させるという意味にも用いられる語である。老人が臆病な性格をもつのは、彼らが冷えた状態にあるとみなされているからであり、冷と乾燥の老化の原理が、人間の心理や性格分析にも反映されるとアリストテレスは考えている。アリストテレスの老年理論は、生物学や気象学からこの修辞学に至るまで、驚くほど一貫しているといわねばならない。

ビルは反論(二)で、『国家』でケパロスが言及する大部分の老人の嘆きが、『弁論術』で批判的に描かれている老人の性格描写に対応しているとしていた。ケパロスが述べていた老人たちの不満は次のような内容である。

われわれの大部分の者は、悲嘆にくれるのがつねなのだ。若いころの快楽が今はないことを嘆き、女と交わったり、酒を飲んだり、陽気に騒いだり、その他それに類することをあれこれやったのを思い出しながらね。そして彼らは、何か重大なものが奪い去られてしまったかのように、かつては幸福に生きていたが今は生きてさえいないかのように、嘆き悲しむ。なかには、身内の者たちが老人を虐待するといってこぼす者があって、そうしたことにかこつけては、老年が自分たちにとってどれほど不幸の原因になっていることかと、めんめんと訴えるのだ。（『国家』329A–B）

われわれがこのケパロスの発言内容とアリストテレスの老年の記述に対応させることができるのは、(2)「ひがみ根性」(7)「生への執着が強い」(13)「欲望は弱い」(14)「過去に生きる」(19)「よく愚痴をこぼす」というような五項目ほどにすぎないだろう。アリストテレスの老年の性格分析は、青年との対比にもとづいて記述されており、壮年を両者の中間と位置づける、きわめて組織的ではるかに網羅的なものであり、それゆえに後代の文学作品に大きな影響を与えることにもなった。ケパロスの言及した老人たちの嘆きはたしかに老年について悲観的という意味では共通しているが、『弁論術』の老年の記述と『国家』のケパロスの発言を同一視するようなビルの主張は適切ではないだろう。ケパロス自身が、そのような老人の振舞いを批判し、みずからがそれとは異なる幸福で自足した老年像を示しているのである。

老人の政治的・社会的位置づけは同じか

さて、ビルの残る論点㈢はどうか。ビルは、プラトンもアリストテレスも年長者が年少者を支配することが自然にかなっているとみなしているという。では、アリストテレスが老人を政治から遠ざけているとしたボーヴォワールの主張は誤りであろうか。しかし、テクストをよく読むと、すぐに気がつくのは、アリストテレスがいう年長者の支配が、プラトンが考えた七五歳までの高齢者を含むような政治体制を意味しないと考えられることである。年長者の支配に関して、アリストテレスは次のように主張している。

というのは、男性は自然によって女性よりも指導的な素質があり――彼らがなにか自然に反する仕方で組み合わされているのでなければ――、また年長（プレスビュテロン）で成熟期に達した者（テレイオン）の、年若（ネオテロス）で未熟な者（アテレース）に対する関係も同様だからである。

（『政治学』1259b1–1259b4）[44]

アリストテレスもプラトンと同じく、年長者の支配を肯定的に主張する際には、プレスビュス系の語を使いゲーラス系の語は使っていない。それゆえ、この主張での年長者が老人であるとはかぎらない。そして、ここで付加されている「成熟期に達した者（テレイオス）」「未熟な者（アテレース）」という言葉は、アリストテレスのここでの主張が、老人や高齢者による支配を意味するのではなく、成熟した壮年の者たちによる支配であることを強く示唆している。そのことはボーヴォワールがすでに指摘していたように、アリストテレスが六〇歳以上の者から選ばれるスパルタの長老制度を批判していることからも裏づけられるだろう。アリストテレスは、スパルタの長老たちの選出方法が滑稽であると述べるだけではなく、長老たちが高齢で支配することを思考能力の点で問題があるとして次のような批判を行なっている。

長老会の公職もまた、よい状態にあるとはいえない。もしそのメンバーが適正な人物であって、人徳を発揮するために十分な教育を受けているのであれば、その制度は国家に利するとおそらく人は言うだろう。しかし、彼らが終身、重要な裁判を司ることは議論の的になる。なぜなら肉体と同様、思考力（ディアノイア）の老いが認められるからである。（『政治学』1270b35–1271a1）

ここでは明確に、身体と同様に思考力や知性にも老化が認められている。アリストテレスが一般に何歳まで公職に就くことを是認していたかは明瞭ではないけれども、老年の自然学理論にもとづいて老年期に思考力や知的能力が衰弱するととらえておきながら、高齢者が政治や法律の重要な判断にかかわることに肯定的であったと考えるのは難しいであろう。また、反論㈢の点に関してビルが指摘している『ニコマコス倫理学』の箇所（1142a11–19）は、若者には経験が不足しているので「思慮ある人」になれないと言っているにすぎず、壮年期を過ぎた老人がとくに思慮や知恵をもつとは述べられていない。

これに対してプラトンは、同じスパルタの長老会の制度に関して、「王族にありがちな専横な力に配して、老年の思慮に富む能力をあてがった」(『法律』691E3–A1)ものとして高く評価している。そして、プラトンは国家の主な役職に一定の年齢制限を設けているが、次に述べるようにかなりの高齢者が国家の重要な職に就くことを認めている。

プラトン『法律』における国家の要職者の年齢規定

プラトンは、『法律』において、望ましい法律を制定するだけではなく、国家の運営に必要な役職と役人の任命についても詳しい規定を定めている。いかに立派な法律を制定しても、法律の施行を不適格な役人の手に委ねるならば、法律から何の利益も得ることはできないからである。法律の施行と運用において、法がうまく機能するように、役人の選出方法、資格審査、任期、経験などのさまざまな要素と、不正をチェックするシステムが考案されている。国家建設において、まず全力をあげて、法を守護する護法官の選出と任命にあたり、そのうえで、法律に則った国家の運営に必要な役職の制定と役人の任命が行われる。次頁の表2は『法律』で定められる主な役職と職務内容をまとめたものである。

重要な役職には、年齢の制限が設定されている。国家の頂点に立つ三七人の護法官は五〇歳以上七〇歳以下とされる(『法律』755A)。プラトンは、スパルタの国制に終身の王制があることに言及しながら(『法律』712E)も、法の守護にあたる護法官に七〇歳の定年制を明確に設定していることになる。また、国家の監査官は五〇歳以上七五歳までとされている(『法律』946C)。その役職も終身ではないが、七〇

表 2 『法律』に示された国家の主な役職

名称	構成員の資格	人数	任期	主な職務内容
民会	成人男性 成人女性？ 第一，二階級は出席義務。			政務審議，その他の議員や委員を選挙する。
政務審議会	各階層から各90名を選出。	360名	1 年	12の執行部に分けて，1 年のうち 1 ヶ月を担当。内政，国土管理，外交権，集会の召集や解散の権限。
護法官	50歳以上の市民から，兵役に参加した市民による選挙。	37名	70歳まで	行政上の最高の役人であり，法の守護者たること，市民の財産登録の番人たること，不当利得に対する裁判を行なうこと。罰金，祭礼の規則，裁判の細則などの細かな規則の決定。
将軍	護法官などがたてる候補者から選出。	3名		国の防衛。
部族歩兵隊長		12名		
神官	男女の神官を，籤と選挙で選ぶ。60歳以上。		1 年	神聖な法に従って神事を執り行なう。
財務官	財務官は第一階級から各神殿に 3 名以下を選出。			神殿の聖財，神領，賃貸料などの管理。
地方保安官	12部族から各 5 名を選出。	60名	2 年	国土を12に分けて，1ヶ月交替で各地域を監視。砦，堀，溝の構築で国土防衛。道路，堤防，河川の整備，体育場，温泉場の設置。
都市保安官	第一階級から全市民が選出。	3 名		都市の12地域を 3 つに分けて，道路，治水の管理。
市場保安官	第一，二階級から全市民が選出。	5 名		市場の秩序管理。市場にある神殿，泉の管理。
教育監	嫡出の子をもつ50歳以上の父親。政務審議会をのぞく役人の秘密投票で，護法官のなかから選出。	1 名	5 年	男女児童の教育全般の監督。
監査官	全市民のなかの50歳以上の者を全市民が選出。	12名	75歳まで	すべての役人の執務監査を行ない，不正があれば罰する。
夜明け前の会議	①監査官12名 ②護法官の最年長者10名 ③教育監 1 名および経験者 ④以上のメンバー各人が推薦する 1 名の若い人びと（30-40歳） 出席者：国外視察員（50-60歳）			徳の本性の追究とそれを実現するための法律の研究。無神論者の教育。国外視察員の報告を聞く。

歳をすぎれば「死の運命にあうとも早すぎはしない」とソロンによって歌われた古代の高齢者の寿命を考えれば、プラトンはかなり高齢な者にまで国家の要職にとどまるのを認めていることになる。さらに、このような年齢制限を課すことに関して、プラトンはアリストテレスとは異なり、思考力の老いを理由にはあげていない。それればかりか、支配者は「法の従僕」たるべきであり、法律による国家の支配こそが肝要であることは、若いときにはよく見ることができずに、老人になるときわめてよく見えるようになるともいわれている（『法律』715D–E）。それゆえ、国家の護法官が七〇歳までとされるのは、二〇年以上も長期に在任することがもたらす悪影響をさけることが基本にあり、そのためにたとえ、「七〇歳を越えてなお生きているとしても」、要職につくことが禁じられているように考えられる。プラトンは政治における経験と経験知という要因を、アリストテレスよりもはるかに重要視していたともいえるだろう。

『国家』においても、哲人統治者となるためには、数学的予備学や哲学的問答法の訓練を受けた後、三五歳から五〇歳までの一五年間、「もう一度例の洞窟のなかへ降りて行かせて、戦争に関する事柄の統率などの、若い者に適した役職を義務として課さなければならないことになるからだ、彼らが経験の点でも、他の人びとにおくれをとることのないようにね」とされ、経験の重要性が強調されていた（539E）。M・サンデルは、社会を洞窟になぞらえ市民がその壁に映る影を見ている囚人に喩えられるプラトンの「洞窟の比喩」について、「プラトンが言いたいのは、正義の意味や善良な生活の本質を把握するには、先入観や決まりきった日常生活を乗り越えなければならないということだ」と評価しながらも、「壁の影を無視する哲学は、不毛のユートピアを生み出すにすぎない」と述べている[45]。しかし、洞窟での一五年間の実務は、壁の影を無視できるほどの短い期間ではけっしてないだろう。そして、『法律』の要職の年齢規定によれば、プラトンにとって人間の成熟とは、五〇歳代以降の年齢において、実務経験とともに深められていくものと考えられている。

しかし、プラトンは、「夜明け前の会議」の構成員に見られるように、経験のある年長者だけを重んじているのではない。国家の最高機関として設置される「夜明け前の会議」は、①監査官一二名、②護法官の最年長者一〇名、③教育監一名およびその経験者、④以上のメンバー各人が一名ずつ推薦する若い人びと（三〇―四〇歳）から構成される。彼らは毎日、夜明け前から日が昇るまでの間、会議をもつ。この会議は、「もしひとがこの会議を国家全体のいわば錨として投ずるなら、それが必要な条件をすべて具備しているかぎり、その会議こそが、われわれが存続を望んでいるものすべてを安全に保ってくれるだろう」（961C）と述べられる。この機関は、国家の政治的目標である徳が何であるのか、その目標はどんなふうにして達成されるべきか、そのために国家によき勧告を与える法律が何であり、誰がよき勧告を与えるのかをよく知っていなければならない（962B–C）とされる。年若い者たちは国内の出来事すべてを年長の人たちに報告する役割を担い、年長者たちは、報告されたことを審議し、またその審議の過程においては、先の年若い者たちを協力者として使い、両者は協同して、国家全体の安全を保つことが期待されている（964E–965A）。そのため、彼らには『国家』における守護者のための教育に相当するような高度な教育や訓練が必要になり、雑多なものから一なるものの認識へとすすみ、それを認識したなら、その一なるものとの関係においてすべてを綜観して正しく整えることができなければならない。つまり、「多くの似ていないものから、一なる形相（イデア）へと目を向けることができる」（965C）よ

料金受取人払郵便

千種支店
承　　認

633

差出有効期間
平成25年8月
31日まで

郵便はがき

464-879(

092

名古屋市千種区不老町名古屋大学構内

財団法人 名古屋大学出版会 行

ご注文書

書名	冊数

ご購入方法は下記の二つの方法からお選び下さい

A. 直　送	B. 書　店
「代金引換えの宅急便」でお届けいたします 代金＝定価（税込）＋手数料200円 ※手数料は何冊ご注文いただいても200円です	書店経由をご希望の場合は下記にご記入下さい ＿＿＿＿＿＿ 市区町村 ＿＿＿＿＿＿ 書店

読者カード

（本書をお買い上げいただきまして誠にありがとうございました。
このハガキをお返しいただいた方には図書目録をお送りします。）

書のタイトル

住所　〒

TEL（　　）　—

名前（フリガナ）　　年齢

歳

務先または在学学校名

心のある分野　　所属学会など

メールアドレス　　＠

Eメールアドレスをご記入いただいた方には、「新刊案内」をメールで配信いたします。

書ご購入の契機（いくつでも○印をおつけ下さい）

店頭で　B 新聞・雑誌広告（　　　）　C 小会目録

書評（　　）　E 人にすすめられた　F テキスト・参考書

小会ホームページ　H メール配信　I その他（　　）

購入店名　　都道府県　　市区町村　　書店

書並びに小会の刊行物に関するご意見・ご感想

うにならねばならず、『法律』においても国家の守護者はイデアを探究しなければならないことになる。そして、このような教育や訓練の役割をも担う「夜明け前の会議」が法律によって制定されて、ひとたびそれが成立すれば、国家をその会議に委ねなければならない[46]。

ここで注目すべきことが二点ある。一点目は、「夜明け前の会議」がもつ教育機能の重要性である。「夜明け前の会議」に、素質のすぐれた若い人びとが参加することによって、彼らへの高等な教育と訓練が可能になり、「夜明け前の会議」が生み出す新しい有能な人材が、さらにすぐれた統治の可能性を拓くことが期待されていることである。二点目は、『国家』における哲人王や女王たちによる「哲人統治」とは異なり、具体的に実行可能な統治プランにするため新たな方策が組み入れられ、知性だけではなく、いわばすぐれた感覚器官としての役割がつけ加えられていることである。つまり、三〇歳から四〇歳までの若い世代によって国内に起こった出来事の情報収集が行われ、五〇歳から六〇歳までの国外視察員の報告を受けることで、国外の情報や他国の法律と比較する比較法学的研究も執り行なう。そのような内外の情報収集と制度の比較検討は、知性による統治を実現するための革新的な提案であるとともに、高齢の護法官や監査官の判断力の硬直化を防ぐものとしても機能することが期待されるだろう。高齢者に国家の要職を当てるときには、このような仕方で年齢構成の均衡がはかられ、異なる世代がそれぞれの年齢にふさわしい役割をもって国家の最高機関にかかわる仕組みになっている。高齢の年長者による統治の仕組みが十全に機能するように具体的かつ周到に制度が考案されている。プラトンのそのような構想は、ビルの反論(三)が主張するような「理想の国家における老人の地位と役割は同様であり、国土の防衛を若者に任せ、討議と裁判権を年長者に帰している」といった単純なものではない。

老人たちの歌舞団（コロス）

以上の老人の政治的役割に加えて、プラトンの老人の社会的位置づけで興味深いのが、老人たちから構成されるディオニュソスの歌舞団（コロス）の提案である。『法律』第二巻で教育問題がふたたび取り上げられ、ムーサたち（音楽芸術の女神）の教育的役割について考察されるなかで、少年、若者、老人の三つの年齢区分によって分けられた三種類の歌舞団の創設が提案される。少年たちはムーサの女神たちに、若者はアポロン神に、老人たちはディオニュソス神に仕える歌舞団をそれぞれ構成する。若者の歌舞団は三〇歳未満であり、老人たちの歌舞団は三〇歳以上六〇歳未満の者たちからなっている。五〇歳を越えて六〇歳にまでおよぶこの年長者の歌舞団は、「まことに奇妙な感じがする」と対話相手のクレイニアスの驚きを誘うが、提案者の「アテナイからの客人」は次のように主張している。

では、老人からなるこのわれわれの国家の最善ともいうべき部分、それは年齢と思慮の点で、市民のうちで最も影響力をもっている部分ですが、その部分はいったいどこでその最も美しい歌を歌えば、最大の善をもたらしてくれることになるでしょうか。いやそれとも、最も美しく、最も有益な歌に関するこの上ない権威というべきこの部分を、われわれは、そうむざむざと放置してよいでしょうか。

（『法律』665D）

なぜ老人の歌舞団が、最も美しく有益な歌に関する権威をもつのか。子供たちが幼年期に最初にもつ感覚は快楽と苦痛であり、したがって徳（優秀性）が子供の魂に備わるのは快苦の訓練によるのであり、叡智や真実の思わくは、老年において備われば幸運とすべきとされる（653A）。それゆえ、芸術作品については、最もすぐれた判定者である老人の意見が尊重されなければならず（658E）、老齢の有為な人物から正当と認められた理（ロゴス）へと子供たちは導かれなければならない（659D）。そのために、国家の最善の部分である年長者の歌舞団が組織されて、最も美しく有益な歌が彼らによって歌われることになる。

意外なことに、思慮深い彼らを人前で心から歌う気持ちにさせるものとして、酒の効用がまじめに語られている（666A–C）。酒は若者にありがちな興奮しやすい精神状態を刺激するために一八歳未満の者には飲むことが禁じられ、三〇歳までの若者には適度に飲ませ、四〇歳に達した者には、老人たちの秘儀（テレテー）と慰み（パイディアー）としてあずからせる。酒は「ディオニュソスが、老いのかたくなさに備える薬として、人間たちに与えてくださった」（666B）ものであり、そのおかげで老人は若返り、憂いを忘れて頑固さを和らげられ柔軟になる。酒にあずかったディオニュソスの歌舞団には、六〇歳を越えた人たちが素面で付き添い、指揮者として監督にあたる（671D–E）。六〇歳以上の人びとは、もはや歌に耐える力はないけれど、歌われているのと同じ性格をもった人物の物語を、神の息吹にかられた仕方で話す人とならなければならない（664D）。

これに似た逸話として、プルタルコスが、古代のスパルタにおいても老人、壮年、子供の三つの年齢の合唱隊が編成されていたと記している。[47] 祭りのときに、老人の合唱がまず、「われらもかつて若き勇者であった」と歌うと、壮年の合唱が答えて、「今まさに、われらがそうだ。お望みとあれば目に物見せてやろう」と歌い、三番目に子供の合唱が、「ずっと強い者になろう、ぼくたちは」と受けて歌ったという。プルタルコスは、リュクルゴスの時代のスパルタでは、詩や歌による教育を通して、祖国のために死んだ者を幸福な者として讃え、卑怯な者を不幸な者として非難することが行なわれていた例として、この三種類の合唱隊に言及している。

しかし、プラトンの『法律』には、スパルタに三つの年齢構成の合唱隊があったという言及はなく、老人の歌舞団の提案への対話者のクレイニアスの驚きや、その場にいるスパルタ人メギロスの完全な沈黙からすると、プルタルコスの記事は、教育上の文脈から推して、プラトンの『法律』の記述をもとに、伝承されていた古い歌からつくられた話であることをうかがわせる。プラトンの三種類のコロスの提案に影響を与えたのは、いにしえのスパルタの制度ではなく、われわれが第一章で見たようなソポクレスの『コロノスのオイディプス』やアリストパネスの『アカルナイの人々』に代表される悲劇や喜劇の老人のコロスではないだろうか。悲劇や喜劇で不当に扱われている老人や長老たちのコロスの役割を、プラトンは意識的に逆転させているように見えるからである。すなわち、悲劇に描かれた長老たちのコロスが歌う老年への嘆きや悲しみではなく、また喜劇において描かれた節制と知性に欠けた老人像ではなく、プラトンは老人たちの歌舞団に正しく生きる模範として若い人びとの導き手となることを求めている。老年の正義とは、アリストパネスの描く老人たちのように、声高に自分の主義主張を叫び過去の業績を誇ることではなく、『法律』の老人の歌舞団のように、自己の人生が正義によってよく生きられたことを褒め称えることによって、公共的な有益さと意義をもつのだとプラトンは主張しているように思える。

『法律』では、老人たちの歌舞団の提案に先立って、「最も正しい生活が最も楽しい生活なのでしょうか。それとも、生活には二種類あって、一方は最も楽しいもの、他方は最も正しいものとなるのでしょうか」と問われていた（662C）。もし、二種類の生活があると答えるならば、生涯、最も正しい生活を送る人と、最も楽しい生活を送る人のどちらの人がより幸福だというべきかがさらに問われることになる。しかし、最も楽しい生活を選べば、そのうえでなお正義を求めることがどうしてできるのか。他方、最も正しい生活の方を選べば、快楽にまさるどのような善美のことがあるか、と問い詰められる。つまるところ、快を正義や善や美から分離しない説こそが正しいとされ（663A-B）、最も楽しい生活と最も善い生活とが一致することを子供たちのまだ柔らかな魂に説得することが、この歌舞団の最も重要な役割とされている（664B）。プラトンは、老人たちのコロスに、国家のなかの最善の思慮を示し、正しい生活こそが楽しくかつ幸福な生活であることを、子供たちに魅惑的に説く最も重要な教育的役割を与えているのである。同じ老年のコロスでありながら、悲劇や喜劇の老人や長老のコロスの歌う嘆きや憤りからの大転換である。

老年の世代こそが国家の最善の部分であるという認識と、国家の導き手である老人たちの歌舞団に与えられた役割は、プラトンが老年に求めた生き方を表しているともいえよう。プラトンのそのような要求は、年長者が若い世代には「慎みの心（アイドース）」を多く残さねばならないというときの次の主張において際立つことになる。

われわれは若者たちが恥知らずな振舞いをするときに、これをたしなめることによって、この（慎みの心の）遺産を残そうと考える。しかしそれは、「若者はすべての人に対して恥を知る心をもつべきだ」というような、今日、若者たちに向かってなされるお説教からは生まれてこない。思慮ある立法者なら、むしろ、老人に向かって、若者に対して恥を知れと戒めるであろう。とりわけ、自分が何か恥ずべきことを行なったり口にしたりするのを、誰か若者に見られたり聞かれたりすることのないように注意させるだろう。老人が恥知らずな振舞いにおよぶところでは、若者たちも恥知らずであるのは当然なのだ。（『法律』729B–C）

「近頃の若い者は」と愚痴を言いたくなったなら、その人は「近頃のわれわれ年をとった者は」と自分の行為をまず反省しなければならない。老年を迎えた人間こそ、「すぐれた教育は、説教することではなく、他人に説教して聞かせることをみずからが生涯を通じて実践してみせること」（同書、729C）であることを肝に銘じ、みずからの生き方を吟味することが求められる。

老いた両親への態度

さて、ビルの反論㈢に含まれる残された最後の論点はどうであろうか。ビルは老人や老いた両親に対する敬意を表す点で、プラトンとアリストテレスは一致しているとした。たしかに、アリストテレスも、両親に対しては、誰にもまして生活を援助するのは当然であり、受けた恩恵を返し、自分の存在の原因となった人を助けることは美しいとし、年長者には立ち上がって自分の席を譲るといった敬意を払うべきだと述べている（『ニコマコス倫理学』1165a27–29）。しかし、それは年長者に対する当時のごく一般的な倫理観を簡潔に述べたものにとどまるのであり、また父親と母親とには与えるべき名誉も異なるとしている。

これに対してプラトンは、親や祖父母が高齢で寝たきりになった場合には、最も権威のある「神の生きた似像」として彼らに仕えるようにとまで述べている。

誰かの父親や母親が、あるいは祖父や祖母が、老いのために衰えて、家のなかで横になっている場合には、その人は炉端にそのような生きた像(両親や祖父母)を持っているのだから、これにしかるべき正しい仕方で仕えるなら、そのもの以上にもっと権威ある像がほかにあろうなどとは、誰もけっして考えてはならないのです。

(『法律』931A4-8)

神像のようにもはや動くことができなくなっても、その老いた父母にわれわれがよく仕えれば、親たちはわれわれのために神々に祈ってくれる。老父母のその祈りを神々は聞き給う。なぜなら、「神々の眼から見るなら、年老いて弱っている父や父祖よりも、また同じように無力な状態にある母よりも、もっと敬い尊ぶべき像を、われわれはほかに何一つもつことはできない」(『法律』931D)からであり、その老いた父母を崇め敬うことを、神は喜ばれるからである。老いて寝たきりになった父母にも、子供のために神に祈るという働きはできる。それゆえプラトンは、老いた父母のその生涯の最後の日まで、天の与えた恵みとして彼らに仕えるように勧めている。これらのプラトンの勧告は、アリストテレスが「親が年をとりすぎていると子供の感謝の念は親の役に立たない」(『政治学』1334b41)と述べる言葉とは実に対照的に響くだろう。プラトンとアリストテレスが、国家社会において高齢者に与えている地位や役割が異なるとみなしたボーヴォワールの見解の方が、ビルの述べた反論(三)よりもはるかに両者の老年観の真実をよくとらえているのではあるまいか。

心身観の相違に根ざした差異

しかしながら、プラトンが述べた老年をよく生きる可能性とは、繰り返しになるが、手放しの楽観論などではない。プラトンは老人性の認知症についてもよく知り、『法律』では老いた両親を遺棄したり虐待する行為を禁止するとともに（930E–932D）、父親が認知症になった場合の後見人制度を認めるなどの社会的施策をも規定していた（928E, 929D–E）。プラトンは、老いによる身体の変化が魂の活動に間接的に影響を与えることや、魂の病気が身体的条件によってもたらされること（『ティマイオス』86B–87A）も十分に考慮している。プラトンは身体の老化が魂に何の影響も与えないと考えていたとするボーヴォワールの理解は、プラトンの心身観を過度に単純化して、プラトンの考えとは異なる楽観論を導き出している。プラトンは、老年における人間のきびしい現実をふまえたうえで、自然に従い身体と魂との均衡を保ち、学びと知を愛して魂の運動を万有に似せて秩序づけ、神々から人間に与えられた最もよき生を最期までまっとうする生き方を示しているのである。

これに対して、アリストテレスは「冷」と「乾燥」という二つの原理によって、人間にとどまらず生物の老化の諸現象をすべて説明する統一的な理論化を試みている。アリストテレスの老年理論は、大地と海の交替変化という大規模な自然現象を含め、「冷」と「乾燥」の二つの原理によって全自然の老化現象を一貫して説明する試みである。アリストテレスは自然世界に見られる多様な老化現象についての鋭い冷静な観察者であり、より普遍的な老年理論を構築しようとしている。しかし、アリストテレスの理論に従えば、身体の老化は知的な低下や衰弱を必然的にもたらすことになるだろう。アリストテレスにとって「よき老年」とは、若い時代にはなかった新たな可能性が開ける老年ではなく、運にも恵まれ、老化による身体の苦痛や障害が少ないという消極的なものである。

　また老人の政治的・社会的位置づけについてもプラトンとアリストテレスの考え方には重要な違いがある。アリストテレスは老年になると知的能力が落ちるとする観点から、スパルタの長老制度を批判している。これに対して、プラトンは年長者の経験にもとづく思慮を重要視して、七五歳に至るまで国家の重要な役職につくことを認めている。また、老いた両親への態度にもプラトンとアリストテレスの間にはかなりの相違が認められる。

　プラトンとアリストテレスが老年について一致した見解をもつとしたビルの三つの反論は、いずれもテクストをよく検討すればことごとく根拠が皮相で薄弱であり、プラトンとアリストテレスの老年観には、関心対象の異なりと彼らの心身観の相違に深く根ざした重大な差異と特質があるといわねばならない。

第三章　ヘレニズム・ローマ期の老年像の変遷——晩年の理想と現実

《伝セネカ》　このブロンズ像は19世紀までセネカの晩年の胸像と考えられてきた。深い皺が刻まれて老いの徴は隠されてはいないが，見開かれた眼には悲哀だけではなく毅然とした精神性と知性が表現されており，皇帝ネロからの自害の命令を従容として受け入れた，ストア派のモラリストの姿が読み取られたのであろう。ナポリ，国立考古学博物館（写真：The Bridgeman Art Library）

1　プラトンの老年論の系譜——キケロの「悦ばしい老年」

プラトンが老年について初めて哲学的考察を行ない、アリストテレスが老年について統一的な理論化を試みたことは、ヘレニズム・ローマ期の哲学において、「老年の哲学」を実践的な哲学のテーマの一つとすることに大きく寄与した。ペリパトス派（アリストテレス学派）では、アリストテレスの弟子のテオプラストスやその弟子のパレロンのデメトリオス（前三五〇／四五―二八三年頃）、その流れをくむケオスのアリストン（前三世紀後期）が、『老年について』という題名の著作を書いたといわれている。すでに触れたように前一世紀の教養人マルクス・テレンティウス・ウァロにも、『ティトノス・老年について』と題するメニッポス風風刺詩の作品があった。後一世紀のストア派の哲学者ムソニウス・ルフスには、老年における最高の路銀とは何かを説いた講話があり、一世紀後半の懐疑派の哲学者で歴史家パボリノスにも『老年について』という著作があったことが知られている。それらの著作の多くは散逸してわずかな断片を残すのみであるが、『老年について』という主題の哲学的著作が書かれる伝統が西洋古代にあったことを示すには十分であろう。第三章ではヘレニズム・ローマ期の老年論の展開を考察するために、アカデメイア派（プラトン学派）に位置づけられるキケロ、中期プラトニストのプルタコス、ストア派のセネカ、エピクロス派のルクレティウスの老年論を見てゆきたい。まずはキケロの老年からはじめよう。

ローマ期の哲学者のなかで、キケロは最も重要な人物であり、「初期ルネッサンスから一八世紀の中葉に至る多くの思想に及ぼした、キケロとセネカの影響は巨大であり、一般的普及という点では、プラトンやアリストテレスの影響力さえをも凌駕していた」といわれている。[1] 案内人や良き指導者を意味する「チチェローネ（cicerone）」という言葉は、キケロの名前に由来する。その言葉は、ギリシア哲学を初めてラテン語で総合的に解説したことにより、ギリシア学芸の最良の案内人として、西欧世界に絶大な影響を及ぼした彼の功績を一語で物語る。現実主義的で実利的なローマ人に向けて、ギリシアの哲学が「生の技術」[2] として弁論術や倫理教育にいかに重要かを説いたキケロの著作は、彼の『ホルテンシウス（哲学の勧め）』に心酔したアウグスティヌス[3] をはじめキリスト教の教父たちによって異教徒の鑑として評価され、キリスト教世界に受け入れられた。ギリシア語が忘れ去られた中世の時代に、ギリシア哲学が思想の命脈を保ちえたのは、彼の著作を介してであったといわれる。一四世紀にペトラルカ（一三〇四―一三七四年）によってキケロが再発見されると、キケロが哲学と弁論術を融合させて「全人的教養（humanitas）」と呼んだ理念がルネッサンスの人文主義（フマニスムス）の礎となり、ロック（一六三二―一七〇四年）やヒューム（一七一一―一七七六年）など近世の思想家も彼から多くのことを学んだ。なかでもとくに、ロックの政治思想にも影響を与えたキケロの『義務について（*De Officiis*）』は、ラテン語の教科書としても採用されて読者層を広げ、数多くの思想家に道徳の模範を示す最良の著作とされ、キケロの哲学著作のなかでは最も大きな影響力をもった。古くはホラティウスやセネカに、ルネッサンス期にはペトラルカに称揚されてエラスムス（一四六六―一五三六年）が注釈付校本を出し、一八世紀には最高の評価を受けて、モンテスキュー（一六八九―一七五五年）の『法の精神』やカント（一七二四

―一八〇四年）の『人倫の形而上学の基礎づけ』などにもその大きな影響を見出すことができる。ルネッサンスから一九世紀まで、この著作ほど名声を得て影響を与えた古典テクストは見当たらない。また、今日においてもキケロの残された著作は、前二世紀から前一世紀頃のアカデメイア派、エピクロス派、ストア派の哲学の動向を理解するために欠くことのできない最も重要な資料となっている。

プラトンが、老年についての一般的な不満を、身体的な快楽が失われ、家族や知人から冷遇されることと定式化したうえで、老年は身体的欲望から解放され、性格や品性がよければよく過ごすことができるという反駁をくわえたことは、序章で述べたように、このキケロの老年観に引き継がれた。キケロの『大カト』は、老年について楽観的と思えるような「悦ばしい老年」像を描き出し、現代の老年学においても老年をよく生きるための実践的な指針が読みこまれるほど、この主題で書かれた著作のなかでも別格であり、キケロの著作のなかで日本では最もよく読まれている作品の一つとなっている。キケロは、どのような意図でなぜこの著作を書いたのか。キケロの哲学的著作の大半は、カエサルの独裁政権下で、政治的影響力を失って孤立した短い期間に集中して書かれており、キケロの強烈な人間性に貫かれているとともに、彼が生きたローマ社会の現実と彼がおかれた政治状況を色濃く反映している。キケロの哲学的著作は、実証主義的研究が強まった一九世紀には専門的に見れば欠陥があるとして評価を落とし長らく無視されていたが、近年、再び熱心に研究されるようになってきた。現代のキケロ研究において、ようやくキケロの功績が、「彼が生きたローマという場所と時代に適切な基準に照らし合わせて認識されはじめるようになった」といわれる。(4)『大カト』の内容と彼の真意を理解するためには、われわれも彼の生涯と作品のコンテクストについて必要最小限のことは知っておく必要がある。

キケロの生涯

マルクス・トゥッリウス・キケロは、共和制末期にローマの南東一〇〇キロほどのアルピーヌムという小さな田園都市に地方郷士の子として生まれた。キケロの一族は、地主で名士ではあったが貴族階級の出身ではなく、従軍時に馬を買う資力のある商人や実業家たちからなる一段下の騎士階級に属した。平民からみずからの力で貴族社会に進出した者は「新人（homo novus）」と呼ばれたが、キケロのようにローマの最高官職である執政官（consul）にまで昇りつめた例は数少ない[5]。少数の名門貴族と軍人政治家が支配した時代に、家柄の後ろ盾や富や軍事力に頼ることなく、聴衆を魅了する卓越した弁論の力と才覚によって最高位を勝ち得たのである。彼は幼少の頃から学業に天賦の才能を発揮するだけでなく、世に認められたいという強い名誉心をもっていた。現存する最古のキケロの伝記物語を書いた後一世紀のプルタルコスによれば、「ひよこ豆（cicer）」を意味するキケロというおかしな名前を変えるよう忠告した友人たちに対して、若きキケロは自分のその家名を名門の「スカウルス家やカトゥルス家の名前よりももっと有名にしてみせる」と言い張ったという[6]。

一六歳の成人を迎えたキケロは、ローマで弁論と法律の教育を受けた。弁論家で保守派の政治家であったルキウス・リキニウス・クラッススや法学者クウィントス・ムキウス・スカエウォラなどのもとで学び、元老院の指導者たちの知己を得た。しかし、キケロの青年時代、ローマはイタリアの同盟都市との戦争（前九一―八九年）やポントス王ミトリダテスとの戦争（前八九―八五年）に苦しみ、引き続く内乱（前八八―八二年）によって疲弊し、伝統的規範や倫理は失われた。土地改革などを主張する民衆派（populares）と共和制を擁護する保守閥族派（optimates）の政権が入れ替わるたびに、支配者による敵対勢力への虐殺や追放が行なわれた。タブーを破りローマ市内にまで軍隊が投入され、法で選ばれた神聖な護民官までが殺害された。前八二年に独裁官（dictator）となったスッラは、「処刑者名簿」を公表して敵対者や富裕層を狙い大量の無差別殺戮や財産の没収を行なった。この悲惨な時期に、キケロにとって思わぬ幸いであったのは、ミトリダテスとの戦争によって、ギリシアから多くの知識人がローマに亡命して来たことである。一八歳のキケロは、学園アカデメイアの学頭であったラリサのピロン（前一六〇頃―八〇年頃）の講義を聴くことによって、その懐疑主義哲学に大きな影響を受けた。

前八一年に、スッラが大粛清を終えて元老院の建て直しをはかり情勢が安定すると、キケロはローマの中央広場フォルムでの法廷弁護士の活動を開始した。翌八〇年には、スッラの解放奴隷で側近のクリュソゴノスが「処刑者名簿」を悪用して他人の財産を奪った事件で、財産を奪われ父親殺しの冤罪をかけられた被告ロスキウスの弁護を行なった。スッラの報復を恐れて誰も弁護を引き受けなかったこの事件で、キケロは事件の真相とクリュソゴノスの犯罪を明らかにし、裁判に勝利して名をあげた。「かつて敵に対して最も寛大だと評されたローマ国民が、今日では同国人の同国人に対する残忍さに苦しんでいる。審判人諸君、この残忍さを人びとの間から取り除き、これ以上長く荒れ狂うのを許さないでいただきたい。それは多くの市民の生命を非情に奪うという不幸をもたらしただけでなく、もめごとに慣れさせることで最も穏健な人びとからも憐れみの心を奪ってしまったのだ」（『ロスキウス・アメリーヌス弁護』五三）と、キケロはこの弁論を締め括っている。ローマ史上、最も熾烈な政治闘争と内乱が続いた共和制末期に、キケロは法の支配と社会秩序や倫理の回復を一貫して主張することになる。

多くの法廷弁護に疲れた体調を回復することを理由に、キケロは前七九年から二年間、弟クウィントゥスや友人とギリシアに留学する。アテナイでは半年間、ピロンの弟子であったアスカロンのアンティオコス（前一三〇頃—六八年頃）に学んだ後、修辞学が隆盛であった小アジアに向かった。ロドス島では、パナイティオス（前一八五頃—一〇九年）の弟子のストア派のポセイドニオス（前一三五頃—五〇年頃）の講義を聴講し、修辞学者アポロニオス・モロンに学んで発声法を工夫し弁論のスタイルや技術をみがいた。また富裕な家柄のテレンティアと結婚したのはこの留学の前後と思われる。

留学から帰国したキケロは、弁護士として活躍して騎士階級に支持基盤を広げ、七六年には財務官(quaestor)の選挙に出馬して当選を果たし、元老院の一員となる。翌年、財務官としてシチリア島西区の行政担当者として配属されると公正で有能な管理を行ない、小麦の産地であったシチリアからローマへの穀物供給の任にあたって、適正な買い取り価格を取り決めて役人の不法行為を禁じ、シチリアの人びとの信頼と支持を獲得するとともに、大量の小麦を送ってローマの穀物価格の高騰を防いだ。

財務官の退任後、ローマに戻って弁護士活動を再開し、七〇年には前シチリア属州総督であったウエッレスに対するシチリア人代表団の訴訟の代理人を引き受けた。キケロは、ウエッレスがシチリアで行なった巨額の不正蓄財を明らかにし、ローマの法廷で最も著名であった弁護人のクウィントス・ホルテンシウスを圧倒して裁判に勝利し、弁論家としての名声を不動のものにした。(7)

キケロは「名誉の階梯（cursus honorum）」と称される政務官職を法定最少年齢で次々と駆け上がり、六九年に造営官（aedilis）、六六年に法務官（praetor）になり、六三年についに四三歳の若さで執政官に就任する。その在任中に、執政官選挙で敗れたセルギウス・カティリーナの国家転覆の陰謀を未然に防止してローマを救うという輝かしい功績をあげ、元老院より「祖国の父（pater patriae）」の称号の栄誉を受けた。このときがキケロの人生の絶頂期である。キケロはカエサルの反対を押し切り、元老院非常決議にもとづき反逆の陰謀者を裁判の審問にかけることなく即刻処刑した。その措置が違法とみなされ政敵の攻撃の的になる。キケロが執政官の退任報告演説を護民官から拒否されたのもその理由からである。

六〇年にカエサルが執政官選挙に勝利すると、カエサル、ポンペイウス、クラッススの三頭政治が成立し、協力を求められるが、共和制を支持するキケロは要請を拒否して政治的に孤立する。五八年には、キケロに私怨をいだく護民官クロディウスが、法手続きなしに市民を殺害した者の追放を命じる法を成立させたため、キケロはローマを離れてギリシアのテッサロニケで失意の亡命生活を送ることになった。フォルムを見下ろすパラーティウム丘にあったキケロの邸宅はクロディウスに焼き払われた。

クロディウスの狼藉でローマが混乱と倫理的腐敗を深めるとキケロの召還を求める声が高まり、五七年、ポンペイウスの支持によってキケロはローマに帰国が認められた。帰国後のキケロは、三頭政治に協力することになり、元老院の保守派からは変節や日和見主義と批判を受けた。だが、キケロは政治的影響力を失ったこの時期（前五五―五一年）に、『国家について』『法律について』を執筆し、君主制、貴族的寡頭制、民主制の三つの政体を組み合せた混合政体が最も望ましいとして旧来の共和制を擁護する政治の理想を描いている。

前五一年にキケロは属州キリキア総督に任命されると、キリキア自治民に対する軍事作戦に成功して、最高指揮官（imperator）の称号をもって五〇年に帰国した。しかし、ついにカエサルがルビコン川を越え、ポンペイウスとの内戦がはじまった（前四九―四五年）。ポンペイウスは元老院の多数と政務官を引きつれ、イタリアを去りギリシアに移った。キケロはカエサルに協力を要請されるが、悩んだ末にポンペイウスと元老院派側についてギリシアの陣営に合流した。しかし、パルサロスの戦いでカエサルが決定的な勝利を収め、ポンペイウスはエジプトで殺害された。

カエサルの独裁政権下（前四八―四四年）、キケロは四七年にカエサルに赦されてローマに戻った。テレンティアとは離婚して若いプブリアと再婚するが、二年で離婚。四五年に最愛の娘トゥッリアが死去し、深い悲しみに襲われる。公的になすべきことがなくなり、ローマ国民にラテン語で哲学を説くことが国家への最大の貢献になると考え、キケロは哲学著作の執筆に専念する。キケロの主要な哲学著作は前四六年から四四年の短い間に書かれている。約二年間に三〇巻以上もの著作群が書き上げられたが、『大カト』もこの時期の作である。前四四年の五月一一日付の友人アッティクス宛の手紙に最近の著作としてあげられ、カエサルが暗殺された三月一五日（Ides of March）の直後に書かれた『占いについて』（第二巻三）にこの著作への言及があることから、前四四年の一月から三月初旬までの間に執筆されたと推定されている。

カエサルが暗殺されると、執政官アントニウスが実権を握るが、キケロは元老院で彼に対する激烈な批判演説(8)を繰り広げて、カエサルの若き遺産相続者オクタウィアヌスを支持した。しかし、翌四三年に、オクタウィアヌス、アントニウス、レピドゥスの間で第二次三頭政治が成立すると、キケロ兄弟に刺客が放たれ、逃亡の途上でキケロは殺害された。その首とアントニウスへの攻撃演説を執筆した手は切り落とされてローマに運ばれた。

著作の意図と作品の設定

『大カト』は、キケロの死の前年に親友アッティクスに献じて書かれた。キケロは六二歳となり、六〇歳以降を老年とした当時のローマの年齢基準では、もうすでに老人である。個人的には最愛の娘トゥッリアを失った悲しみは大きく、キケロもアッティクスも教養ある女性との強い友情をもっていたにもかかわらず、この著作のなかで老年になった女性についての言及がいっさいないのは、娘の死が原因ではないかと推察する研究者もいる。[9] 公的にはキケロは、ローマ帰還を赦されたものの、カエサルの独裁政権下にあって政治的にまったく無力であり、彼が守ろうとした「共和制ローマ」はもはや再建の道を失っていた。前四四年一一月に書かれた『義務について』（第三巻一―三）にも、プブリウス・スキピオとわが身をくらべて、「今、私は国政と法廷の仕事から邪悪な武力によって遠ざけられ、閑暇の日を送っている」と、政治の舞台に復帰できないその境遇を嘆いている。もはや老ネストルの役割を果たすことは期待されていない政治の現実をよく知っていたキケロには、「祖国の父」とまで呼ばれたかつての名声と、生来の名誉心の強さもあいまって、失意の辛い老年期のはじまりを迎えていた。著作の献辞のなかで、キケロが三歳年上のアッティクスに、「私とあなたに共通する、早くも差し迫り、確実に到来する老年の重荷を軽くしたいと願っている」と書いているが、その言葉にはキケロ自身の切実な願いが吐露されている。この著作は、みずからが現に経験している老年の辛苦を取り除き、老年を穏やかに悦ばしくするために書かれている。その点でこの著作は予想にまさる成功を収めたというが（『大カト』一節二）、しかし、老年がキケロを苦しめるものであり続けたことは、後にアッティクスに送られた書簡につづられている。

私は君に贈った『大カト』を何度も読み返さねばならない。老年は私をますます不機嫌にさせるからだ。私には何もかもが腹立たしい。しかし、私はもう十分生きた。若い者たちが考えればよい。君は今までどおりに、私のために配慮してほしい。[10]

ラテン語で書かれたこの書簡のなかで、「十分生きた」と訳される語には、引用かあるいは強調であるかのように、「ベビオータイ」という「生きる（ビオオー）」を意味するギリシア語の完了動詞が一人称ではなく、三人称の単数形で使われている。キケロは別の書簡でこの言葉をエピクロス派と結びつけているが[11]、本来この言葉は死を恐れることなく、死を目前にしてみずからが送ってきた人生に満足して語られたせりふなのであろう。セネカは、ウェルギリウスの『アエネーイス』第四歌六五三行にある、カルタゴの女王ディドの自殺を前にした言葉「私はもう十分生きた。運の女神がくれた道のりを私は歩き通した」を引いて、「私はもう十分生きた（vixi）」と言いえる人生を幸いだとしている。[12] ホラティウスも、「私はもう十分生きた。明日は父神が黒雲で天を覆うとも晴れて陽光が注ぐともよい」と歌う。[13] しかし、キケロの言葉遣いには、人生に満足して達観した人間には見られない苛立ちと不満が入り混じっている。『大カト』は、J・G・F・パウエルが指摘するように、楽観主義の無頓着な自己満足などではなく、老年のもたらす不愉快さと辛酸を味わうただなかで、キケロが絶望する自分自身を励まし慰めるために、思想と弁論の全力を尽くした覚書であるというべきである。[14]

そのことは対話の主人公に大カトを選んだ作品設定にも現れている。対話の時代設定は、前一五〇年頃のローマであり、対話相手の小スキピオやラエリウスは三〇代半ばだが、カトはすでに八四歳の高齢である。キケロは、老年の主題をカトに語らせた理由を、アッティクスに献じた『友情について』では、「誰よりも長く老人であり、しかも老年のただなかにあって、誰よりもかくしゃくとしていた彼以上に、その年齢について語るにふさわしい人物はいないと思われたからだ」と説明している。(15) そして、「私自身、自分の作品を読みながら、私ではなくカトが語っているような思いにとらわれることさえある」とキケロは続けて記している。キケロは、意識的にせよ無意識的にせよ、自分自身の老年をカトの老年と重ね合わせている。カトはキケロと同じく、平民出身でありながらその弁舌と清廉さのゆえに、執政官にまで上り詰めた数少ない「新人」であった。しかも、八五歳の死に至るまで、カトは保守派の論客としてその政治的影響力と権威を失うことがなかった。キケロは、二〇年後のいわば将来の自分が現在の自分を慰め、なだめ諭すかのように、老カトに語らせているように思われる。

老年をめぐる四つの誤解とその反論

この書はレトリカルな著作であり、全体の構成は次のようになっている。

導入部 exordium（一―一四節）

第二部 partition（一五―八四節）老年を惨めとする四つの理由とその論駁

(1)公の活動から遠ざける（一五―二六節）

(2)肉体を弱くする（二七―三八節）

(3)快楽を奪い去る（三九―六六節）

余談 digression「老年にふさわしい農事の快楽」(五一―五九節)

(4)死が遠くない(六六―八四節)

結語 peroration(八五節)

老年が惨めなものと思われる四つの理由のうち、キケロが(1)の公の活動から人を遠ざけることを第一の理由にあげている点は、彼の老年論の大きな特徴といえる。他の三つの理由は、プラトンが『国家』で定式化した老年へのスタンダードな不満や、アリストテレスが報告した肉体の衰えの観察にも見られるが、公の活動から遠ざかることは、老年を惨めにする理由としてキケロによってとくに強調された論点である。キケロが、老年についての身体的・心理的要因だけではなく、社会的要因を重視したことには、先に述べたようにキケロの意志に反して政治的発言力を失っていた個人的状況が色濃く反映されていると考えられる。

(1)に関するキケロの反論は、老年が公の活動から引き離すといっても、それがどのような活動から引き離すということかを問うことからはじまる。若さと活力でなされる仕事からというならば、肉体は弱っていても精神で果たされるような老人向きの仕事はないのか。ファブリキウスやクリウスやコルンカニウスといった老人たちが、思慮と権威で国家を守るとき、何もしなかったというのか。キケロは具体的な人名を次々にあげて、高齢の執政官や指揮官の業績を反証として提出したうえで、次のように反論する。

それゆえ、老人は公の活動に与っていないと言う者はまともな議論をしていない。それはちょうど、船を動かすにあたり、ある者はマストに登り、ある者は甲板を駆けまわり、ある者は淦を汲み出しているのに、船尾で舵を握りじっと坐っている舵取りは何もしていない、と言うようなものである。確かに若者のするようなことはしていない。しかし、はるかに大きくて重要なことをしているのだ。肉体の力とか速さ、機敏さではなく、思慮・権威・見識で大事業はなしとげられる。老年はそれらを奪い取られないばかりか、いっそう増進するものなのである。（一七節一―一八節二）[16]

キケロの第一の反論は、若者の無謀さ（temeritas）と老人の思慮深さ（prudentia）とを対比し、若者がもつ身体の若さや俊敏さなどの力ではなく、老人がもつ精神の力、すなわち「忠告・助言（consilium）」、「権威（auctoritas）」、「見識・意見（sententia）」、「理性（ratio）」こそが、国家を守り、大事業をなしとげることを可能にするという主張である（一五、一七、一九節）。老年こそ国家を守り正しく舵をとる力をもつとする主張のなかに、「老年と正義」のモチーフが第一に取り上げられて継承されていることになる。

「元老院（セナートゥス）」

キケロが老人に国政を導く精神の力と権威を認め擁護したことは、元老院の門閥派と強い結びつきをもった彼の政治的立場に密接にかかわっている。キケロは、老人たち（セネース）にこそ、思慮や理性や見識が備わるがゆえに、ローマの国家の最高機関が元老院（セナートゥス）と名づけられ、スパルタでも最も名誉ある地位につく人びとは元老（ゲロンテス）と呼ばれると述べている（一九―二〇節）。今日の欧米の議会の上院（The Senate（米・豪), il senato（伊), le Sénat（仏), el senado（西））の名称は、「長老たちの集い」を意味するこの元老院（セナートゥス）に直接の起源をもつ。キケロは『国家について』では、ローマ人がその制度を、リュクルゴスが定めたスパルタの長老会（ゲルーシア）にならったことを次のようにスキピオに語らせていた。

しかし、彼（リュクルゴス）が最高の審議を委ねることを望んだわずか二八人をそう名づけた一方、王は最高の権力を保持した。ここから私たちの祖先はまたそれを見習い、意味を翻訳して、彼が「老人（ゲロンテス）」と名づけたものを「元老院（セナートゥス）」と呼ぶようになった。私たちが述べたように、それはロムルスが長老を選んで行なったものである。（『国家について』第二巻五〇）

ローマの元老院の制度は、ローマを建国したとされるロムルス王が、「一〇〇人の元老院を選出した」と伝承されているように[17]、王制とともに古い。キケロはこの箇所で、ローマの元老院が設立当初からスパルタの長老会のように、六〇歳以上の老人から選ばれたと思わせるように書いている。『大カト』でも、前四三九年に八〇歳で二度目の独裁官となったキンキンナトゥスが、畠を耕しているときにその命を受けた逸話に触れて、「当時の元老院議員は、ということは、老人たちは田舎に住んでいた」と記して（五六節）、元老院議員がみな老人であることは自明であるかのように述べている。しかし、元老院議員は、外交的には「長老（maiores natu）」とも呼ばれるように[18]、「壮年の年長者」を意味するだけで、彼らが六〇歳以上の老人であったという確たる歴史的証拠はない[19]。

ローマ最古の元老院は、貴族系氏族の独立の家父長たちを構成員とし、彼らは「パトレース（父たち)」とも呼ばれ、王と並び立つ存在であり、統治に当たる代々の王はこの家父長集団によって選ばれていた[20]。前五世紀末頃になると、平民の家系からも信望篤い者たちが元老院に加わることが認められたが、彼らは「コーンスクリープティー(登録された人たち)」と呼ばれ、世襲のパトレースたちとは区別されていた。前三一二年のオウィニウス法によって、元老院議員の選任の権限が、監察官(censor)に与えられるようになってからも、元老院議員の再選は既定の事実であり、実質的には元老院の終身制が維持された。共和制末期には、財務官職以上の公職についた者は、自動的に元老院議員に選ばれるようになり、存命するかぎりの元公職者全員の統治経験、公務経験がすべて元老院に集約されるようになっていた。法理的には元老院は公職者のための常設の諮問機関にすぎなかったが、「現実には、この元老院をローマ本来の統治者といってさしつかえない」という権力を有したという。元老院は、外交折衝、外交使節の受け入れや派遣、宣戦、講和の決議等のさまざまな外交権限、および属州総督の任命などの帝国統治の国事遂行の実権を握っていたのである。共和制下での正規の元老院議員数は三〇〇名であったが、前八〇年スッラによって六〇〇名に倍増され、カエサルによって一時的には九〇〇名にまで拡大された。帝政期ローマでは、元老院議員は法律上も世襲が明記され、新たな議員の任命は皇帝みずからが行なうことが多く、元老院はもはや国家統治の権限をもたなかったが、その身分は共和制下よりもむしろ強固にされることになる。キケロが、老人と政治の結びつきを語る背景として、年長者が国政に強い影響力をもちえたこの元老院の存在を念頭におかねばならない。

「公の活動」と「世代間倫理」

キケロが、「強大な国家が、若者のために揺るがされ、老人の手で支えられ建て直されたのを見出すだろう」（二〇節）と語るときに、ローマに悪い影響を与えた若者としてカティリーナやクロディウスといった、かつて自分に敵対した具体的な人物のことを思い描いていたことは明らかである。[21] 一方、高齢でも執政官として国家を守護した例として、キケロはクイントゥス・マクシムス、ルキウス・パウルス、アッピウス・クラウディウス、大スキピオなどの数多くの名前とその輝かしい業績を列挙してゆくが、その延長線上に、彼らとは対照的に、政治の舞台から遠ざかっているキケロの不遇の身を当時の読者には思い起こさせたにちがいない。何年後であれ、国家が必要と認めたときには、たとえ高齢となっていても、国家を守護するために十分な思慮と見識を披露する用意が自分にはあるとキケロは暗に示唆しているのかもしれない。

しかし、老年になれば身体の力だけではなく、精神の力も低下するのではないか。その懸念に対するキケロの反論が二一節以下に述べられている。老年がすすむつれ、記憶力や知力が低下するという不安を、キケロはテミストクレス、ソポクレス、ゴルギアス、プラトン、ストア派のディオゲネスなどの政治家や著作家の名前や業績をあげて一掃する。「熱意／努力（studia）」と「勤勉さ（industria）」とが持続するかぎり、「天賦の才能（ingenia）」は老人にもとどまる（二二節）。彼らは寿命のあるかぎりそうした努力の営みを続けたではないか、と（二三節）。

(1)の「公の活動」と訳された res gerens という言葉は、政治的活動にはかぎらず、広く「活動的な仕事・事業」を意味する。それゆえ、この活動には悲劇の創作や哲学から農事までもが含まれる。その農事に関しても、キケロは興味深い主張をしている（二三―二五節）。キケロは老人の働きを説明するために、以上述べられてきた名高い歴史上の人物や偉人だけではなく、カトが少年時代の多くを過ごしたローマ北東のサビニ地方の田舎の名もない農夫たちのことを例にあげる。農夫たちは、一年でその年の成果が出る農作業だけではなく、自分にはその成果がまったく関係ないことがわかっている植林のような仕事にも、後の世代のために精を出す。カトは、「次の世代に役立つようにと木を植える（serit arbores, quae alteri saeculo prosint）」という詩人カエキリウス・スタティウス（前二三〇頃―一六八年頃）の言葉を引いて、農夫なら、たとえどれほど年老いていても、誰のために木を植えるのかと問われれば、「不死なる神々のために（dis immortalibus）。神々は、私がこれを先祖から受け継ぐのみならず、後の世に送り渡すようにとも望まれた」と躊躇なく答えるという。キケロは、老人が公のために働くのは、このサビニの農夫のように、自分の私利私欲や権力欲のためではなく、後代に役立つことをするためであるのだと説いていることになる。後の(3)の「老年にふさわしい農事の快楽」においても、牧歌的な生活と自然への美しい讃歌が歌われるなかで、キケロは農夫の生き方こそが賢者の生き方に近いと述べる。

今度は農夫たちの快楽に移ろう、それは信じられないくらい私には楽しいもので、いかなる老年によっても妨げられぬし、賢者の生き方にさも近いと私には思われるものなのだ。それは農夫が大地と取引をしているからで、大地は決して出費を拒まないし、受け取ったものを利息なしで返すことも絶えてない。小さい場合もままあるが、たいていは大きな利子をつけて返してくれるものだ。とはいえ、収穫ばかりが楽しいのではない、大地そのものの力や本性も私を楽しませる。（五一節）

大地から生み出されるものがもっている自然の力は、人びとを驚嘆させ喜ばせる。ホメロスは、息子オデュッセウスの不在からくる悲しみを和らげるべく畑を耕し肥料を施すラエルテスの姿を描いている（五四節）。畑を耕して楽しみとする老年は、哀れむべきものではなく、これほど幸福な老年はありえない。全人類の健康に資するという意義ある務めを果たしているためばかりではなく、楽しみの面からも、人びとの食糧はもとより神々の崇拝にもかかわるものをあり余るほど豊かに備えているという面からもそうなのだ（五六節）。

キケロの語るサビニ地方の農夫の話と農園生活の讃歌は、世界中で読まれているジャン・ジオノ（一八九五―一九七〇年）の『木を植えた男（*L'homme qui plantait des arbres*）』という短い作品を思い起こさせずにはいられない。[22] 二〇世紀の前半に高地アルプス山脈にあるプロヴァンスの荒れ地に、三〇年以上にわたって一人で黙々と柏やブナの木の種を植え続けて、緑の森と豊かな自然を蘇らせた老農夫ブフィエの物語である。無私無欲を貫き通して、たった一人で自然と森林を回復させたことを讃えて、「神にふさわしいこの仕事を立派になしとげた教養のない老いた農夫に、私はかぎりない敬意を抱かずにはいられない（je suis pris d'un immense respect pour ce vieux paysan sans culture qui a su mener à bien cette œuvre digne de Dieu.）」と物語は、キケロのサビニの農夫の返答と同じく、「神」に言及して締め括られている。老農夫ブフィエの物語は完全なフィクションであり、ギリシア・ローマの古典文学に造詣の深かったジオノは、キケロのこれらの章句に物語の着想をいだいたのかもしれない。作家ジオノは、靴職人の父と洗濯店に勤める母の子として貧しい家庭に生まれ、家計を助けるために一六歳で学校を中退して働かねばならなかった。フランス語に訳された廉価版のホメロスやソポクレスの作品を読んだときのめくるめく読書体験が、彼を作家としての天職に目覚めさせたという。二〇世紀に起きた古代文学の新しい影響の特徴は、古典作品の現代語への翻訳によって、古典語教育を受けられた裕福な中産階級だけではなく、ジオノのような貧しい家庭にも古代文学の雄勁な伝統が広く迎え入れられたことにあった[23]。牧神三部作として位置づけられる処女作『丘 (*Colline*)』(一九二九年) をはじめ、『オデュッセイアの誕生 (*Naissance de l'Odyssée*)』(一九三〇年) など、ジオノは故郷のプロヴァンスを舞台にして、ギリシア悲劇や古典文学の世界を現代によみがえらせようとした。また、ジオノの作品には、古代ペロポネソス半島中央部の貧しい山岳地帯にあったと伝承される理想郷アルカディアの影響があるとも指摘されている。プロヴァンスを舞台とするジオノの著作のなかに、古代の牧歌的楽園アルカディアの理想が受容され、エコクリティシズムや環境保護につながる彼の先駆的な考えを導くものとなったのだという[24]。ジオノの『木を植えた男』は、カナダのアニメーション作家フレデリック・バックによって映画作品にもされ (一九八七年)、カナダをはじめ日本でも大規模な植樹運動をすすめる契機となり、世界各国の森林再生の取り組みを勇気づけ、自然環境の保護を支える世代間倫理の意識を高めるものとなっている。

『大カト』のなかでも、「次の世代に役立つようにと木を植える」サビニの無名の農民たちが高く称賛され、自然のなかでの美しく楽しい牧歌的農園生活が描かれており (五一―五九節)、あたかもジオノの先駆けのように、世代間倫理の礎となる主張を見出すことができる。キケロは、老年期にあって最も情けないことは、若い世代から嫌われていると感じることだというカエキリウスの言葉も取り上げ、思慮ある老人は、若者たちを徳に導くことによって、若い世代から尊敬され喜ばれると論じている。「賢者は老人になっても豊かな天性を備えた青年に楽しみを見出すし、若者から敬い愛される人たちの老年は軽くなるものだが、同じように、青年たちも徳への専心へと導いてくれる老人の教訓を喜ぶ」のである（二六節）。それはまた、すでに見たように、プラトン『法律』の老人の歌舞団に託された教育的役割に通じる考え方である。高齢者が世代間の倫理を守ることは、キケロが述べるように、若者や後代に喜ばれることによって、老年の重荷を軽くすることにつながる。その意味において、世代間の倫理の遵守は、将来の世代の利益を守る一方向的な義務だけではなく、それを守る高齢者にも精神的満足や連帯感という恩恵を互恵的に与えることになる。「若者の熱意に取り囲まれた老年ほど喜ばしいものがあろうか」（二八節）と、キケロは世代間の絆の重要性を繰り返し強調している。

肉体と肉体的快楽の衰え

(2)の「肉体を弱くする」ことに対するキケロの反論の要点は、若い時期の体力が失われても、穏やかで整然とした演説をする能力や青年たちを教え諭す体力は十分に残されており、老いても身体の適度な使い方と体力に応じた働きが可能であることにある（二八節）。放蕩を繰り返した節度のない青年期は、老年期の肉体を弱くするが、鍛錬と節制を保てば、往時の頑健さをある程度は保つことができる（二九節）。また、かのネストルは、甘美な弁論の力によって重用されたが、肉体の力は必要としなかった（三一節）。人生の道のりは定まっていて、自然が与えるのは往路のみの一本の道であり、人生のそれぞれの時期にふさわしい性質が備えられている。少年のひ弱さ、若者の覇気、安定期にある者の重厚さ、老年期の成熟は、いずれもその時に応じて享受すべき自然の恵みだ（三三節）。なかには病弱ゆえに日常生活にも困る老人もいるが、それは青年でも避けられない。それゆえ健康に配慮し、ほどよい運動と適度な食事をし、身体だけではなく、精神（mens）と魂（animus）をいっそう気づかわなければならない。その二つも、ランプに油を注ぎ足すようにしてやらないと、老いとともに消えてゆくからである（三六節）。

カエキリウスの劇で「喜劇に出てくる愚かな年寄り」と揶揄されているのは、騙されやすくて忘れっぽくだらしのない連中のことをいうのであり、それらの欠点は、すべての老年に当てはまるのではなく、怠惰で軽薄な老人のものである（三六節）。それに対して、キケロは、アッピウス・クラウディウスが老いて盲目になりながらも、己の権利と尊厳を守り、死ぬまで一族を統治した例を対置し、「肉体は老いるとも心は決して老いることがない（quod qui sequitur corpore senex esse poterit, animo numquam erit）」（三八節）と述べる。「肉体と同様、思考力の老いが認められる」としたアリストテレスとは正反対の立場の表明である。キケロによれば、老年になること自体が苦しみなのではなく、また、あらゆる老人が苦境に立たされるわけでもない。老年を快活で悦ばしいものにするのも、悲惨にするのも、その人間の生き方による。「幸せな善き人生を送るための手だてを何一つもたぬ者にとっては、一生はどこを取っても重いが、自分で自分のなかから善きものを残らず探し出す人には、自然の掟がもたらすものは、一つとして災いと見えるわけがない」（四節）からである。このような主張から、今日の老年学でノーマル・エイジングとサクセスフル・エイジングと呼ばれるものを、キケロはすでに明確に区別して論じていると指摘されている。[25]

(3)の「快楽が奪われる」ことに対しては、キケロは若い時代の肉体的快楽が奪われても、それに代わって余りある老年の精神的快楽があることを主張する。キケロは、まずピュタゴラス派のアルキュタス

（前四二八頃―三四七年）の議論を引用する。アルキュタスは、肉体的快楽こそが祖国の裏切りや国家の転覆、敵との密談などの罪や悪行の原因となり、熟慮を妨げ、理性に背いて、徳から遠ざけるのであり、肉体の快楽は精神や理性の働きを妨げるがゆえに最も忌まわしい害悪となると述べていた（四〇―四一節）。キケロは、アルキュタスがそのことを述べた議論の場にはプラトンも加わっていたとして、心身をきびしく対立させるピュタゴラス派の教説がプラトンにも影響を与えていることを示唆している。キケロは続く議論のなかでも、プラトンが快楽を「悪への餌」（『ティマイオス』61B）と呼んだことに言及し（四四節）、肉体的快楽を凶暴な暴君と呼んだ老ソポクレスの逸話を、『国家』（329C）と同様に引用する（四七節）。大カトの言葉づかいは、ケパロスの言葉をなぞるように、身体的欲望や快楽が取り去られることは老年にとっての賜物であり、「老年になって肉欲や野望や争いや敵意やあらゆる欲望への服役期間が満了して、魂が自足し、魂が自分自身と共に生きるということは素晴しい」（四九節）と語る。そのような肉体的快楽にかわって、老年には会話の楽しみや研究・学問の楽しみがあるのだ、と。

しかしさらに、キケロはケパロスが主張しなかった新たな点を老年の悦びにつけ加えている。それは老人の誉れとしての「アウクトーリタース（auctoritas）権威／影響力」である。それには青年の快楽をすべて合わせたものよりも高い価値があるとしている（六〇―六一節）。アウクトーリタースは、英語の authority の語源となるように、古代ローマ社会で新たに生み出された重要な政治的概念であり、[26] キケロが好んだ概念の一つである。[27] キケロは、理想の国家においては、「権力は人民にあり、されど権威は元老院にある（cum potestas in populo, auctoritas in senatu sit）」（キケロ『法律について』第三巻二八・六―七）と述べ、権利と義務の均衡のとれた国家においても、権力は執政官にあり、自由は人民にあるが、しかし、権威は審議を行なう元老院のものであるとし（キケロ『国家について』第二巻五七）、アウクトーリタースを年長者からなる元老院に結びつけている。アウクトーリタースは、権力（ポテスタース）とは明確に区別され、軍事力や法令によらずに、人びとをその意志に従わせる影響力である。老年に最も価値がありふさわしいのは権力ではなく、権威であり、老年のキケロがみずからに求めたものもそれであろう。

しかしながら、そのような権威は、高齢になれば誰にでも手に入るというものではなく、まっとうに生き抜いた前半生がもたらす果実にほかならない。留意しなければならないのは、キケロがこの著作の全篇を通して称賛しているのが、「青年期の基礎の上に打ち建てられた老年」であることである（六二節）。「老年を守る最もふさわしい武器は、徳を身につけて実践すること」であり、「徳を養えば老年において驚くべき果実をもたらし、末期においてもその人を捨て去ることがなく、そのことこそ徳の最も重要な意義であり、人生をよく生きたという意識と徳をもって多くのことを行なったという思い出ほど喜ばしいものはない」（九節）と徳を生涯にわたって身につけて実践することが強調されている。[28] プラトンやイソクラテスやゴルギアスが高齢の最期まで研究や執筆を続けたように、静謐で穏やかな老年は、静かに清らかに優雅に送った人生から得られるのである（一三節）。われわれの過去が将来を決定するがゆえに、持続した営みの重要性と「自己」の継続性をキケロが強調したことは、現代の老年学の「継続性理論（continuity theory）」を先取りするものだとも指摘されている。[29] 中年期から高齢期への移行においては、生活や行動のパターンを継続しながら、加齢の変化を受け入れることが望ましいとする老年理論のさきがけを読みとることができるからである。

この(3)で挿入されている「老年にふさわしい農事の快楽」（五一―五九節）は、修辞学的手法によくみられる聞き手を楽しませるための「余談・逸脱」であり、この作品がレトリカルな性格の著作であることをよく示している。歴史上のカトは『農業論（*De agri cultura*）』の著作を書き残しているので、彼が農事について専門的な知識を披瀝するのは不思議ではないが、カトの現存する『農業論』が功利主義的なものであるのに対して、[30]キケロの描くカトは老人がもつ快楽を述べるために、田舎の農園生活が与える快楽に強調を置いている。農事の楽しみは、いかなる老年によっても妨げられないし（五一節）、どれほど年老いてからでも大地と自然との交わりを通して恵みと喜びが与えられると述べている。今日でも定年退職を迎える世代の憧れが、田舎での農業生活や畑作りである場合が少なくないし、畑仕事や園芸は高齢者に変わらぬ喜びを与えている。近年の介護型老人ホームの施設では、認知症を含む高齢者の行動障害や意欲の低下を改善するために、園芸活動を取り入れるケースが増え、園芸療法の研究も行われるようになってきた。季節の移ろいや年ごとに繰り返される動植物の生命の営みや自然の緩やかな循環に心身で触れる農事こそ、キケロが描いたように、老年において最も自然にかなった楽しみを与えることができるように思われる。

しかし、キケロは、全精力とすべての時間をかけて農業に専心することを勧めているわけではない。彼が言及しているクリウスやキンキンナトゥスをはじめとするローマの英雄たちは、農夫であるとともに政治家や将軍でもあった（五六節）。農業がすべての技術にまさると述べたクセノポン（前四三〇／二八頃—三五二年）の『家政論』から、キケロが引用する事例も農夫のものではなく、サルディスの王子小キュロスが庭園をみずから設計しその手で樹木を植えたという逸話である（五九節）。キケロが描写する農事にかかわる専門用語や知識は正確であり、農園の生活や自然に触れる喜びにはキケロの実体験も含まれていたであろうが、しかし、彼自身は大きな農園を所有してはいなかったし、素朴な田舎暮らしは彼を満足させるものではなかった。[31] カエサルが暗殺され、アントニウスが実権を握るやいなや、キケロは元老院でアントニウスに対する激烈な批判演説を展開したように、彼の最大の関心はつねにローマの政治にあったからである。

死の近さと魂の不死の教説

(4)の「死が遠くない」については、「慰めの文学」の伝統的形式と修辞学的手法に従って、死への恐れが論駁され、魂の不死の教説が述べられている。キケロは、そもそも死とは、(a)魂をすっかり消滅させるか、(b)魂が永遠にあり続けるところへ導いてくれるか、の二者択一だとして、(a)であれば死を無視してもよいし、(b)であれば死は幸福をもたらす待ち望むべきものになるので、いずれにせよ死は恐れることではない(六六―六七節)とする。(a)と(b)の選択肢は、『ソクラテスの弁明』で死刑判決を受けたソクラテスが、死についての考え方を二者択一で述べたことに重なっている。[32] また(4)は、プラトンの『国家』でケパロスが、死が近づくと、人びとがこの世で犯した不正に対してあの世で罰を受けるという物語がほんとうではないかと恐れるようになるという、「死後の恐れ」にもかかわるだろう。

キケロは次のように論駁を重ねる。老人には死が接近しているというが、実は青年の方が病気に罹りやすく、重篤にもなりやすいように、[33]「死は老年と青年に共通のもの」であり、死はすべての年代に共通するものだ(六七節)。たとえ限度いっぱいを生きたとしても、人間の命はそもそも短く、過ぎたものは消え去る。ただ徳と善き行ないによって達成したことだけが残るのであるから、生きるべく与えられただけの時間に満足すべきである（六九節）。そうすれば、「つかの間の人生もよく生き、気高く生きるためには十分に長い」（七〇節）。また、自然に従って起きることはすべてよきことのなかに数えられるのであるから、老人が死ぬことは自然であり喜ばしく、成熟の結果として人生に満ち足りて、老人からは自然に生命が取り去られる（七一節）。

キケロは、(4)の後半では、カトに自分自身の死についての考え方を語らせる仕方で、最もすぐれた哲学者であるピュタゴラスとプラトンの哲学にもとづいて、魂不死の教説を述べる（七七―八四節）。魂は天に属するものであるが、不死なる神々が人間の肉体に魂を導き入れたのは、地上を世話する者や、天界の秩序を観察してその秩序を模倣する生き方をする者を地上に存在させるためであるという教説を信じる（七八節）。そのうえで、魂の不死性について、四つの根拠をあげている。

①魂の働きは迅速で、過去の記憶と未来の予見が可能で、多岐にわたる学問や知識を蓄え、創意工夫に富んでいることから、それらのものを包摂する自然が死滅することはありえない。
②魂は自分で自分を動かす動であるので、運動の終わりをもたない。
③魂の本性は単一であり、分割されないので滅びることはない。
④子供でさえ難問を迅速に学ぶので、学習とは想起と考えられ、人間が生まれる前から多くのことを知っていること（魂の先在）を示している。

以上はプラトンの教説の主旨だとされている。②③④は確かにプラトンのテクストに記された魂の不死論証への言及であるが、(34)しかし、①は直接にはプラトンのテクストには存在しない。キケロはこの①

と同様の考え方を『トゥスクルム荘対談集』(第一巻五八―六六)でやや詳しく述べている。

魂の始原(origo)は地上では見つかりえない。というのは、魂には土から生まれ作られたように思われるものが何一つ混ぜ合わされたり合成されたりしていないし、湿気あるいは空気あるいは火の要素を何らもっていないからである。こういった要素に記憶の力、洞察の力、思考の力をもっているものは何もないし、過去を保持し、未来を予想し、現在を把握することができるようなものは何もない。これらの能力は、ただ神々にしか由来せず、人間のもとに到着する始原としては神以外には見つからないだろう。したがって、魂にはある特異な性質と力があり、これらのありふれたよく知られた要素とは切り離されているのである。感じ、知恵をもち、生き、活動するものが何であれ、それは天と神に由来し、それゆえ永遠であることが必然なのである。(『トゥスクルム荘対談集』第一巻六六)[35]

この引用の箇所に先立って、キケロは、アリストテレスが、魂は火・空気・水・土の四元素から作られておらず、魂に四元素とは異なる第五の性質を想定している、と指摘している(『トゥスクルム荘対談集』第一巻二二)。アリストテレスは、思考、予見、学習、記憶などの精神活動は四元素のなかには存在せず、そのため第五の要素を導入し、魂を「連続した永続的な運動である(continuatam motionem et perennem)」とみなし、「エンデレケイア」と新たに名づけたのだ、とキケロは述べている。アリストテレスが魂に第五の要素を認めたというテクスト上の根拠はなく、しかも、キケロは、アリストテレスが魂の規定として用いた「エンテレケイア(現実活動態)」とは異なる「エンデレケイア」という用語を不正確に用いている。[36] パウエルは①を通俗的プラトニズムであるとしているけれども、[37]『トゥスクルム荘対談集』の記述を考えれば、キケロが独自の解釈によって理解した「アリストテレスの教説」が、①の論点には取りこまれているように思われる。

では、キケロはなぜ①をプラトンの教説としたのであろうか。それには彼がアテナイ留学時代に聴講したアスカロンのアンティオコスから受けた強い影響があると考えられる。キケロの哲学的立場は、ピロンやアンティオコスに直接に学んだように、哲学史上はアカデメイア派に位置づけられる。しかし、ピロンと弟子のアンティオコスの間には大きな哲学的立場の相違があった。キケロがアテナイで聴講した頃のアンティオコスは、師のピロンとすでに袂を分かち、カルネアデス以来の新アカデメイア派の懐疑主義を捨てていた。アンティオコスは、感覚や思いなしに真理性を認めるストア派の認識論を受け入れ、ストア派とペリパトス派をプラトン哲学の真正の継承者とみなして、みずからを古アカデメイア派と称したのである。

これに対してキケロは、プラトンが真理の判定基準を感覚や思いなしではなく、思考と知性に置いていたとして、アンティオコスの認識論を退ける。キケロは認識論に関してはピロンの穏健な懐疑主義に与してアンティオコスを批判するが、しかし、新アカデメイア派の単純な信奉者ではなく、アンティオコスについても称賛を述べ、『アカデミカ』と『善と悪の究極について』において彼の教説を詳しく取り上げて吟味している[38]。

キケロによれば、アンティオコスのピロンへの批判は、ピロンがプラトンをはじめ古代の哲学者を懐疑主義者の枠組みに無理に押しこめようとした点にあった。ピロンの解釈に従えば、プラトンによるイデアの探究も無視され、確かな知識には理論上は到達可能だが、現実には不可能ということになる。代わってめざされるのは、「もっともらしい（probabile）、真実に類似した（veri simili）」説得的な思わくであり、その上でドクマティズムを避けることである。これに対してアンティオコスは、プラトンが「最も完成された教説」をもっていたのであり、ピロンは歴史的にみて正当に対処していないと批判した[39]。

この点に関するキケロの立場は微妙である。確実な知識や確かさの獲得を否定し続ける懐疑主義とは違って、キケロ自身は真理を求めることを否定しないからである。むしろ、「ただ真理のみを発見したいと願い、そのことを何よりも心がけている」のであり、「われわれの議論の目的は、言葉によってふるいわけ、真か、真にいちばん近いこと抽き出すことである」と主張する[40]。キケロは『法律について』では、対話者としてみずから登場し、国家にかかわる議論をかきまわすアルケシラオスとカルネアデスにはじまる新アカデメイア派には沈黙を願って敬遠したいとさえ述べている（第一巻三九）。キケロは、哲学的方法論としては新アカデメイア派の懐疑主義的方法をとって、知識の確実性に達することをしばしば留保するけれど、プラトンやストア派など他の学派の建設的な議論のなかから、ありそうで説得的だと判断した教説を自身の立場として採用している。先に引用した『トゥスクルム荘対談集』第一巻で、エピクロス派やストア派の教説などを批判し、魂不死のプラトンの教説や論証を真実としない理由など思い浮かばないと論じたのもその一例である。キケロの「柔軟な懐疑主義」は、徳の達成こそが人間の行為の主な目的であり、徳をもつことが幸福を保証することを確信するのを妨げるものではなかった。人間の本領は真実の探求と追究であり、徳を備えるためには真理の認識と運用が必要であるとキケロは述べている[41]。

また、ペリパトス派を高く評価する点でも、キケロはピロンとは異なり、アンティオコスと同じ立場をとる。キケロは、プラトンを除くならばアリストテレスを哲学者の第一位とする。[42] アリストテレスをアカデメイア派の後継に位置づけるアンティオコスのように、「ペリパトス派も私もソクラテスやプラトンの教えに従っている」とキケロはみなすのである。[43] 熱心なプラトン学徒としてのキケロは、そのようなゆるやかな観点に立ち、プラトンの教えに従うことを自認した新アカデメイア派と古アカデメイア派の両者から、最も真実に近いと彼自身が判断する論証や学説をとっているといえよう。それゆえ、①の主張をプラトン哲学の主旨に含めることは、キケロにとってさしたる抵抗がなかったと考えられる。

老年と成熟

興味深いことに、キケロは(4)でプラトン哲学に依拠して魂の不死について述べ、クセノポンの『キュロスの教育』から魂の不死の物語を引用した後の最終節で、人間の不死の教説が誤りである可能性を認めている。ソクラテスが死についても無知の知を表明したように、キケロの柔軟な懐疑的精神は、魂の不死の教説は信じるに足るものであっても、論証されたものだとは認めていない。しかし、たとえ、「われわれが不死なるものになれそうにないとしても、やはり人間はそれぞれふさわしいときに消え去るのが望ましい」という。なぜなら、「自然は他のあらゆるものと同様、生きるということについても限度をもっている」からである。キケロの老年論は、老年とその後に来る死が自然のプロセスにかなったものであり、老年こそ人間の成熟期（maturitas）である（三三節）という考え方に支えられている。そこには、自然がもたらす死を快いとしたプラトン哲学だけではなく、自然との一致を説くストア哲学からの影響も指摘できるだろう。人間の知恵とは、自然に従い、そのプロセスを従容と受けいれることにあることが著作の冒頭でも述べられていた。

自然を至高の導き手として、神のごとくに従い服しているという点で、私には知恵があるのだ。自然の手で人生の他の場面が見事に脚色されているのに、最後の幕が、あたかもへぼ詩人によるかのように手抜きされる、ということはありそうにない。しかしながら、何らかの終わりが必ずやなければならない。ちょうど木の実や大地の稔りが、時を経た成熟（maturitate）の後に、しおれたりぽとりと落ちたりするように。賢者はそれに従容と耐えなければならない。自然に逆らうのは、ギガンテスのごとく神々を相手に戦うことにほかならないではないか。（五節）

木の実の喩えは、後半でも繰り返されている。

果物でも、未熟だと力ずくで木からもぎ離されるが、よく熟れていれば（matura）みずから落ちるように、命もまた、青年からは力ずくで奪われ、老人からは成熟（maturitas）の結果として取り去られるのだ。この成熟ということこそ私には、こよなく悦ばしいので、死が近づけば近づくほど、いわば陸地を認めて、長い航海の果てについに港に入ろうとするかのように思われる。（七一節）

成熟という観点から見るならば、老年は悦ばしい。しかし、成熟に達した老人がもつ見識や理性こそが、国家を守り、正しく導くことができると主張したキケロの生は、成熟の最後のときを静かに迎えることなく、力ずくで奪い去られた。政界を隠遁して静かに余生を終えることは、あたかもキケロ自身の自然本性には反したかのように、共和制ローマの最期を見とどけることなく、彼の人生の最後の幕は剣によって切って下ろされた。

2 プルタルコスと老人の政治参加

中期プラトニスト

哲学史の上では、プルタルコスは中期プラトニストとして位置づけられる。中期プラトン主義とは、アンティオコスが新アカデメイア派の懐疑主義を批判し、プラトンの哲学をよりドグマ的に解釈する古アカデメイアを復活させて以降、プロティノス（後二〇四頃―二七〇年頃）にはじまる新プラトン主義が成立するまでの前一世紀末から後三世紀前半の間に、プラトン哲学が示した問題をテクストに立ち返って考察し、その解説と解釈を中心にして展開された思想動向を、ひとまとめに括った後代の名称である。学派の創始者にあたる人物がいるわけではないが、学問を論理学、自然学、倫理学に区分したストア派の影響を受けて、学問領域ごとにプラトンの見解と考えられるものを整理して説明する形式をとることが多く、プラトンのテクストを読むにあたって、中期プラトン主義に共通した想定があることが中畑正志によって指摘されている。[44] それは、(1)プラトン哲学の全体的不変性、(2)プラトンの各思想の対話篇横断的性格、(3)プラトン哲学の区分性である。中期プラトニストたちは、新アカデメイア派の懐疑主義を排除し、プラトンの対話篇から終始一貫した哲学体系と学説を導き出そうと試みたのである。また、中期プラトン主義の主要なテーマとして倫理学の領域では、①人生の目的や善の目的とは何か、幸福とは何であるか、②徳は幸福の十分条件であるか、③「自由意志」と「神の摂理（プロノイア）」はいかに関係するのか、などが問われた。[45] そして、人生の究極の目的とは、ストア派のような「自然との一致」にあるのではなく、「できるかぎり神に似ること（神まねび）」にあると考えたことも、中期プラトン主義に共通する特徴とされている。[46]

中期プラトニストを代表する者としては、プラトンの数学論の入門書を書いたスミュルナのテオン（後七〇―一三五年頃）、『プラトン序説』を書いたアルビノス（盛年、後一五〇年頃）、おそらく彼と同時代の『プラトン哲学講義』を著したアルキノオス、『プラトンとその教説』の著者のアプレイウス（後一二五年頃生まれ、没年不明）などをあげることができるが、なかでも際立って異彩を放つ最も重要な人物がプルタルコスである。従来、中期プラトン主義は、新プラトン主義が成立するまでの準備期間やプレリュードとして扱われることが多く、十分な研究がなされてこなかった。プルタルコスもまた『英雄伝（対比列伝）』の伝記作家としては認められても、彼の哲学については、独創性のない折衷主義であるとみなされ、哲学史の叙述においても軽視されてきた。しかし、プルタルコスの『モラリア』に収められた著作群には、さまざまな分野の質の高い知識が結集されている。K・ツィーグラーの分類によれば『モラリア』は、弁論術、動物心理、哲学、倫理、教育、政治、神学、物理・宇宙論、文献学・歴史学、歴史・文学批評、その他の内容の多彩さゆえに分類不可能なものといった、数多くの論考群に分けられる。[47]『モラリア』は、倫理、政治、神学への偏りがあるとはいえ、膨大な文献資料を渉猟し、すべての知を網羅する百科全書的性格をもつものとなっている。ギリシア・ローマの主要な古典を網羅するロウブ古典叢書に収録された『モラリア』全一六巻と『英雄伝』全一一巻という著作のボリュームは、現代にまでその作品が生きのびて残された西洋古代の著述家のなかでも、数多くの書簡を残したキケロに次いで最大級である。なぜ、プルタルコスはこれほど多様な分野に関心を広げて、いかなる意図で著作を書いたのであろうか。

プルタルコスの多彩な著作を特徴づける基調は、プラトンの原典に立ち戻って、プラトンの対話篇に描かれたソクラテスの精神、市民との対話にもとづくソクラテスの哲学の営みへと立ち帰ることにある。プルタルコスは、同時代の人びとが日常的に経験している問題、たとえば、友情と敵意、結婚生活、食事と健康、近親者の死、運や迷信、講義の聴き方を含む青少年の教育方法といった身近なテーマを取り上げて議論を展開している。人びとが悩み、重大な関心を寄せ、判断や行動の拠りどころを求めて知恵を働かせ、知恵ある人に相談をもちかけるのは、日常に遭遇する、このようにありふれてはいるが揺るがせにできない諸問題である。プルタルコスは、現実の生き方と選択が求められる現場に、プラトンやアリストテレスの哲学の営みを応用しようと試みたのである。

このようなプルタルコスの精神は、現代の「応用倫理学」や「臨床の哲学」の動向とも大きな類似点をもつ。しかも、プルタルコスとプラトンとの間には、およそ五〇〇年近い時代的隔たりがある。それは今日の応用倫理学の基礎として用いられることがあるカントやヘーゲル（一七七〇―一八三一年）から現代のわれわれを隔てている歳月よりも、はるかに長い時間的隔たりである。プルタルコスが同時代のさまざまな新しい問題の考察において、プラトンやアリストテレスの哲学を用いること自体が、現在の尺度からすれば応用哲学的な試みであったともいえるだろう[48]。

このように、プルタルコスは、同時代の日常的な問題を考察するうえで、プラトン哲学との関係をけっしてなおざりにしない。彼は、『プラトン哲学の諸問題』（999C–1011E）や『「ティマイオス」における魂の生成について』（1012A–1030C）のようなプラトン哲学の解釈の難しい専門的研究にも本格的に取り組んでいる。プルタルコスは、みずからの主張の権威づけのためではなく、同時代の日常的課題をより原理的な問いにまで掘り下げて、プラトンの自然哲学や政治哲学へと読者を誘っているように思われる。プルタルコスは、同時代の多様な問題に対するみずからの主張や見解が、ソクラテスやプラトンの哲学によって確かな思考の基盤が与えられ、豊かにされることを自覚していたのである。こうして哲学思想の応用可能性を追究したプルタルコスは、身近で重要な問題の一つとして、老年に関する考察を随所で行なっている。ここでは、老年と正義というわれわれのテーマに最も密接にかかわる著作、『老人は政治に参与するべきか』に焦点を当てたい。

『老人は政治に参与するべきか』

プルタルコスは伝記作家として著名であるけれども、自分自身の伝記的記述をほとんど残していないこともあり、彼の著作の多くは執筆年代を推定することが容易ではない。実はプルタルコスの没年すら定かではなく、ピュティアのアポロン神官に関する記録から、彼の没年は一一九年から一二五年であると推測されているが、彼が一二七年頃まで、つまり八〇歳を少し過ぎた頃まで生きていたと考える研究者もいる。[49] プルタルコスの全著作の年代を推定したC・P・ジョーンズは、この著作は一一〇年以降の執筆であり、プルタルコスが六五歳頃の作品だとしている。[50] プルタルコスがこの著作のなかで、自分がすでに老年にあると言及し（一節）、『キケロ伝』において（四六節）、キケロの死んだ前四三年、六三歳のときのキケロを老人と呼んでいるからである。また、数多くのピュティア競技祭でピュティア・アポロンに仕えてきた（一七節）とも述べられていて、プルタルコスがデルポイの神官として重要な競技会の主宰を任されていることからも、この書を六〇代の半ば頃の著作だとする説が有力である。『英雄伝（対比列伝）』を含めプルタルコスの浩瀚な著作のほとんどが、五〇歳代以降に書かれたとみなされており、彼はキケロと同様、晩年においてきわめて多作な著述家であった。

著作の宛て先となったエウパネスについてはこの書にしか明確な情報がなく、ボイオティアの高官であり、アテナイのアレイオス・パゴスに置かれた政務審議会の議長、アンピクティオン同盟の終身の名誉代表者（四、二〇節）を務めていたことがわかるだけである。エウパネスと自分を同列に扱うプルタルコスの論調から（一七節）、彼らはほぼ同世代であったと思われる。エウパネスが、公的生活から引退することについてプルタルコスに相談し、この書はその返答として書かれたのではないかと推察されている。[51] エウパネスが部族の代表を務めたアンピクティオン同盟は、テルモピュレ近郊アンテラのデメテル神殿とデルポイのアポロン神殿、およびそれらの聖域を共同で管理するために、近隣の諸国家や諸部族の間で結ばれた隣保同盟である。この同盟は国際的な宗教組織として、おそらく政治的な役割も演じていたと考えられる。春と秋の年二回、二四人の代表が集り、四年に一度のピュティア競技会の企画・運営、さらには宗教的建築物の建立や各種巡礼の受け入れ態勢の整備などについて協議していた。[52] プルタルコスもアンピクティオン同盟の監督官、議長、そして競技会主宰者などを務めており、エウパネスとはこの同盟の会合を通して知り合った可能性が高い。

この書の構成は以下のように分けることができる。

(I)政治にたずさわる者は老年を理由に公的生活から引退すべきでないこと（一―一七節）

(II)老年の公的生活

①老年に適切な仕事を割り当てること（一八―二〇節）

②若者への教育的役割（二一―二五節）

(III)結論部（二六―二八節）

老年を理由に公的生活から引退すべきでないこと

この書はキケロの『大カト』のように明確に論点が絞られてはおらず、前後のつながりの悪い箇所もある（784D, 789C, 792A）が、(I)で老年ゆえに政治から引退してはならないとプルタルコスが主張する理由は、内容のつながりから、以下の五つの論点にまとめることができるだろう。

第一は、運動競技選手だけではなく、政治にかかわる者にもふさわしい終わりがあるという議論への反論である。プルタルコスは、「共同体や国家に奉仕すること（koinonikon kai politikon）」には、そもそも終わりがないと主張する。それは蟻や蜂たちでさえも最後までしっかりと保つものである。共同体の一員としてよく生きることが人生の生きる目的であり、最初から定めたその目的にとどまり、残されたわずかな時間のために、自分たちが長く過ごしてきた時間をむなしいものとしてはならない（一節）。政治にかかわることを、航海に出ることや戦争に行くことのように考えて、誤っている人たちがいる。つまり、それ自体とは異なる何らかの目的のために行われ、その目的を達成すると終わりになるものだと彼らは考え違いをしている。しかし、国家にかかわることは、その必要が終われば終わりになるような何か特別な公共事業ではない。人間は「社会的で共同体をつくって生きる動物」であり、それゆえ、定められた時間の間、国家社会の一員として、善美を愛し、人間を愛して生きることが自然本性としてわれわれに与えられている。それゆえ、これまで過去に政治にたずさわってきたことではなく、将来にわたって政治にたずさわることが「義務（カテーコン）」になる。つまり、真実を語ってきたことではなく、真実を語ることが、正しく行動してきたことではなく、正しく行動することが、祖国や同胞を愛してきたことではなく、愛することが義務なのである（一四節）。また、ペリクレスやアゲシラオスが老年において最大の力を発揮したように、老年が偉大な行ないを妨げはしはない（二一―三節）。ソポクレスが子供に認知症だと訴えられて、『コロノスのオイディプス』を裁判で朗誦して喝采を浴びたように、人生の最期まで舞台に立ち続ける喜劇や悲劇の老役者にくらべて、政治の演壇に立つ人びとが劣るとみなすのは恥ずべきことだ（三一―四節）。公職を投げ捨てて、田舎に引きこんで、小麦粉やオリーブ油を量ることや羊毛のことで忙しくするならば、それはまさしく諺で言う「馬の老年」を招くことになる。政治家に隠棲を勧めることは、休息や休養にかこつけて放縦や贅沢な生活におぼれさせることにほかならない（四節）。

アリストテレスも人間が「社会的動物（ポリーティコン・ゾーオン）」であることをしばしば強調するが(53)、人間がひとりで自足するものではなく、共通の利益を分かち合う存在であることを基礎にアリストテレスの議論が展開されているのに対して、プルタルコスは、人間が社会的動物であるがゆえに人間愛に根ざした共同体への奉仕には終わりがないという結論を導き出している。この第一の論点は、老人の政治参加をうながすプルタルコスの議論の顕著な特色といえるだろう。

第二は、老人が快楽を奪われるとする主張への反論である。身体にかかわる性欲や飲食の欲望や快楽は、老人になれば弱く鈍くなるので、金銭欲などではなく、魂に卑しくない快楽を準備しておかなくてはならない。しかるに、共同体にかかわることは最も立派で偉大な快楽（ヘードネー）をもつ。神々もまたそこから唯一の最も大きな快楽を得ている。なぜなら、徳（アレテー）は、それを行使する人たちに、共同体に利益を与える行為と人間愛によって、最も大きな快楽を与えるからである。それはプラトン哲学がもつ翼のように、魂を高みに引き上げ、歓びと交じり合った偉大で高邁な精神を養う（五節）。戦いに勝利したエパメイノンダスやスッラの歓びの大きさが示し、またクセノポンも言うように、称賛よりも耳にして心地よいものはなく、公職や国政にかかわる個人の業績ほど大きな称賛と快楽を生み出すものはない。そのような政治的名声や権力は、到達するのは容易ではないが、ひとたびそれが大きなものになれば、時々の機会を利用して、それを増大し維持していくことはたやすい。いったん友人になれば、友人にとどめておくためには、それほど多くの大きな世話を必要としないように、小さなしるしによって示される忠誠が好意を保つことになる。同様に民衆の友愛や信頼は、劇の合唱隊のための資金を出したり、パトロンになったり、高官になったりすることをつねに要求しているわけではない。民衆の友愛や信頼は、彼が喜んで奉仕し、民衆への世話と配慮をやめず、あきらめないことによって維持される（六節）。

第三は、政治活動につきまとう嫉妬に関する論点である。公的生活がもたらす大きな嫉妬が、老年につきまとうことは少ない。ヘラクレイトスが「犬は知らないものに吠えかかる」と言ったように、嫉妬は公的生活をはじめたばかりの者に戦いを挑むが、馴染みのよく知った名声には穏やかになる。嫉妬は煙のように、政治的経歴をはじめたばかりの人間には、大量に発生するが、しかし、勢いよく燃えはじめると消えてしまうものだ。人びとは良い性格や生まれのよさや名誉について、それを他人に認めればそれだけ自分たちから奪われたかのように文句をつける。しかし、時の経過によって第一位になることには嫉妬しない。老年に対して払われる敬意ほど、受け取った人よりも与えた人を美しく飾るものはないからである。さらに、あらゆる人間が富や雄弁や知恵から生じる力を期待できるわけではないが、公的生活をする誰もが、老年が導く尊敬や名声を得る希望をもちうる。したがって、国家という船に乗って長い間、嫉妬の大波と戦っていながら、嫉妬がおさまって穏やかになったときに公的生活から引退する人間は、向かい来る波と風に逆らって危険を冒して海に出ながら、好天と順風が来たのに港に戻って停泊しようとする舵取りと大差がない。また、公的生活の時間が長ければ長いほど、友人や仲間の数は多いのだから、指揮者がコロスを舞台から退出させるように、彼らすべてを自分と一緒に引退させることは容易ではないし、彼らを窮地に置き去りにすることも正しくはない。古い樹木のように、長い公的生活は引き抜くのが難しい。たくさんの根をもち、そこから抜け出す方が、とどまるよりも困難と苦しみが多くなるさまざまな事柄と絡みあっているからである。もしも、政治的争いがもたらした嫉妬や妬みが残っている場合には、引退して非武装になるよりも、力によってそれを消し去るべきである。というのは、嫉妬のため争いを続けている方が、争いをやめてしまう場合よりも、人びとの攻撃を受けないからである（七節）。ソポクレスは、老人になって愛欲から逃れたことを喜んで、残酷で凶暴な僭主から逃れたと言った。しかし、国家にかかわる仕事においては、さらに正気ではない数多くの僭主から逃れなければならない。すなわち、争い好き、名声好き、第一になりたい、最高でありたいという願望、それらは妬み、嫉妬、不和を最も多く生み出す病気である。老年はこれらをゆるめ鈍くするし、消し去ることもある。過度な激しすぎる情熱を抑えることによって、素面にし、思考を支える理性の働きを整えるのである（八節）。

第四は、隠遁生活と田舎での農業の勧めへの短い批判である。長い時間、妻とずっと人生を共にし、落ち度もなく連れ添ったと思われる男が、老年ゆえに妻を離縁して、一人で暮らすか、あるいは、妻の代わりに妾をおくとすれば、それは邪悪な行為である。同様に、国家にかかわる仕事から離婚するために行動し、演壇に立つことや将軍職や国家への世話をあきらめ、急いで田舎に行って、自分の手で野良仕事をし、残りの人生を家の家政のやりくり仕事に専念しろと言う人は、政治家に不正でふさわしくないことをするように勧めているのである（九節）。

第五は、老年がもたらす体力の衰えや精神の能力にかかわる諸問題である。軍神アレスに仕えて戦闘に従事する者は確かに若く、盛年でなければならない。力は熱意よりも先になくなるからだ。しかし、審議会、アゴラ、国家の神であるゼウスに仕える者に、われわれは手足の働きを求めはしない。「助言（ブーレー）」、「洞察力（プロノイア）」と「言論（ロゴス）」を求めるのだ。それも民衆のなかに喧騒やどよめきを生み出す言論ではなく、知性と思慮と確実性をもつ言論だ。白髪や皺がその人間の経験の証しとなり、説得力のおかげで名声が彼につけ加わる。若さが従い、老年が導くならば国家は安泰である。その知恵とは、晩熟の木のように、自然が長い努力の果てに老年において与える正しく完全な果実であり、判断力のある説得的な意見は、公共のもののなかで、最も立派で偉大なことをなしとげる（一〇節）。また、王の職務は、国家にかかわるすべてのなかで、最も完全で偉大であり、最大の配慮と労苦と仕事を要するため、王が年老いたら王冠と紫の衣を脱いで、代わりに外套と杖を持って、田舎で暮らすように勧められることがある。しかし、アゲシラオス王やヌマ王やダレイオス王らについてそう勧めることがふさわしくないとすれば、アレオパゴスの議会からソロンを、元老院からカトを、老年であるという理由で退けるのはよそう。ペリクレスに民主制を窮地で見捨てるように助言することはやめよう。若いときに躍り上がって登壇し、民衆に向かって正気でない野心と衝動をぶちまけておいて、経験を通した知恵をもたらす年齢がやってきたときに、国家にかかわる仕事をあきらめ、それを見捨てるとはばかげたことである（一一節）。アイソポスの寓話の狐は、自分にたかったダニを取り除こうとハリネズミから言われたがそれを断った。「もし、おまえがこれらのダニを取り除いたら、そいつらは腹いっぱいだが、他の腹をすかしたダニがやってくるだろう」。したがって、老人を捨てる国家は、名声や権力には飢えているが政治を行なう知性を欠いた若者たちで満たされること必定である。リュケイオンで本を読んだり書いたり、政治学について学校の演習をしただけで、百戦錬磨のデマゴーグや将軍たちと立ち向かった数多くの経験がないとすれば、どうして若者が国家を正しく運営し、民会や政務審議会を説得できるだろうか。音楽の教師や読み書きの教師が、教え子より先に演奏したり、読み聞かせたりして彼らにやり方を示すように、政治家も演説や外からの助言ではなく、公共にかかわる事柄を監督する行為によって、若者を導くことができるのである。若者の性格は、老人たちの行為や言葉によって形づくられるのだ（一二節）。それゆえ、若者のために、老人は国政に従事しなければならない。ちょうど、プラトンが生のままの酒を水で割ることを勧めて、狂った神は素面の別の神によって懲らしめられると理にかなったものになると述べているように、老人の思慮分別が、名声と野心に酔った、沸き立つ若さと混ぜ合わされると、正気のなさと過激さを取り除くことになる（一三節）。弱さや能力のなさを引き合いに出す人びとは、老年ではなく、病気や身体の障害を非難しているのである。なぜなら、病気がちな若者も多くいるし、元気な老人も多いからである。したがって、思いとどまらせるべきは、老人ではなく障害のある者であり、奨励すべきは、若者ではなく能力のある者である（一五節）。弓は強く張ると壊れるが、魂は緩められるとそうなる。音楽家は音楽を聴くのを、幾何学者は問題を解くのを、数学者は計算の練習をやめると、年齢が進むにつれて彼らの営為も精神の「持ち前（ヘクシス）」も悪くなる。政治家の持ち前である、計らい上手、知恵、正義、経験は、正しいときと言葉をとらえて説得を生み出す能力であるが、たえず話をし、行動し、理性を働かせ、判断することによって維持される。もし、これらの活動を放棄して、魂からこれほど偉大で多くの徳を流出させるならば、それは恐るべきことだ。人間を愛すること、公共的精神をもつこと、親切であることには、終わりや限りがあるべきではない（一六節）。

以上の五点を述べ終えて、プルタルコスは、エウパネスに次のような勧告をして、前半の議論を締め括っている。

あなたの父祖の国は、あなたの両親よりも年長で大きな正しさをもち、たしかに長く生きてきたが、不老ではなく自足的でもない。反対に、祖国はつねに思いやりと助けと配慮を必要としている。（中略）あなたも知ってのとおり、私は数多くのピュティア競技祭でピュティア・アポロンに仕えてきたが、だからといって、あなたは次のようには言いはすまい。「プルタルコスよ、君はこれまでに十分に犠牲を捧げ、行列をなして行進し、コロスで歌ってきた。だが、君は年寄りになったのだから花冠をとり去り、その年齢ゆえに神託はもうやめるべきときだ」と。それゆえ、あなた自身も、国家の神聖な儀式にかかわる指導者であり解釈者であるのだから、国家やアゴラの神ゼウスへの礼拝を、長年あなたが捧げてきた儀式をやめるなどとは考えないでほしい。（一七節）

老年に適切な仕事と若者への教育的役割

しかし、老年を公的生活からの引退の理由として認めないことは、老年になっても盛年のときと同じような仕方で同一の仕事をこなす要求を意味しているわけではない。プルタルコスは、続く(II)の①では、老年にふさわしい仕事を適度な仕方で引き受けることを提案している。第一に、活動をゆるめて、老人にとって軽く穏健で適度に公的な奉仕をなすべきである。それゆえ、毎回の選挙にいつも立候補し、法廷や審議会から与えられるすべての機会を待ちかまえ、大使になる機会を得ようとする、過度な野心と名誉欲を避けるべきである（一八節）。第二に、不必要な活動からは遠ざかり、重要度の低い仕事、たとえば、税金の取り立てとか、港や市場の監督などの仕事は盛年の人間に任せて、政務審議会議員やアンピクティオン同盟の代表のような重要な案件にのみ取り組むことである（一九—二〇節）。第三に、名誉を追い求めて、選挙での投票や賛成の声を求めて民衆に手を差し出すのは恥であり、支配とは自分から求めるのではなく、頼まれて引き受けるものであり、自分のために支配を得るのではなく、支配のために自分を与えるものでなければならない（二〇節）。

そして、(II)の②では、プルタルコスは、老年に期待されている適切な仕事として、若者に対する以下のような教育的役割と細やかな配慮を求めている。

老人は、民会では演壇にいつも上がるべきではなく、述べられたことに対し雄鶏のようにわめきたててはならない。論争に巻きこまれて若者の尊敬の念を失わないようにし、若者に反抗心を吹きこんではならない。当該の問題が共通の安全や重要事に抵触しないならば、若者に自分の考えを大胆に発言させるべきだ（二一節）。

老人は会合に出席しても、沈黙を守り、若い人たちに話をさせ、政治的野心にかかわる競技の審判者のように振舞う。そして、穏当な内容を超える場合には、穏やかで親切な仕方で諌めて、争いや口汚い言葉遣いや怒りを取り除くように努力し、あら捜しはしないで、意見の誤りを正して、教え導き、逆に正しいときには恐れることなく称賛する。そして、みずからすすんで負けを認めて、自分の意志に従わせるために説得するのをあきらめる。それは若い人たちが、力と勇気をもって成長するためである（二二節）。

政治家にふさわしいのは、公の前で若者を諌める場合に、彼らを力ずくで抑えつけて恥をかかせる辛辣な演説を避けるだけではなく、親切な心で、国家のことに関して生まれつき素質をもった人たちに、有益な言葉や方針を私的に示唆したり説き聞かせたりすることである。彼らを高貴な事柄へと向かわせ、精神に卓越性を加え、ちょうど馬の乗り方を教える教師のように、民衆が御しやすく穏やかになったときに、初めて民衆を乗りこなすことができるようにする。そして、もしも若者が何らかの点で失敗したら、落胆したままにしないで、勇気づけて立ち直らせる（二三節）。

ローマのウェスタの巫女には定められた時があって、最初は学び、次は伝統の儀式を執り行ない、最後は教えることであるように、[54]国政にたずさわる政治家も、最初の間は学習者で新参者であるが、最後は教師であり指導者であるべきだ。公共のことや政治的闘争のなかで若者を訓練して、若者が国に奉仕するための準備をさせるのである。リュクルゴスの定めた制度においては、老人たちは護法官や教育鑑の一員となり、公共のことを監督するだけではなく、体育やスポーツや若者の日常生活について知ることをも仕事とし、それゆえ悪事に染まり善いことには関心のない連中からは恐れられた。老人が若者の規律正しさと生まれつきの高貴さを高めて励ますがゆえに、若者は老人と近づきになろうとその後を追いかけたのだ（二四節）。

嫉妬の感情は、人生のいかなるときにおいても適切ではないが、若い人びとの間では、数多くの美名があり、たとえば、「競争心」「熱意」「大志」という言葉で呼ばれている。しかし、老人には、それはまったく時宜にかなわないものであり、無教養で下品である。それゆえ、高齢の政治家は、嫉妬深い木の幹のように自分のすぐ脇や下からはえ出てきた芽の成長をつぶして妨げるようなことをしてはならず、近づいてくる若者たちを優しく受け入れるべきだ。若者たちを導き、案内し、支援しなければならない。それも、よい教育や助言によってだけではなく、彼らのために名誉や名声をもたらす公職や、人びとに害を与えることのない公共の奉仕を自分ではあきらめて、若者の人気を高めてやる。しかし、人びとの反対が起きる困難な事柄や、ある種の薬のように最初は痛みがあり後から有益な効果が現れるような事柄に関しては、若者にそのようなことを強いてはならないし、彼らが無思慮な群集に慣れていない間は、世間のきびしい要求にさらしてはならない。有益な方策から生じる不人気を老人が自分で引き受ければ、若者たちが好意を寄せ、彼らは他の奉仕にもより熱心になるだろう（二五節）。

日常のなかの政治と哲学

以上のようにプルタルコスは、老人に発言や行動において自己抑制し、政治社会での若者の成長を助けるための教育的配慮を求めている。プルタルコスは、現実のさまざまな状況を考慮し、相手の気持ちや感情に十分配慮したうえで、最善の結果を生み出すために、きわめて具体的な助言と忠告を与えている。しかしながら、それらの考察は処世術であっても哲学ではないと長くみなされてきたために、プルタルコスは哲学史の研究において軽視され続けてきたように思われる。哲学は知的に過酷な要求をする厳密な学問であり、新規で特殊な哲学用語や専門概念を用いて議論し、あるいは組織立った学問体系をなしていなければならないとする考え方が支配する伝統のなかでは、プルタルコスの議論は高尚なものではなく、内容もあまりにも平易で日常的すぎるだろう。それゆえ、プルタルコスは、プラトンやアリストテレスのような偉大な哲学者にくらべれば素人であるとされ、「プルタルコスは哲学史にも文学史にも三流に伍する文人である」[55]といった評価までなされてきた。プルタルコスの倫理学的著作は、「通俗哲学（popular philosophy）」として、たとえ一定の教育的効果があると認められるにしても、哲学的には深みのないものと位置づけられてきたのである。

しかし、この節のはじめでも述べたように、プルタルコスにとって哲学とは、ソクラテスの対話の精神のなかに存在するものであった。この著作の結論部では、そのことが政治と哲学の類似性を語る文脈で次のように語られている。

しかし、以上すべてのことにもまして心に銘記しておかねばならないのは、政治にかかわることとは、官職についたり、大使に任命されたり、民会で大声を張り上げたり、演壇の上で激昂して演説したり、提案したりすることにかぎられないことである。多くの人びとは、それらが政治にかかわることであるとみなしているが、それはちょうど椅子に腰かけて議論し、書物について講義を述べることが哲学することだと彼らが決めつけているとおりだ。しかし、彼らは毎日同じように見られる行動や行為において たえず行なわれている政治や哲学には気づいていない。(中略)政治をすることは、哲学することに似ている。ソクラテスは、講義用の長椅子を置いたり、椅子に腰かけたり、決められた時間に弟子と議論するため逍遙することなどを守らなかったが、しかし、弟子と共に時にはふざけ、飲み、従軍し、誰かと市場に出かけた。ついに最後は牢に繋がれて、毒を仰いだ。そうして彼は哲学したのだ。人生のあらゆる時と場面が、あらゆる経験と行為において、あまねく哲学を受け入れることを示したのは、彼が最初であった。(二六節前半)

紀元後一世紀半ばから二世紀初頭にかけて生きたプルタルコスの時代に、すでに哲学とは、学校で哲学者が主として書物について講義して論じるものであり、自分たちの生活や社会とは直接にかかわるものではないと多くの人びとから見られていたのである。それに対して、プルタルコスが求めるのは、市民との対話にもとづくソクラテスの哲学の営みへと立ち帰ることである。そのことによって哲学は、人びとの人生における切実な問いに応えて重要な役割を果たすことができる。プルタルコスは、聴衆がいだいていた倫理的・社会的問題に直接に訴える仕方で哲学を展開したのである。このようなプルタルコスの哲学を、L・ヴァン・ホーフは、「実践的倫理」と呼び、人びとが社会のなかで経験する失敗や拒絶や挫折を避けたり、それらに対処したりするための実践的な手助けをするものであるとして、哲学の社会的ダイナミズムの観点から積極的な再評価を試みている[56]。プルタルコスは、社会的文脈のなかで人びとを説得するためのレトリックや戦略を論じ、社会におけるものの考え方や価値評価や振舞いにおいて、広い意味での哲学的態度を採用するように助言しているからである。

哲学の概念の修正を求めるプルタルコスは、これに続けて政治についての考え方の変更も求めている。

国政にかかわることについてわれわれが理解すべきであるのはまさにこのことである。愚かな者は、たとえ彼らが将軍であれ、長官であれ、大衆演説家であったとしても、政治家としては行動していないのであり、大衆に媚を売り、長々と演説し、不和を引き起こし、強制されないかぎり公共事業を引き受けない。しかし、公共の精神をもち、人間を愛し、国家を愛し、公共の福利を求め、真に政治を行なう者は、たとえ高官の外套を一度も着ることがなくても、つねに政治家として行動しているのであり、権力者を動かし、指導を必要としている人たちを導き、思案している人たちに助力を与え、悪い行ないをする者を改心させ、良識のある者を励ますのだ。（二六節後半）

プルタルコスは、哲学と政治の範疇や領域を日常の生活世界にまで拡張する姿勢を明確に打ち出している。政治や国家へのかかわりは、民会や議会での演説や投票行動には限られない。日常の生活世界において公共の精神をもって生きることこそが、真に重要な政治的行動である。そのように広い意味での国政にかかわる数多くの活動を通じれば、老人のもつすぐれたものが公共に利益を与える。老人のもつそのすぐれたものとは、「理性・言論（ロゴス）」と「見識（グノーメー）」と「率直さ（パレーシアー）」と「思慮（プロンティス）」である。過ぎゆく時間は、指導力や政治的力を増し加えはしても、公共のために尽くすわれわれの力を奪い去りはしない、とこの著作は結論づけられている。

キケロとプルタルコスの老年論の比較

プルタルコスの『老人は政治に参与するべきか』（以下 *A. S.* と略記）は、キケロの『大カト』とは書かれた目的が異なり、同一の主題を論じているとはいえないまでも、両作品のなかには類似した表現や共通する事例の多いことが古くから指摘されてきた。二つの著作に共通した議論のモデルがあったと想定する研究者もいるが、プルタルコスがキケロの著作を念頭においてこの作品を書いたと考える方がより自然であろう。プルタルコスがその著作を熟知しており、『カト伝』において、キケロの『大カト』（以下 C. M. と略記）の書名をあげて、その内容を引用しているからである。[57] M・キュヴィニーは両著作について、以下の二〇項目の表現と逸話の類似点をあげている。[58]

(1)「生涯にわたって徳が涵養されたら、長く深く生きたあかつきに、驚くべき果実をもたらしてくれる」（C. M. 9）
「その知恵とは、晩熟の木のように、自然が長い努力の果てに与える正しく完全な果実である」（*A. S.* 10, 789F）
(2)「人生をよく生きたという意識と、多くのことを徳をもって行なったという思い出ほど喜ばしいこ

とはない」（*C. M.* 9）
「世の中に、公職や国家の職における個人の行為ほど、大きな快楽を生み出す光景も記憶も考えも存在しない」（*A. S.* 6, 786E）

(3)高齢のアッピウス・クラディウスが元老院を動かした逸話（*C. M.* 16）（*A. S.* 21, 794D–E）

(4)「肉体の力とか速さ、機敏さではなく、思慮・権威・見識で大事業はなしとげられる。老年はそれらを奪い取られないばかりか、いっそう増進する」（*C. M.* 17）
「われわれは手足の働きを求めはしない。助言と洞察力と言論を求めるのだ。それも民衆のなかに喧騒やどよめきを生み出す言論ではなく、知性と思慮と確実性をもつ言論だ」（*A. S.* 10, 789D）

(5)「もしも、思慮と理性と見識が『老人（セネース）』に備わっていないのなら、われらが先祖も国の最高機関を『元老院（セナートゥス）』とは名づけはしなかっただろう。スパルタにおいても最も名誉ある公職に就く人びとは、事実そのまま『元老（ゲロンテス）』と呼ばれる」（*C. M.* 19–20）
「スパルタ人の王政と一体となった貴族制に『長たち（プレスビュゲネス）』と命名して、リュクルゴスはそれを直截に『長老会（ゲロンテス）』と名づけたのだ。ローマ人の審議会は、今でも『元老院（ゲルーシア）』と呼ばれている」（*A. S.* 10, 789E）

(6)ソポクレスが裁判で自作を読んでみせた逸話（*C. M.* 22）（*A. S.* 3, 785A–B）

(7)「老人が青年たちを徳に導く」（*C. M.* 22）（*A. S.* 25, 796A）

(8)アガメムノン王が一〇人のネストルを望んだホメロスの詩句（*C. M.* 31）（*A. S.* 10, 789F）

(9)忍耐強い老王マシニッサの逸話（*C. M.* 34）（*A. S.* 15, 791F）

⑽「職務はおろか、日常生活の義務も果たせないほど弱い老人も多いが、しかしそれは何も老人に特有の欠点ではなく、病弱に共通のものだ」(C. M. 35)
「弱さや能力のなさを引き合いに出す人びとは、老年ではなく、病気や身体の障害を非難しているのだ。なぜなら、病気がちな若者も多くいるし、元気な老人も多いからである」(A. S. 15, 791D)

⑾「会話への意欲を増す反面、飲食への意欲を取り去ってくれた老年には大いに感謝している」(C. M. 46)
「老人たちの身体は、必要なわずかなものを除いて、あらゆる快楽に対してその能力が奪われている」(A. S. 5, 786A)

⑿「快楽の疼きは大きくない」(C. M. 47)(A. S. 5, 786C)

⒀老年になって愛欲から逃れたことを喜ぶソポクレスの逸話(C. M. 47)(A. S. 8, 788E)

⒁畑仕事をしていたキンキンナトゥス(老人)が国家から任官されて呼ばれた逸話(C. M. 56)(A. S. 8, 788C)

⒂「老年の誉れの最高のものは影響力である」(C. M. 60)
「法が王冠を頭に載せるよう命じているように、自然も指導者の威厳の名誉ある象徴として白髪を置いたのである」(A. S. 10, 789E)

⒃⒄「言葉で自己弁護しなければならぬような老年は惨めだ」(C. M. 62)
「カトは八〇歳になった後に訴訟で訴えられたときに、一つの世代を生きた者が別の世代に対して弁明をするのは難しいと言った」(A. S. 2, 784D)

「笑いの種とされる白髪や皺が、その人間の経験の証しとなり、説得力のおかげで名声がつけ加わる（反論）」（A. S. 10, 789D）

(18) 老年に対して払われる敬意について（C. M. 63）（A. S. 7, 787D）

(19) 「スパルタのリュサンドロスは、スパルタは老人が最も立派に住める国だと、つねづね語っていた」（C. M. 63）

「スパルタにおいて人は高貴に年老いるとリュサンドロスが言ったときに、彼は心中でどのような考えをいだいていたのだろうか」（A. S. 24, 795E）

(20) 僭主ペイシストラスに反対したソロンが、その大胆さの理由を老年に帰した逸話（C. M. 72）（A. S. 21, 794E–F）

しかし、両作品にはこれほどの類似点や共通性があるにもかかわらず、プルタルコスはこの著作のなかでキケロの『大カト』には一言の言及もしていない。キケロに言及するのは結論部において、「キケロ自身が、執政官として祖国を安泰に再建する計画にあたって、その最も高貴で偉大な部分は、哲学者のプブリウス・ニギディウスの助力によって練られたと告白している」（二七節）と述べた一箇所のみである。なぜプルタルコスは、キケロの老年についての著作に関して沈黙を守っているのか。

プルタルコスの老年論の意図

プルタルコスが、政治からの引退を考える友人に対し、老年を理由にした公的生活からの引退を斥け、老人の政治参加を徹底して擁護するためには、キケロの著作で称賛されている「老年にふさわしい農事の快楽」や農園での隠居生活を批判し、老年期の望ましい生き方の選択肢からは排除しなければならない。実際、プルタルコスは、公職を投げ捨てて田舎に引きこんで農事に明け暮れることは、あらゆる悪で満たされる「馬の老年」を招くことだとか（四節）、老年を理由に長年連れ添った妻と離婚するようなものだとか（九節）、容赦ない批判を浴びせている。プルタルコスが、キケロの著作から数多くの類似した表現や事例を用いながらも、キケロのその著作について一切の言及をしなかったのは、もし、言及すればキケロに対するそのような批判もまた不可避になるため、あえて沈黙を守って、キケロとの正面衝突を回避したという推察が成り立つだろう。

では、プルタルコスは、影響力のあるキケロの著作と雄弁な主張を全面的に論駁するのが困難であると考えたために、自分の主張だけを強調する迂回戦術をとったのだろうか。しかし、前節で述べたように、キケロの著作の「老年にふさわしい農事の快楽」の記述は、読者を楽しませるために書かれた修辞的著作手法によくある「余談・逸脱」的部分である。しかも、その著述の背景には、公的生活から距離を置くことを余儀なくされていたキケロの政治的事情があった。老年を迎えたキケロの最大の関心が、農園での悠々自適の牧歌的生活などではなく、一貫してローマの政治であったことは、彼の生涯とその最期がさし示している。現存する最古のキケロの伝記を書いたプルタルコスは、キケロの牧歌的生活の賛美の言葉とは裏腹に、彼が老年になっても政治に最大の関心をもち続け、機を見て行動に移したことを誰よりもよく知っていたであろう。老人の政治参加の勧めは、キケロの真意には反するものではないとプルタルコスが理解していたからこそ、キケロを直接に批判することはせずに、意図的に迂回的議論の方法を選んでいるように私には思われる。

プルタルコスが老人の政治参加を主張するためにとった戦略は、政治の概念と範囲を日常生活にまで拡大することによって、政治活動の中心と比重を公的権力の行使や行政的実務から、若者に対する教育的役割へと、年齢の進行に応じて移行させていくことにある。これはプラトンが『法律』で定めた老人の政治的役割や「老人のコロス」(『法律』664D以下)に求めた教育的役割と、軌を一にする考え方であろう。キケロが老年にふさわしいと求めたのが政治の実権ではなく、権威(アウクトーリタース)であったように、プルタルコスもまた老年に求める政治活動の内容を教育的役割にシフトしているのである。

しかし、プルタルコスは、プラトンの老年論に示された方向を徹底して、少なくとも健康であるかぎり、老年を理由に公共に奉仕する政治的活動を人生の最期の場面までやめないことを要求する(三節・785B-C)。人間が社会的で共同体をつくって生きる動物である以上、生を与えられている間は、国家社会の一員として、善美を愛し、人間を愛して生きることが人間の自然本性にふさわしいからである(一四節・791C)。しかし、ヒロイックとも受けとられうるその要求や義務の観念は、国家の要職についていた多くのローマ人には斥けられるか、晩年の理想について論争を呼ぶことになったにちがいない。プルタルコスが生きた帝政ローマ時代において、老後の理想は「閑暇・余暇(otium)」に生きる生活であると考えられていたからである。プルタルコスとほぼ同時代を生きた小プリニウス(後六一頃—一一二年頃)の描く晩年の理想の姿を見ておこう。

晩年の理想としての閑暇——スプリンナの一日

閑暇や余暇を意味するラテン語の「otium（オーティウム）」は、三つの種類にわけられる。[59] 第一は短い空き時間、第二は夏期休暇のような公的生活の合間の休息、そして、第三が「名誉の階梯（cursus honorum）」と呼ばれる公務から引退して老年において与えられる隠退の期間である。高官として国家や公共のことに尽くしたローマ人の理想の晩年は、この最後の閑暇のなかで悠々自適の生活を送ることにあった。プリニウスは、自分の老後の生活はかくありたいと願った、名声と身分の高い老スプリンナの一日を描いている。[60]

ウェストリキウス・スプリンナ（後二五年頃生まれ）は、ローマの将軍で執政官を三度も務め、ゲルマニア人のブルクテリ族に対する無血勝利を収めて、皇帝ネルウァから記念の銅像を建てられる栄誉を受けた人物である。田舎の別荘に隠退したスプリンナの生活は、毎日が規律正しく、「天体の運行のごとく秩序だっている」と評され、日課の一つ一つが堅く守られている。朝は、読書をし、それから三マイルほどの散歩に出る。そのとき、体とともに精神を鍛えるために、友人と話をしたり、本を朗読させたりする。次に、屋外の椅子に坐り、朗読が行なわれ、会話がなされる。やがて、妻や友人と車に乗って七マイルをドライブし、それからふたたび一マイル歩く。その後は、屋外の椅子に坐るか、書斎で筆をとってギリシア語やラテン語で抒情詩を書く。入浴の時刻になると、風がなければ太陽の下で裸になって散歩し、ボール遊びできつい運動をして鍛錬する。入浴を終えると、横臥して休んでから、夕食をとる。夕食は、つつましく気のきいた料理が飾らない銀器に盛って出され、その間も、朗読者が軽い読み物を読んだり、喜劇役者が活気づけたりして、楽しい雰囲気のなかで饗宴が夜まで続けられる。このようにして、スプリンナは、七七歳を過ぎても、「聴力も視力もまったく衰えず、そのため動作もきびきびと、表情も生き生きとして、老化の兆候は唯一つ、彼の深い思慮分別だけです」と述べられている。プリニウスの『書簡集』は公表を予定して書かれているため、描かれたスプリンナの生活は、プリニウスの脚色によっておそらく多少とも理想化されたものだろう。(61) プリニウスは、スプリンナのような生活を将来の目標として掲げ、「年齢への配慮が隠退の時期を告げる」ようになれば、その実現を熱望するが、それまでは多くの苦労で心身をすり減らす覚悟があるという。というのも、スプリンナもまた、「公務に服し政務官を勤め、属州を統治し、多くの労苦の末、この閑暇（otium）を手に入れた」からである。この閑暇は、国家や公共に尽くした労苦のいわば報酬として与えられるものである。プリニウスは友人に宛てた別の書簡でも、老後の手本とすべき相手の暮らしぶりを讃えている。その友人が、閑暇を有効に振り分けて享受し、体を鍛え、大いに議論し、たくさんの本を読み、毎日学んで知識を加えていることを称賛したうえで、プリニウスは次のように述べる。(62)

いやしくもたくさんの官職を歴任し、軍隊を指揮し、それがふさわしかった間、全身全霊を国家に捧げていた人は、あなたのように老いるべきですね。実際、老後に余暇をとってくれている法律が勧めているように、生涯の初期と中期は祖国に、後期は自分に与えねばなりません。

「老後に余暇をとってくれている法律」とは、元老院召集法のことであろう。皇帝アウグストゥスは元老院を改革するためにこの法を改正し、定足数（quorums）を決め、欠席者には罰金を課して、元老院への出席を義務づけたが、(63) 後に召集法をふたたび改正し、元老院議員の引退の年齢を定めて、六〇歳を超える元老院議員には出席義務を免除したという。[64] 高齢の元老院議員が、加齢のために心身に問題をかかえて出席がおぼつかない事情に配慮した措置と考えられる。

だが、引退の年齢を定めて勧告するそのような法律は、ギリシア中部の地方都市にすぎないボイオティアの小さな町カイロネイアで生涯を暮らしたプルタルコスには無縁のものであった。人生の最晩年にまで国家公共のために尽くすことを求めるプルタルコスと、人生の壮年期までは公務に励んでも、晩年は田舎の別荘に隠退し、適度な散歩や運動をしながら読書や執筆や友人との語らいを楽しみ、静かな生活を送ることを理想としたプリニウスとの態度の相違は、彼らがおかれていた環境の相違によっても説明される。[65] プリニウスが晩年に引き受けていた生地コムム（北イタリア・現在のコモ市）の地所の監督やティベリス川上流の地方ティフェルヌムの保護の仕事は、ボイオティアのカイロネイアでの高官の仕事よりも、はるかに責務の重いものであったからである。プリニウスは、郷里のコムムに多額の私費を投じて図書館・浴場・神殿を寄進し、多くの解放奴隷や少年少女のための扶養費用を市に寄贈した。富裕な地主たちには、その地方の共同体の慈善家たる必要があったのである。プリニウスにとって、官職の務めを終えて郷里に隠退することは、地域社会の監督や慈善や奉仕からの完全な撤退を意味するものではなかった。それゆえ、晩年の生活の現実は、老年に対する彼らの思想的な態度が示す相違よりも大きくは隔たっていなかったかもしれない。しかし、閑暇・余暇についての考え方は、老年論にとって重要な問題であり、さらに考察する必要がある。閑暇の意義について本格的な哲学的考察を行なったストア派のセネカにおいてその位置づけを探ろう。

3　セネカ——閑暇の意義

『閑暇について』

セネカの哲学著作には、「ディアロギー（対話篇）」と呼ばれる全十二巻の作品群があり、そのなかに『閑暇について（*De Otio*）』（第八巻）と題する論考が含まれている。『閑暇について』の執筆年代は、作品中に老年による隠退が語られているため、セネカが皇帝ネロに隠退の許しを願い出た六二年頃とする説もあるが、作品には献呈などを記す序章が欠けており、終章にも断絶があると考えられ、明確な年代を決定することはできない。[66]作品内容は、閑暇の生が有益であることを主張するもので、「人生の最後まで公益に尽くすべき」とする見解はストア哲学の教条主義的理解であると批判し、国家が哲学者を受け入れない悪しき状態にある以上、閑暇を選ぶことは正当であると認められ、ストア派の創始者のキティオンのゼノン（前三三五頃—二六三年頃）やクリュシッポス（前二八〇頃—二〇七年頃）が教義では国政への参加を説きながら、みずからは一度も国政にたずさわらずに閑暇の生を送ったことも擁護できるとする。一節では、閑暇な生を選ぶことに対して、予想される反論が次のように述べられる。

セネカ、どうしようというのだ。君は学派を捨てるつもりなのか。君たちストア派は、確かこう語っている、「われわれは生の最後に至るまで行動し続けるであろう。われわれは公共の福利のために尽力し、個々人を助け、われわれに敵対する人たちにさえ老いの手を差し伸べるであろう。われわれは、どれほど高齢になろうとも、みずからに公役の免除を与えない人間であり（中略）、何事においても死の直前まで安閑とせず、事情が許せば、ほかならぬ死さえ安閑としたものではない、それがわれわれなのだ」と。（四節）[67]

閑暇の生の勧めは、ゼノンの中核的な教義に反し、エピクロス派の教えに与するものであり、ストア派への裏切りではないかという反論である。反論の中心となる主張は、中期ストア派のパナイティオスによって展開された教説と考えられ、ストア派にとって人類全体の幸福こそが正義を行使する目的であることが指摘されている。[68] 人間が生まれつき共同体や国家の改善をめざす社会的動物であるという記述は、セネカの他の著作でも繰り返し述べられ、ストア派の中心的な主張の一つとされている。[69] 重要であるのは、予想される反論に示されたストア派の基本的主張が、人間が社会的・共同体的動物であることからプルタルコスが導き出した老人の政治参加の勧めの結論とも重なることである。ストア派に位置づけられるセネカは、どのようにしてこの反論を斥けたのか。

セネカの弁明は、二つに分けられ、第一は、人生の早い段階でも真理を求める観想の生活にみずからのすべてを捧げ、私人として生の理法（ratio vivendi）を追究して、それを実践することがストア派の哲学においても認められること、第二は、公役を退き、人生の行路をほぼたどり終えた晩年に、観想的生活を送ることが正当な権利となることである（二節）。第一の弁明は以下のような内容である。

閑暇に関して、エピクロス派とストア派には見解の大きな相違があり、道は異なるけれども、しかし、閑暇に赴くべきとする行き着く点では変わりはない。エピクロス派が、何らかの事情がないかぎり国政に参加しないとするのは、乱されない心（アタラクシアー）を得るための必然的帰結であるのに対して、ストア派は逆に、賢者は何らかの妨げがないかぎり国政に参加するとしながらも、現実には多くの場合に参加を妨げる理由を見出すがゆえに、結局は閑暇の生を選ばざるをえないからである。その妨げの理由とは、国家が腐敗堕落して悪に支配されているため、国政への参加や努力が無益になることである。そのような場合には、閑居をして、徳を涵養する方がよい。そうして、自分を他者に有益な人間とするとき、そのことが公共の活動に従事していることになる。なぜなら、みずからを有益な者とすることによって、他者にとっても有益なことを準備するという点で、他者にとっても有益な存在になるからである（三節）。

また、国家には、神々とあらゆる人間を包摂する真の共同体としての大きな国家と、個々の特定の地域や民族にかかわる小さな国家がある。閑居の生活の方が、世界市民（コスモポリタン）の大きな国家のためにはよりよく尽くすことができる。徳とは何か、人間を善くするものは何か、神とは何か、宇宙は不滅かといった問題を考察することによって寄与するのである（四節）。ストア派の最高善は、自然に従って生きることであるが、自然が人間を生んだのは、宇宙万有の観想と行動のためである。観想のためには閑暇をもつことが必要であり、また観想といえども行動を伴わぬことはない（五節）。なぜなら、行動を伴わない徳や、学んだことを現実化せずに閑暇を自己目的化すれば、それは不完全で無気力なものになる。しかし、賢者が閑暇に退くのは、後世に役立つことを実行するためである。ゼノンもクリュシッポスも、軍隊を率いたり、公職を担ったりすることよりも偉大なことをなしとげた。すなわち、閑暇の生を通して、一つの共同体のためではなく、全人類のために法律を制定し、来るべき幾世紀をも秩序づけた。それは、すべての民族、未来に存在する人間にもかかわるのである（六節）。生には、快楽を求める生、観想に捧げる生、行動に邁進する生の三種があるが、それらは同一のものに帰着する。ゆえに観想は万人にとってよきものとされる（七節）。しかし、賢者はどんな国の国政にも参加するわけではない。賢者は、ソクラテスが死刑判決を受け、アリストテレスがそれを逃れたアテナイの国政に参加しようとはしないだろう。理想とする国家が見出せないとすれば、閑暇より優先されるものが存在しないがゆえに、閑暇は万人にとって必須のものとなる（八節）。

『閑暇について』はここで急に終わり、以下のテクストが欠落している。一節で提出された反論へのセネカの弁明は、第一の部分だけが論じられ、第二の弁明はとくに論じられていない。弁明の第一では、人生の早い段階から閑暇の生を選ぶことが正当化されているので、公務を終えた年代になって閑暇の生を選ぶことも、時間的には含まれるようにみえるが、しかし、人生の早い段階から閑暇を選ぶ主な理由が、現実の国家が腐敗堕落していることにあるため、すでに国政に参加してきた人間が、老年を理由に隠退して閑暇の生を選ぶことについての弁明にはならないように思える。第二の論点についての弁明を、セネカの別の著作のなかに見出すことはできないだろうか。『閑暇について』と同じく、公職からの隠退と観想の勧めを論じている『人生の短さについて』を見てみよう。

『人生の短さについて』

『人生の短さについて』は、閑暇と観想の生活の勧めを主題とする。執筆年代は、四九年から五五年の間と推定される。作品の趣旨は、多くの人間が人生の短さを嘆くが、しかし、われわれに与えられた時間が短いのではなく、実はその多くを放蕩や怠惰のなかに浪費することで人生を短くしているのであり、その全体が有効に費やされるならば、人生は十分に長く、最も偉大なことを完成できるほど豊富に与えられていると主張するものである。

セネカは、人びとが自分の生の時間を浪費していることを批判し、老人たちの集まりがあれば、そのなかの誰かをつかまえて、人間の寿命の究極の年齢にまで達し、百歳、あるいは、それ以上の年齢に達していても、自分の生涯を振り返ってどれほど多くの時間が、つまらないことに費やされ、貪欲な欲望や媚びへつらいの交わりが奪い去ったかを問い質したいという。どれほどわずかな時間しか自分のために残してこなかったかを思い出せば、百歳で死んでも夭折だと悟るだろう、と。セネカによれば、その原因は、誰もが永遠に生きられるかのよう生きていることにある。誰かのために、何かのために費やされるその一日が、人生最期の日になるかもしれないのに、あたかも満ちて有り余るほどあるかのように生を浪費している。人間は今にも死ぬかのようにすべてを恐怖するが、いつまでも死なないかのようにすべてを熱望する。

多数の人びとが次のように言うのを聞くことがあろう。「私は五〇歳から暇な生活に退こう。六〇歳になれば公務に別れを告げるつもりだ」。では、おたずねしたいが、あなたは長生きをするという保証でも得ているのか。あなたの計画通りに事が運ぶのをいったい誰が許してくれるのか。人生の残りものを自分のためにとっておき、もはや何の仕事にも活用できない時間を善き魂の涵養のために当てることを、恥ずかしいとは思わないのか。生きることを終える土壇場になって、生きることをはじめるのでは、時すでに遅し、ではないか。有益な計画を五〇歳や六〇歳までも延ばしておいて、わずかな者しか行けなかった年齢からはじめて人生にとりかかろうとするのは、何と人間の死すべきことを忘れた愚劣なことではないか。（三節）[70]

この勧告の立場からすれば、『閑暇について』の第二の弁明で述べられた老年での隠退は、正当化はもとより、「時すでに遅し」であり、一刻も早い人生の方向転換が迫られることになるだろう。つまり、セネカの基本的立場は、第一の弁明に記されたように、閑暇の生をできるだけ早い段階から選択することにある。六〇歳になって隠退してから自分の人生がはじまるという考え方へのセネカのきびしい批判は、われわれの耳にも痛い。自分本来の生き方を定年後に先送りし、日常の多忙さ、あるいはわずかな暇をもみずからが多忙にしている生き方への反省を彼の言葉は迫ってくる。

セネカは、政治権力は望ましいものではないと語り、高い地位についた人も閑暇を望み、閑暇を称えていることに目を向けさせる。絶大な権力をふるった皇帝アウグストゥスは、安らぎが与えられることを願い続け、国政から解放されることを求めてやまなかった。人と会話をするときには、いつも決まって、閑暇が望みであるという話に戻っていった。やがていつかは自分自身のために生きようという、偽りではあるが、甘美な慰めによって自分の労苦を和らげていたのだ（四節）。キケロもまた政治に翻弄され、自分の執政官職をいくたびも呪ったにちがいない（五節）。多忙な人にかぎって、生きること、すなわちよく生きることが最も稀である。また、生きることを学ぶことほど難しいことはない。生きることや死ぬことは生涯をかけて学ぶべきことがらだ。多くの偉人たちは、富や公務や快楽を拒絶し、万難を排して、ただ生き方を知るために全生涯をかけた。偉人の特性は、自分の時間がかすめとられることを許さず、自由になる時間を自分のために使うことにあるので、彼らの生は誰の生よりも長いことになる。わずかな時間も他人の支配に委ねられることなく、人間陶冶に費やされ、誰よりも時を惜しむ番人となる。それゆえ、人が白髪であるから、顔に皺があるからといって、その人が長生きしたと考える必要はない。彼は長く生きたのではなく、長くいただけのことだ（七節）。明日をあてにして先延ばしをして、今日という時を無にする人間を、老年は不意に襲うとセネカは次のように警告する。

多忙に追われている者たちにとって、まさに最良の日は真っ先に逃げていく、ということに疑問の余地があろうか。何かに忙殺されている人間のいまだ稚拙な精神は、不意に老年に襲われる。何の準備もなく、何の装備もないまま、老年に至るのである。あらかじめその用意を整えておかなかったからだ。彼らは、思いもよらず、ある日突然、老人となる。日ごと老年が近づきつつあるのに、気づかなかったのである。旅人が会話や読書や何かの考え事に夢中になっていると、それに気をとられて、目的地に近づいていることも知らぬ間に、気づいてみれば到着していたということがよくあるように、われわれが起き伏し、同じ歩調でたどる生のこの旅路、やむことなく続き、矢のごとく過ぎ行くこの旅路は、何かに忙殺される者には、終着点に至るまで、その姿を現さない。（九節）

何の準備もないまま老年に至るというセネカの言葉は、本書第一章で触れたユングの「人生の正午」の記述を思い起こさせる。多忙のゆえに稚拙な精神にとどまる現代のわれわれも、老いを遅らせ先延ばしにするためには多くの時間とエネルギーを費やすが、老いを受け入れる準備を精神に課す余裕がない。「自分は歳よりも若いと偽り、虚妄の年齢で自己満足し、同時に運命をも欺いているかのような喜びようで自己欺瞞を続ける」（一一節）のが、われわれの老年の実情ではあるまいか。何かの病気や衰弱で自分が死すべき人間であることを思い知らされたときになって、自分は本当に生きることをしなかった愚かな人間だった、この病状から逃れられたら、閑居してのんびり暮らしたいとわめくことになる（一一節）。老年への備えをしなかったために、忙殺されていた仕事から見離されるときがやってくると、閑暇のなかに取り残されて狼狽し、その閑暇をどう処理してよいか、途方にくれることにもなる（一六節）。

しかし、ある者たちの「暇は多忙である（otium occupatum）」ともいわれる。別荘に住んでも、自分の寝台に横たわっていても、たったひとりで暮らしていても、たとえあらゆる仕事から引退したとしても、しょせんは自分自身が自分を煩わすもとになるからである。彼らの生活は暇というべきではなく、「怠惰な多忙（desidiosa occupatio）」というべきである（一二節）。多くの手間隙のかかる快楽にとりつかれている人たちは、いわば病人であり、閑暇の人ではない（一二―一三節）。セネカのいうオーティウムは、怠惰な享楽的有閑生活とはまったく異なる。[71] また、産業革命以降、社会の近代化によって、仕事と自由時間が明確に区分され、組織され制度化されたレジャーやリクリエーションの概念からはさらに隔たっている。[72] それでは真に閑暇に生きる人とはどのような人間か。

万人のうちで、英知に専念する者のみが閑暇の人であり、このような者のみが生きている（一四節）とセネカは主張する。彼らは、すぐれた人びとの書物を読んで共に過ごし、学芸の天才たちから、いつでも学ぶことができるので、あらゆる時代を自己の時代につけ加えることになる。思想の天才たちは永遠への道を切り拓いてくれ、投げ落とされることのない高みへと昇らせてくれる。これこそ、死すべき人間の生を引き延ばす唯一の方法であり、死すべき人生を不滅のものに変える唯一の方法である。名誉や記念碑など、元老院に決議させて命じたものや労力を使って建立したものは遠からず潰え去る。時を経るにしたがって、破壊されてしまわないものはない。しかるに、知恵によって永遠に聖なるものとされたものは、どれほどの時や時代を経ても害されることはない。時代を経るごとに、絶えずその聖なるものへの畏敬の念が積み重ねられていく。したがって、賢者のみが、あらゆる世紀から崇められることによって、みずらの生を悠久にする（一五節）。

セネカが認める真の閑暇とは、快楽や道楽にふけることはもとより、名誉や名声を求める政治的実践からも離れ、徳と知恵を求める観想の生活である。セネカは、この作品が献呈されたポンペイウス・パウリヌスに、食管長の要職を辞して、閑暇と観想の生活に入るように強く勧めている。人生の大半を、しかも最良の時期を国家に捧げたのであるから、残る時間を自分自身のために使うように促すのである。

あなたは確かに世の中全体の利益（ratio）のために尽くしている。その公平無私なことは他人の利益を先にするほどであり、その勤勉なことは自分の利益を守るがごとくであり、その良心的なことは公共の利益をはかるのと変わらない。人の憎悪を避けがたいその役職にあって、あなたは人びとから敬愛をかちえている。しかし、そうではあっても、私の言葉を信じてほしい。自分自身の人生の利益を知るほうが、公共の穀物供給の利益を知るよりもっと有益なことである。最も重大な業務に最も適しているあなたの精神的な活力を、たとえ名誉はあっても、幸福な人生にはなんの役にもたたない役職から呼び戻すがよい。（一八節）

セネカは、公の穀物のことを心配するよりも、神や宇宙の自然法則に精神のまなざしを注ぐように勧める（一九節）。高齢になっても、自分とは縁もゆかりもない訴訟当事者のために裁判で弁護に立ち、無知な傍聴者の賛同を得ようと躍起になっているうちに息を引き取るようなことは見苦しいと言う（二〇節）。九〇歳を過ぎて長官職を解かれた人物が、なお復職のための騒ぎを起こした例をあげ、人びとが能力の続く以上に仕事を続けたいと切望し、老年を厄介なものと考えるのは、老年のせいで自分たちがお払い箱になるのを恐れるからであると非難する（二〇節）。人生の最後まで舞台や政治の場に立ち続けた人びとを称賛したプルタルコスとは対極的な評価が下されている。

オーティウムとスコレーと観想

セネカによれば、国家や公共の利益に尽くすことは、自分自身の幸福や利益に資することにはならず、人間の幸福とは、そのような公務から退いて、精神を神や魂や宇宙の原理に向けて、英知を求める観想の生活を送ることによって得られるのであり、ひいてはそのことが世界市民からなる悠久の世界国家に尽くすことになるという。セネカは『閑暇について』では、行為なき徳は不完全であり、観想と行動の一致を主張していたが、現実の国家における行為や実践に高い価値をおいているわけではなかった。つまるところ彼の主張は、観想的活動こそが真の行為であるとみなす立場に帰着するだろう。観想的生こそが幸福につながり、幸福のために閑暇は選ばれるべきであるという考え方である。われわれは、この考え方の最も鮮明な表現をアリストテレスのなかに見出すことができる。

そして、観想活動だけが、それ自体のゆえに愛着を寄せられるものであると考えられるであろう。なぜなら、この活動からは、観想することをこえてほかに生じるようなものは何もないのに対し、行為にかかわる活動からは、行為のほかに、われわれは多かれ少なかれ、何かを手に入れるからである。一方、幸福は、「余暇（スコレー）」にあると考えられる。というのも、われわれは余暇を得るために暇なしに働き、平和を維持するために戦争をするからである。（『ニコマコス倫理学』1177b）[73]

アリストテレスは、「人間の完全な幸福は観想生活（テオーレーティコス・ビオス）である」（同書、1177b24–25）とし、そのため幸福が閑暇にあるとするのである。人間の生の全体は忙事と閑事、戦争と平和に区分されるが、「戦争は平和のために、忙しくすることは閑暇のためにあること」が、彼の『政治学』（1333a36, 1334a14）でも繰り返し語られ、忙事のためには勇気と忍耐が必要であるが、閑暇にかかわることのためには哲学が必要であると述べられている。

周知のようにギリシア語のスコレーは、スクールの語源になったように学問などに費やす暇を意味し、プラトンの対話篇でも、知を求める暇の大切さは述べられているが（『パイドン』66D,『テアイテトス』175E,『国家』500B–C）、それらは他の仕事についても同等に適用されるような時間的余裕を表す日常的な用法にとどまる。それに対して、アリストテレスは、行為にかかわる活動とは原理的に区別された観想的活動こそが人間の完全な幸福につながり、それゆえ幸福は閑暇にあるとする。アリストテレスのその判定は、神学や形而上学や自然学にかかわる観想知（エピステーメー）を、政治や倫理にかかわる実践知（プロネーシス）や技術知（テクネー）から峻別する彼の学問論に根ざした強固な哲学的主張である。そして、アリストテレスの学問領域の区分と観想知のこのような優位性によって、「人間の望みうる極限的な最高の生き方においては、観想的諸学問以外の学問の対象となる『行為』や『製作』という活動のあり方自体が意味を失って消滅してしまう」と藤澤令夫は指摘している。[74] これに対して、プラトンにとって、観想や理論には、よく行動するために何を観るのかという実践の契機がつねに含まれ、実践や行動には、たとえ潜在的であっても何らかの理論や観方が含みこまれていることがいつも自覚されており、観想と実践の区別はなされても、どこまでも相互連関性を保ち続けている。プラトンの場合には、魂の理知的活動やイデアの探究にどれほど強調が置かれても、「よく生きること（エウ・ゼーン）」と、「よく行動すること（エウ・プラッテイン）」とが、探究の目的から切り離されることはないからである。キケロやプルタルコスが、老年においても政治的実践とその知恵を求め続けたことは、観想と実践との相互連関性を堅持するというプラトン哲学のこの基本的性格を継承しているともいえるだろう。

セネカは、観想と実践を原理的に区別し、「実践なき観想的生活」を実践的・政治的生活よりもはるかに優位におく考え方をアリストテレスから継承して、その枠組みのもとで公務からの早期の隠退を勧告しているようにわれわれには思われる。食管長を務めるパウリヌスにセネカが勧めるのが、アリストテレスが観想知の対象とした、神学や自然学であることもそのことを傍証するだろう。プルタルコスとは正反対に、老年での政治的隠退を強く勧告するセネカの思想の背後には、観想と実践を対置して両者を裁断するアリストテレスの考え方が色濃く浮かび上がってくる。アリストテレスの修辞学的老年像が、ギリシアの新喜劇を通して老年から正義を捨象したように、アリストテレスの観想の概念も、老年のオーティウムの概念から正義や政治にかかわる指向性を消し去る方向に働いたのである。

老年と自殺

ストア派にとって政治的生活からの隠退の勧めは、それだけにとどまらず、人生の舞台からの隠退にまで議論が波及する。ストア派の老年論にとって避けて通れない問題が、彼らが老年ゆえの自殺を許容したことの是非である。死の自己決定権や安楽死や尊厳死が問題になるときに、ストア派が自殺を肯定した根拠としてよく引用されるのがセネカの残した言葉である。(75) 老年の自殺についてセネカは次のように述べる。

私が老年を捨てるとしても、それは私という人間が私にそっくり――つまり、かのよりよき部分がそっくり――残されている間ではない。だが、老年になって精神が打撃を受け、その各部が引き剥がされ、私に残るものが人生ではなく、息をしていることだけになったなら、私は跳び出すだろう。建物が朽ち果てて崩れ落ちているのだから。私は病気を死によって逃れることはしない、それが治癒可能で魂の邪魔にならないかぎりは。苦痛のために自分の身に暴力を加えることはしない。そのような死に方は敗北だから。それでも、この苦痛がいつまでも耐え忍ばねばならぬものだとわかったならば、私は去るだろう。それは苦痛そのもののためではなく、苦痛に妨げられるせいで、私が生きている理由をなすすべてのものに手が届かなくなるからだ。苦痛ゆえに死ぬ人間は弱く、臆病者だが、苦

痛を受けるために生きる人間は愚か者だ。（『倫理書簡集』五八）[76]

身体の長患いが精神にまで影響を与える耐え難い老いは、みずからの手で避けてもよいという現実主義が、ここでは語られているように見える。セネカは別の書簡でも、病気との長い闘病生活に苦しんだトゥッリウス・マルケッリヌスの自殺の挿話を詳しく語って、彼が穏やかな死を遂げたと肯定的に述べている。旅行ならば、目的地の手前で終われば未完のままであるが、人生の場合にはどこで終えようが、終え方が立派ならばまっとうされているのであり、芝居と同じく、人生もどれだけ長いかではなく、どれだけ立派に演じたかが問題で、どこで終えるかはまったく関係がない。「君の終えたいところで終えたまえ。ただし、立派な結末をつけることだ」（『倫理書簡集』七七）とセネカは結んでいる。ローマ法においても、長い病気の苦痛や精神を苦しめる不安によって、「人生に疲れたこと（taedium vitae）」は、自死の十分な根拠になるとされていた。[77]身体の苦痛によって生活の質（quality of life）が損なわれた場合に、ストア派はみずから生を終える哲学的根拠を示すことによって、一世紀のローマが必要としていた「自殺のためのスタイルとエチケット」をエリートたちに提供したのだといわれている。[78]

ストア派が一般に自殺を肯定したとされることについては、キケロも、ストア派が「（賢者は）生から離れること（自殺）を時機にかなって、自然と合致した仕方で行なうことができる」と考えていたと証言している（『善と悪の究極について』第三巻六〇―六一）。また、ディオゲネス・ラエルティオスも、「賢者は、理性にかなった仕方によってなら、祖国のためにも友人たちのためにも、みずから命を絶つであろうし、また激しい苦痛に襲われるとか、手足を切断されるとか、不治の病にかかるとかした場合でも、そうするだろうと彼らは言っている」と述べている(『ギリシア哲学者列伝』第七巻一三〇)。

これに対して、プラトンは、『パイドン』(61B–62C)で、人間は神の所有物なので自殺をしてはならないと明確に自殺を禁止し、『法律』(873C–D)においても自殺者には、「誰よりもいちばん身近で最愛の者」を殺した罰として、その遺体は家族とは別の荒れ果てた場所に、墓石も立てず名もなき者として埋葬することを定めている。例外事項としては、①国家が裁判の結果として自殺を命じた場合、②非常に苦しく逃れることのできない運命のために自殺に追いこまれた場合、③救われる見こみがなく生きておれないほどの辱めを受けた場合には、その処罰は免除されてはいるが、身体的理由による自殺を容認するストア派とは大きく異なる考え方をプラトンは示している。[79] アリストテレスは、自殺は「自分自身に対してではなく、国家に対する不正行為である」という観点から自殺を禁じており(『ニコマコス倫理学』1138a5–14)、アテナイ、スパルタ、テバイなどのギリシアの都市国家には自殺を禁止する法律があったといわれる。[80] それゆえ、ストア派が自殺を容認したことは、プルタルコスも批判しているように(『ストア派の自己矛盾について』一八)、幸福や善をいかに規定するのかという問題を含んだ大きな哲学論争を呼ぶことになった。

ただし、セネカは、自殺を積極的に勧めているわけではない。セネカは、自殺を試みた人間をたくさん見たが、「しかし、私により大きな影響を与えるのは、死の淵に至って人生を憎まず、死をそのまま受け入れ、自分から引き寄せない人びとだ」(『倫理書簡集』三〇・一五―一六)とし、「死を願うことほど恥ずべきことはないと私は思う」(同書、一一七・二二)と率直に自殺への批判を述べている。また、エピクロス派の叱責が、死を恐れる人びとに劣らず、死を希求する人びとにも向けられているとして、

「人生に倦みつかれて死へと走るのは愚かしい。自分の生き方が死へ走らねばならぬように仕向けたのだから」、「死を求めることほど愚かしいことがあろうか。人生が不安になったのは死を恐れたためだったのだから」というエピクロス派の言葉を引用して、人は死にも生にも耐えることが必要だとしている（同書、二四・二二―二四）。一般に、エピクロス派とストア派は、古代哲学において自殺を容認した学派とみなされているが[81]、セネカの言葉をよく読めば、そのような理解がかなり単純化されたものであることがわかるだろう。セネカは、死をむやみに恐れる者に対しては、死を万人に与えられた義務であるとして、きびしい言葉と口調で論難するが、身体の苦しみに駆られている人に対しては、魂までは病弱にとらわれていないと慰め、勇気をもって生きるようにと熱心に励ましている。また、セネカ自身も、重い病気に罹って自殺の衝動に駆られたときに、優しい父が老境にあることを考えて思いとどまり、自分の心に生きよ、と命じたと記している（同書、七八・二）。さらに、自分の身を案ずる妻への気持ちから自愛に心がけたことを打ち明け、「時にはさまざまな理由が切迫していても、家族のためには、大きな苦痛を伴おうとも命を呼び戻し、まさにその口元でも引きとめねばならない。善き人は、自分の好むだけの期間を生きるのではなく、生きねばならぬ期間だけを生きるべきだからだ」（同書、一〇四・二―三）と述べている。

そして、セネカが、老年についても、否定的な評価だけではなく、それが人生の最後の楽しい時であると述べていることにも言及しておかねばならない。

果実が最も心を喜ばせるのはその季節が過ぎ去る頃、若さが最も美しいのはそれが終わる頃。酒に溺れる人びとの楽しみは最後の一口。それは飲み手を呑みこんで、酔いに仕上げの手を加える。どんな楽しみも、いちばんに楽しいことは最後までとっておく。いちばん楽しい年齢はすでに下り坂ではあっても釣瓶落としではない頃で、もう軒の端に立っている年齢でもそれにふさわしい楽しみがあると私は思う。もしないとしても、楽しみを必要としないこと自体が諸々の楽しみに取って代わっている。

（『倫理書簡集』一二・四―五）

これに続けて、セネカは、老年は死を前にして気が重いという反論に対して、第一に死を目の前にしているのは、老人も若者も同じであること、第二に、どんな年老いた人であろうと、もう一日を生きたいと思うことは筋違いではなく、その一日が人生の一歩をなすからであると反論している。また別の書簡では、老いさらばえた自分に祝辞をおくり、自分のなかで年老いたのは、悪徳とその手先になるものであり、魂は重荷をおろして生き生きとし、老年の今こそが「花盛りにある（esse florem）」と述べている（同書、二六・二）。

興味深いことに、老年を弁護し、死の恐れを否定する文脈で、セネカはエピクロス派の主張を積極的に取り入れ（『倫理書簡集』一二・一〇―一一、二六・八―一〇、三〇・一四―一五）、「それが真実のものなら私のものだ」とまで述べている。しかしながら、セネカは、『恩恵について』（第四巻）では、一転してエピクロス派が最高善を徳ではなく快楽としたことを激しく弾劾している。セネカのエピクロス派への見解は、ペリパトス派やプラトン哲学に対する見解よりもはるかに複雑である。[82] 老年をめぐる閑暇や死について、ストア派とエピクロス派の考え方の違いはどのようなものであったのだろうか。ヘレニズム期の老年論の最後に、アカデメイア派、ペリパトス派、ストア派とならぶ古代世界の四大哲学学派の一つ、エピクロス派の老年論を概観しておきたい。

4　エピクロス派の老年論

古代原子論のなかの老年

完全充実体でそれ以上には分割できない原子と、原子がそのなかを運動する空虚（ケノン）によって、すべての自然現象の説明を試みた古代原子論は、老年や老化現象をいかに説明していたのであろうか。われわれの問いと期待は、まずアリストテレスの次の言葉によって挫かれる。

（デモクリトスによれば）死とは、周囲の空気の圧迫によって、このような形のもの（原子）が、身体から出て行くことだからである。しかし、いったいなぜ、すべてのものがいつか死を迎えなければならないのか、しかも偶然あるときにではなく、自然に反する強制力によるのでなければ、自然に従って老年において死ぬことになるのか、彼は明らかにしていない。

（『呼吸について』472a）

アリストテレスによれば、デモクリトス（前四七〇／六〇頃―三七一／五六年頃）は、魂とか知性と呼ばれる球形の原子が、取り囲む空気の圧力に耐え切れなくなり、呼吸とともに体外に排出されることによって死が訪れるとしているが、老年から死に至るプロセスについては何ら説明していないとされる。たしかに、残された断片からは、老齢のデモクリトスが、老齢ゆえに食物を絶ってみずから死を招いたという逸話や（DK68A29）、「老年は五体満足にして不備の状態である。それはすべてをもち、すべてにおいて欠けているから」(DK68B296)という短い断片がわずかに目を引くだけで、老化から死に至る説明をうかがい知ることはできない。

エピクロス(前三四一—二七〇年)はどうであろうか。『メノイケウス宛の手紙』[83]は、「人はまだ若いからといって、哲学することを先にのばしてはならないし、もう年をとったからといって、哲学に飽きるようなことがあってはならない」という言葉ではじめられ、年老いた者が、これから先に起こることを恐れず、老いても若くあるために哲学を学ぶことが奨励されている。しかし、それ以上に老年について議論は展開されず、別の断片でも、「若者ではなく美しく生を送ってきた老人の方が祝福される」(『エピクロスの勧め』断片一七)とか、「過ぎた日の記憶を忘れると老いぼれる」(同書、断片一九)などの短い言葉や、ともに哲学研究をするなかで年老いた仲間への配慮が述べられているにすぎない(ディオゲネス・ラエルティオス『ギリシア哲学者列伝』第一〇巻二〇)。残されたエピクロスの著作リストにも、老年についての表題はない。エピクロス派のなかで『老年について』という書名の著作を書いたのは、オイノアンダのディオゲネス(後二世紀頃)が唯一知られているだけである。C・W・チルトンは、オイノアンダの碑文に残されたディオゲネスの『老年について』の十一の小さな断片から、キケロが『大カト』であげた四つの論駁のうち、最初の三つに関連したことが触れられていると推察している[84]。たとえば断片六三には、人が耄碌するのは老年のためではなく、異なる自然的原因によるのだと記されており、それはキケロの『大カト』三六節の内容とも重なる主張であると考えられる[85]。だが、碑文全体の最後の部分に当たる『老年について』のテクストの保存状態は悪く、残念ながら現在までに解読されたごく短い断片からは、まとまった老年論を再現するのは困難である[86]。

しかしながら、ルクレティウス（前九四頃—五一年頃）の『事物の本性について』のなかには、古代原子論者による老年や老化についてのある程度まとまった説明を見出すことができる。ルクレティウスは、エピクロスを真理の発見者と呼び、称賛と傾倒を何度も表明しているが、その教説の単なるエピゴーネンではなく、エピクロスよりもさらに広く自然界の生命現象について理論的説明を展開していると考えられ[87]、事実、老年や老化についても原子論による説明を書き残してくれている。

ルクレティウス『事物の本性について』の老年論

『事物の本性について』第一巻では、原子と空虚のみがそれ自体として存在する実在であり、あらゆる物体が原子によって構成されていて、風や匂いや音や蒸発などの目に見えない諸現象も原子の働きによって説明され、他の自然学理論が斥けられて、原子論の基礎が確立される。第二巻では、それ自体としては色や味や香りといった「第二性質」をもたない原子が、多様な形態と相互の組み合わせと運動によって、さまざまな性質をもつ物質を形成し、また原子に解体されることが説明される。老年と老化もその生成解体の変化の一つに数えられている。

さて素材（原子）が隙間なく詰まって互いに一体とならないことはたしかである。
なぜならわれわれの見るところ、どんな物も小さくなり、
またすべての物は長い時代にわたっていわば流れ去ってしまい、
万物はわれわれの目から、長い年代のため隠されてしまうのだから。

とはいえ全体としては無傷で、もとのまま見られる。
なぜなら、基本物体（原子）は、それが離れ去ったものを
細らせ、それがつけ加わったものを太らせ、
かれは老いしぼませ（senescere）、これは花咲かせ、同じところに、
とどまらないのだから。こうして、物の総体はたえず
新たにされ、死すべき生きものたちは互いにやりとりして生きてゆく。
ある種族のものは栄え、ある種族のものは衰え、
つかの間に生あるものの世代は移り替わり、あたかも
リレーの走者のごとく生命の松明を渡してゆく。
（第二巻六七―七九行）[88]

引用の最後の行にある「生命の松明」の比喩は、古代アテナイで行なわれていた松明競争に由来し、一六世紀にこの書の校訂本を作成したランビヌスによって、プラトンの『法律』に「子供を生み育てて、ちょうど松明のように、生命をつぎからつぎへと伝えていく」（776B）と同様の表現があることが注記されている。[89]プラトンは、『パイドン』や『パイドロス』で個としての魂の不死論証をしているだけではなく、『法律』（721C）では、出産によってつぎつぎと子供を残して、種族としての同一性を保つ仕方で人間は不死にあずかると述べていて、ルクレティウスのここでの主張と親近性のある見解も記している。ルクレティウスによれば、老いは、ある個体から原子が奪われていくことによって進行するが、生き物たちは相互に原子をやり取りして、世代交代を繰り返し、生命の松明を受け渡してゆくのであり、

物体の総体としては変わることがない。

老化についてのより詳しい説明は、自然世界の成長と衰退についての解説（第二巻一一〇五―一一七四行）が述べられる第二巻末で与えられる。成長の段階を少しずつ上っていくときには、身体から排出するものよりも多くのものを身体に取り入れることになる。その間は、「食物はすべての血管のなかにたやすく入ってゆき、そして身体はそれほど大きく広がっていないので、多くの原子を投げ捨てることなく、その年齢が摂取するものよりも多くを消費することがない」（第二巻一一二五―一一二七行）。しかし、万物の母たる自然は、すべてのものを完成させ、成長の花盛りに導くと、生命の血管のなかに送りこまれるものの量が、体外に流れ去るものとちょうど等しい量になり、万物はその成長を停止する。その後、年齢が進むにつれて、少しずつその力と成熟した強さを減じるようになり、衰えて下り坂に向かう。

①事実、ものが大きいほど、そして広いほど、いったん成長がとまったときは、それだけいっそう多くの粒子をあらゆる方向に撒き散らし、自分の身体から放出する。そして食物はすべての血管にたやすく行きわたらなくなり、大量のものが大きな流れをなして逃げ去るに従ってそれだけのものを生み補うには足りなくなる。（第二巻一一三三―一一三八行）

②それゆえ、粒子が流れ去って希薄となり、外からの

衝撃によってすべてが屈服したとき、当然そのものは亡んでゆく。
なぜなら、食物はついに老年を見捨て、
外部からは粒子が絶え間なくそのものにぶつかり続けて
消耗させ、打撃を加えて征服してゆくからである。
（第二巻一一三九―一一四三行）

③同じようにしてこの大きな世界をとりまく防壁もまた
攻撃をうけ、衰えやがて破滅に向かってゆくだろう。
（第二巻一一四四―一一四五行）

④事実、食物こそすべてのものをたえず新たに
補い、支え、補給すべきものなのに
それがうまくいかない、なぜなら血管は十分に受け取るだけの耐える力がなく、
自然は必要なだけの物を与えないのだから。
（第二巻一一四六―一一四九行）

このテクスト箇所の記述はつながりが悪く、いくつかの校訂が提案されてきた。④を①の後に置いて読み、③を後代の挿入とすれば意味が通りやすい。C・ベイリーは、詩句のつながりの不適切さを認めながらも、食物が個人の身体と同様に世界にとっても重要であるという見解を強調するために、このような詩句の配置になったのだと推測している。(90)

ルクレティウスは、ここで身体に植民都市のイメージを重ねているのかもしれない。新しく都市が建設され、植民者が入ってくる。食糧生産や交易が増えるにつれて人口が増加し都市は大きく繁栄してゆ

くが、発展がピークに達して都市人口が大きくなりすぎると消費の急速な拡大に対し、食物の生産や輸入がそれを養うに足りなくなる。都市のなかに食物が行きわたらず、多くの人が餓えることによって貧困が広がり、都市の力が疲弊して、外敵からの攻撃と侵略に耐え切れずに滅ぼされるといった筋書きである。

説明が逆となったが、これと類似の成長と衰退が個々の身体にも起きるのだと考えられる。身体は、摂取される食物が出て行く物質よりも多い段階は成長する。しかし、成長の頂点に達すると衰退がはじまる。衰退の第一段階は、身体が大きくなるほど、広がるほど、そこから流出する物体がより多くなって、すべての血管に食物を行きわたらせることができなくなり、不足を起こした体の各部で、大量の粒子の流出が続くようになる。第二段階は、その大量の流出を補うだけの食物を受けとめる容量や力を血管がもつことができず、自然が身体に与える物量が不足する。第三段階は、大量の物質が流出して希薄になった組織に、外部から絶え間なくぶつかる物体が衝撃を与えて消耗させ、やがてその衝撃に耐え切れずに組織が破壊され、最終的には個体全体が死に至る。老化とは、入ってくる食物の量と出て行く物質の量が逆転して、身体から出て行く物質の方が多くなり、身体組織の希薄化と破壊が進行するプロセスである。

すでに見たようにプラトンは、「いかなるものも、それから流出するものの方が流入するものよりも多い場合には減衰する」ことを原則として、身体が食物を消化して取りこめなくなり、逆に入ってくるものによって身体組織が徐々に分解されて解体されてゆく過程を老化であると規定していた。ルクレティウスもプラトンも、食物の代謝機能の衰えと組織の解体流出を老化の本質とみなす点では基本的には同一の考え方をとっている。また、外部からの物質の攻撃によって衰えが加速し、最後に滅ぼされてゆく点も共通している。異なるのは、食物の代謝の衰えの原因を、プラトンが髄の構成要素の経年劣化が引き起こす消化機能の低下とみるのに対して、ルクレティウスは血管が食物を身体組織に供給する力の不足を主な原因としている点である。「冷」と「乾燥」を老化の原理としたアリストテレスの老年の自然学にくらべれば、プラトンとルクレティウスの老年の自然学的説明は、意外なことに、より共通性が高いといえるだろう。

魂の老化と死の恐れ

しかし、プラトンとルクレティウスの老年論が大きく異なるのは、心や精神の老いについての考え方である。原子論では心と精神も微細な原子から構成されるので、身体の老化がつねに精神の衰えを同時に引き起こすことになる。心身の老化は、魂の本性と構造と運命を取り扱う第三巻で語られている。ベイリーによれば、『事物の本性について』は、人間の魂の平静を乱す二つの恐怖を問題にしており、第一、第二巻は、世界の出来事や人間の関心事に神々が介入することへの恐怖を取り除くために、宇宙のすべてが原子の空間での運動によって純粋に物質的に説明できることを証明する。[91] 第二の恐怖は、死の恐怖と死後の罰への恐れである。魂も物質であり、死後に魂だけが生き残ることはないことを証明することによって、その恐怖を消し去ることができる。それが第三巻のテーマである。第三巻は、(1)序としてエピクロス讃歌（一―九三行）からはじめられ、(2)魂の本性と構造が語られ（九四―四一六行）た後に、(3)魂が死すべきものであることが証明され（四一七―八二九行）、最後に(4)死を恐れることの愚かしさが語られる（八三〇—一〇九四行）。心身の老化は、⑶の魂が死後に残るとする議論への反論（四二五—六六九行）のなかで語られている。

まず、魂が、水や霧や煙よりもずっと微細で最も小さい希薄な原子からできているがゆえに、ごく小さな原因によっても打たれて動かされることが確認される（四二五—四二九行）。つまり、それは煙や霧の像によってでも動かされるのであり、容器が壊れるとそのなかの水が流れ去り、霧や煙も空気のなかにすぐに拡散するように、魂もひとたび人間の身体から離れ去ったときには、それらよりも遥かに早く散って消えうせ、個々の原子に解体する（四三〇—四三九行）。身体はいわば魂の容れ物であり、それが壊されたり、血管から血が抜けて希薄にされたりすると、魂を保持できなくなるのだから、われわれの身体よりもはるかに物が浸透しやすい空気によって魂が元のまま保たれることはありえない（四四〇—四四四行）。心身の老化は、「魂と身体が一体となっているがゆえに、魂が死後には存在しないことの証明」（四四五—五四七行）の一例として次のように語られる。

さらにまた心（mens）は身体とともに生まれ、ともに育ち
ともに年をとってゆくのをわれわれは感知する。
じっさい幼いときは身体が柔らかく、固まらないで
よちよち歩くように、魂（animus）の判断も同じようにしっかりしない。
そのあとで力が強くなり成年に達すると
考える能力はもっと大きく、魂の力（animi vis）ももっと大きくなる。

そののち身体が年月の強い力によって
打ち砕かれ、体力が弱り、手足が元気を失うと
才知の働きはにぶり、舌はもつれ、精神（mens）は決断を失い
何もかもが一時に不足し失われて行く。
それゆえまた、魂の本性（animai natura）も、煙のように
高い空の微風のなかに解体してしまうにちがいない。
それは私が教えたように、身体とともに生まれ、ともに育ち、
また同時に歳月に疲れて弱ってしまうのだから。

（第三巻四四五―四五八行）

魂が段階を追って、子供から成人に達して老年へと衰えていく考え方は、エピクロス派のメトロドロス（前三三一―二七八年）やピロデモス（前一一〇頃―五〇／四五年頃）にも見られるが、エピクロス派独自の教説ではなく一般的な考え方であり、エンペドクレスやヘロドトスやガレノスのテクストにも同様の考え方があることが指摘されている[92]。しかし、心身の段階的成長がありふれた考え方であるにせよ、原子論にもとづいて心身の一体化を文字通りに受けとるならば、身体が最も大きく強くなるときに、精神の力も大きくなり、人間が体力の頂点に達するときに、知力においても頂点を迎えていることになる。逆に老年で身体が弱くなっても、精神が明晰で聡明な人間が大勢いる現実はうまく説明されないだろう。また、魂の老化が、魂を構成する微細な原子が流出することによって起こるのか、身体の変化によって影響を受けるだけなのか、魂の原子が身体を構成する原子の変化とともにいかに変動するかは説明され

ていない。後の箇所で、老年の精神への影響について、「デモクリトスは、成熟した老年が彼に、精神の記憶の運動（memores motus mentis）が衰えはじめたことを警告したときに、みずからすすんで死に直面しその頭をささげた」（第三巻一〇三九―一〇四一行）と述べられ、老年は精神を構成する原子の量だけではなく、その運動の変化によっても影響が与えられるとルクレティウスが考えていたことが読みとれる。しかし、そこでも魂や精神が身体の老化の影響を受けることだけが強調され、魂の老いの仕組みは明確には述べられていない。

老いがふたたび問題にされるのは、(4)の死を恐れることの愚かしさとして、生を引き延ばす願望が批判される箇所であり（第三巻九三一―九七七行）、死の嘆きとの関連で取り上げられている。老年がもたらす最も大きな問題は、近づく死への嘆きや恐れにあると考えられるからである。

ところで、もしここに、もっと齢をつんだ老人がいて悲嘆にくれ、
あまりにも哀れな様子で自分の死を嘆き悲しむならば、
自然がさらに声をあげて言葉鋭く叱りつけても当然ではないか。
「ただちに涙をふけ、愚か者よ、そして嘆きを慎め。
お前は人生のすべての悦びを味わい尽くした果てに衰えているのだ。
しかしお前はつねにないものを求め、現にあるものを蔑むために、
お前の人生は不完全に、かつ不満足のまま過ぎ去ってしまい、
そして心の用意ができないうちに、お前が物事に満ち足りて

引き下がることができるより先に、死はもう枕元に立っているのだ。
だが今は、お前の年に合わぬものはすべて投げ捨て、
心静かに、子供たちにゆずるのだ。そうしなくてはならぬ。」

（第三巻九五五―九六二行）

自然のこの叱責と非難が正しいのは、「古いものはつねに新しいもののために押し出されてはしりぞき、あるものが滅びて別のものが代わりに生まれるのが定めだから」である。しかも、誰も、下界の深淵や暗いタルタロス（奈落）に送られはしない。そして、次の世代のために老いた者は死んでいかねばならないことが続けて語られる。

次の世代が生い立つためには素材が必要である。
しかしそれらの世代もまた生を終えては、お前のあとを追うだろう。
お前と同じように、これまでそうした世代は亡びてきたし、
これからも亡びるだろう。こうして次々と生まれてやむことがない、
生命は誰の私有物でもなく、ただ皆の用益にあてられるのだ。
われわれの生まれる前に過ぎ去った、永劫の時間の古い幾年代が
どれほどわれわれにとって無であるか、もう一度顧みるがよい。
さればこそ、われわれの死後に来るべき時間をうつす鏡として
自然がわれわれに差し出してみせるものなのだ。
一体そこに何か恐ろしいものがうつっているのか、何か悲しいことが

見えるのか。どんな眠りよりも安らかなものではないのか。（第三巻九六七―九七七行）

自然が古い世代を新しい世代の素材として必要とするのは、前の世代と似た世代を作るために、同じ種類の原子を同じだけ必要とすると考えられているからである[93]。生命は私有物などではなく、過去から未来へと幾世代にもわたって自然が永劫に繰り返す世代交代と新陳代謝の営みである（第五巻八二〇行以下）。われわれの生は、永劫に世代交代を続ける自然の連鎖のほんの一つにすぎず、われわれが老いる意味は、次に新たな世代を生み出すことにある。自然の永劫回帰こそが世界の真実であり実相であり、果てしない虚空間を落下する膨大な原子の絶え間ない巨大な流れのなかに、人間の短い老年も諸々の正義も区別なくひと呑みにされて消え去る。原子と空虚のみが世界の究極の真実であるとする世界観においては、「われわれが実際にリアルなものとして経験している知覚的性質の彩りも、『善い』『悪い』『美しい』といった価値も、総じて生命と魂と心も、世界の基礎的図柄から原理上完全に排除されている[94]」のである。たしかにエピクロスは、正義とは自然に存在するものではなく、人間が相互に取り決める契約にすぎないと次のように述べていた。

正義は、それ自体で存在する何かではない。それはむしろ、いつどのような場所においてであれ、人びとが互いに交際するさいに、相手を害することもなければ、害されることもないようにするための一種の契約なのだ。（ディオゲネス・ラエルティオス『ギリシア哲学者列伝』第一〇巻一五〇[95]）

正義や善悪が世界の実相としての根拠を何らもたない以上、人間は与えられた短い生を、できるかぎり害や苦痛を避けて、快く過ごすことができればよいことになろう。エピクロス派の快楽主義とは、刹那的な快感や激しい興奮を楽しむことからはほど遠く、できうるかぎり害と苦痛と危険を避けて、平静さと平穏な生を求めるものである。しかし、苦痛がないことを快楽とみなすエピクロス派の主張は、プラトンが、ある静止状態が苦と並べられると快いと見えるだけで、快楽の真実性の観点からみて健全なものではないと批判していたように（『国家』584A–585A, 586A）、他の学派からきびしい批判にさらされることになる。

エピクロス派への批判

快楽こそわれわれの人生の目的であるとみなす快楽主義は、古代の倫理学においてはつねに守勢にまわる。[96] キケロは、哲学の根本問題を扱った『善と悪の究極について』の第一巻においてエピクロス派の倫理学を紹介し、第二巻で彼らへの批判を展開している。エピクロス派の最高善はあらゆる苦痛がない状態を快楽とするが、そのような静的な快楽は人を惹きつけるものではなく、また精神の快苦をすべて身体の快苦に関連づける立場は詩や絵画や景色の美の経験については維持できず、そもそも快楽を最高善に置くならば、あらゆるものを理性ではなく、感覚によって判断することになり、学芸も徳の探究も無意味になると論じる。キケロは、その当時に隆盛をきわめたエピクロス派に対し一貫して批判を述べ、きびしい評価を下している。

プルタルコスは、エピクロス派を論駁する『エピクロスに従っては、快く生きることは不可能であること』のなかで、老年と関連づけた批判を述べている（1094D–1095B）。身体の快楽は老年になるにしたがって衰えていくこと、つまり、「老齢が快楽の多くを枯れされること」にエピクロス派が気づかなかったはずはなく、それゆえ、彼らは「知者が老齢に達し、もう交わる能力がないような場合に、はたして、美しい者に触れ、その髪の毛をまさぐることに悦びを覚えるか」という問題提起をしているという。しかし、彼らは、愛欲の快楽を粗野で狂暴な暴君と考えたソポクレスとは異なり、愛欲のアプロディテの祭りを祝った後に訪れる老年の清々しい日々に備えて、歴史や詩や音楽や幾何学の問題などにあらかじめ親しむことをしない。彼らは、目が利かず歯が抜け落ちても、官能的欲求を基礎にすえることをやめない。何としても快楽をもちたいと望みはするが、身体がそれについてこないので、彼らは恥知らずで年甲斐もないことをするという。

自分が味わったそれ以前の快楽を想い起こし、新鮮な快楽を欠いているがために、貯蔵用の塩漬けを用いるのと同じように、以前の快楽を取り上げるのだ、つまり、いわば肉体の冷たくなった灰を掻き起こしでもするかのように、生命を失って死に絶えている快楽をもう一度不自然な形で揺り動かし、ふたたび燃え上がらせるというわけなのだ。これも彼らが、魂のなかに蓄積された本来の快さ、つまり悦びの名に値する快さを何一つもっていないためである。（1095B）[97]

プルタルコスのこの批判は、『老人は政治に参与するべきか』の議論において、老人になれば身体にかかわる性欲や飲食の欲望や快楽は弱く鈍くなるので、魂のために卑しくない快楽を準備しておかなくてはならないとする主張（五節・786B）につながるものである。

プルタルコスによれば、エピクロス派のような仕方で快楽を身体に基礎づけることは、身体が衰える老後への準備を怠ることになるだけではなく、快楽をきわめて狭い領域に押し留めることになる。苦痛や苦悩からの解放を快楽とすることは、「悪からの解放をもって善の本質と極致であると定めて、解放された奴隷や牢獄から解き放たれた囚人の悦びをその悦びとする」ことにすぎないとして、エピクロス派が、「精神の悦びに許される場所を、ほんの小さなみすぼらしいものにしている」と批判する（1091E–F）。文学、歴史、幾何学、天文学、音楽などの学問から生じる魂の快楽は、身体の快楽よりもはるかに大きく、また老後にも享受できる（1093A–1094E）。そもそも人間を構成する要素は二つ、すなわち、身体と魂であり、魂の方に一段高い指導的役割が与えられていると考えるべきであり、身体の本性に合った固有の善を認めるならば、魂にもそれを認めるべきである。そうでなければ、魂の実在性を否定して人間は身体だけであるとするか、心身は二つの異なる本性と互いに関係のない善悪をもつと主張することになってしまうだろう（1096D–F）。

そして、学問的な快楽に続いて、プルタルコスは行動的な（praktikon）快楽があると主張している（1097A–1100D）。魂の歓びには、偉大な行為や立派な行為にもとづくものがあり（1097E）、プラタイアの戦いでのアリステイデスやマラトンの戦いのミルティアデスの場合のように、行動的な生においては、名誉よりも快さの方が大きい（1098A）。それに対して、エピクロス派は、快楽の大きさを「胃袋を中心とし、それを半径として円を描いてみせている」にすぎない。輝かしく王者にふさわしい喜び、すなわち高邁な精神と万人の心に真実に浸透してゆく平静さを生み出す歓びは、「内に閉じこもって、公共の生活に背を向け（apoliteuon）、人間愛をもたず（aphiloanthropon）、何ごとにも無感動な生活を、価値ある悦ばしいものに祭り上げている」彼らにはまったくあずかりえない（1098D）ものである。共同体をつくって生きるのが人間の自然本性であり、それゆえ公共への奉仕と人間愛に生きることが人間本来の生き方であると考えたプルタルコスにとって、「隠れて生きる」ことをかかげたエピクロス派の生き方は、老年の生き方として正しくないだけではなく、人間に与えられた本性や歓びに根本的に反するものとみなされたのである。

「人生の最後まで公益に尽くすべき」としたストア派には、現実の国家が腐敗堕落している状況では、世界市民のための大きな国家が公益をはかるべき対象として用意されていた。しかし、エピクロス派にとっては、いかなる国家や国政も真の関心の対象にはならず、他人との関係における利害のみが重要になるだけである。互いに隣人から煩わされる心配のない生活を守る閉じられた園だけが、彼らが老いて死ぬことを満足させる共同体となる。エピクロス派が快楽を善としたことだけではなく、彼らの視野から公共性や人間愛が喪失していることも、他の学派からの攻撃の対象とされたのである。

終章　西洋古代思想における老年と正義

《ポイニクスとブリセイス》　医師ガレノスはワインの医学的効能に関する研究も行い，ワインが老年期の身体を温め，精神の不安を和らげて活力を与えるとした。前 490 年頃のこの壷絵では，アキレウスの愛妾ブリセイスが，彼の教育者であり後見人であった老ポイニクスに，若返りの効果もあるといわれたワインを注いでいる。パリ，ルーブル美術館。

本書の目的は、西洋古代思想における老年論を網羅的に取り上げることではなく、正義という観点から老年論の伝統のなかに見られる思考の筋目を浮かび上がらせることにあった。そのためプラトンとアリストテレスの老年観の対比を基軸として、叙事詩からはじめてストア派やエピクロス派や中期プラトン主義までの古代世界の老年の哲学について駆け足で見てきたが、古代の老年論については語るべきことはまだはるかに多い。ストア派ひとつとっても、創始者のキティオンのゼノンからクリュシュッポスに至る古ストア派、パナイティオスやポセイドニオスに代表される中期ストア派、そしてローマのストア派の思想たちを総称する後期ストア派があり、ストア派をセネカ一人に代表させることはできない。また、第三章では取り上げなかった諸学派がある。たとえば、アカデメイア派との関係でごくわずかに触れた懐疑派、本書では考察の対象としてこなかったキュニコス派、新プラトン主義、そしてガレノスをはじめとする古代医学思想がある。

懐疑派の最後期に位置するセクストス・エンペイリコス（後二世紀末頃）は、老年期に老人に生じる現れと子供時代に経験する現れとは異なることを指摘し、老年期には老人に生じる現れが基準となると述べている（『学者たちへの論駁』第七巻六一―六二）。たとえば、同じ空気でも、老人には冷たいと感じられ、壮年には適温だと思われるし、同じ色や同じ音が、年配の者には不鮮明に思われ、壮年には鮮明にはっきり感じられるように（『ピュロン主義哲学の概要』第一巻一〇五）、年齢によって現れの体験に差異が生じるからである。また、年齢が異なると嗜好も変わり、人が選択したり回避したりするものも変化し、年齢によって同一の事物からでも異なる表象が生じると主張されている（同書、第一巻一〇六）。セクストスの著作のなかでさらに興味深いのは、ドグマティスト（断定教理派）への批判に関して、年齢の問題に注意を払う必要があると述べている箇所である（『学者たちへの論駁』第七巻三二〇―三二三）。ドグマティストたちが、みずからを真理の基準と称したとき、彼らが同じ年齢であったこと、つまり、プラトンもデモクリトスもエピクロスもゼノンも、年をとってからみずからを真理の発見者としたことが問題にされている。むしろ、若者たちの方が、実生活と共通の慣行において、年配の者よりも賢い場合が見られるように、哲学においても若者の方が年寄りたちよりも的を射ている可能性がある。自身も医者として活動したセクストスは、医者のアスクレピオスたちが、年寄りは若者が備えている賢さと鋭敏さにおいて欠けていると主張していたことに言及して、この問題を次のようにまとめている。

すなわち、年寄りの広い経験ゆえに、より若い者たちは賢さにおいて及ばないと思われているが、実情はそれと反対である。というのも、老齢に達した者たちは、私が言ったとおり、より広い経験を積んではいるが、だからといって若者たちと比較してより賢いわけではないのである。それゆえ年齢を理由として、ドグマティストたちのうちの誰かある人が基準であると言ってはならない。

（『学者たちへの論駁』第七巻三二三）[1]

懐疑派に従えば、経験（エンペイリアー）という点では、老年に備わるものは悪いものばかりであるとはいえないけれども（『学者たちへの論駁』第一巻六二）[2]、老人は賢さと鋭敏さにおいては若者たちよりもむしろ劣るので、老人がもち出すドグマや権威を信じてはならないことなる。

キュニコス派の老年論について論じなかった理由の一つは、キュニコス派を「学派」として扱うのが躊躇されることにある。キュニコス派は著作も書いたが、同派のメニッポス（前三世紀）の著した一三巻の書物が「たくさんの笑わせることで満ちていた」（ディオゲネス・ラエルティオス『ギリシア哲学者列伝』第六巻九九）と評されているように、彼らは他の哲学学派とは異なり、著述においても合理的論証を重んじることがなかった。キュニコス派の人びとは、合理的論証に頼るよりも、みずからが社会的慣習を捨て去り、自然に帰って簡素な生活に自足する生き方を実践することによって、人間が従うべき哲学的真理を示そうとしたのである。それゆえ、正義や老年について彼らの教説を明確にまとめることは難しく、伝承された彼らの言葉もシニカルで警句的であり、互いに矛盾する言葉も少なくない。たとえば、キュニコス派のビオン（前三世紀）は、「老年はさまざまな災悪が碇泊する港であると言っていた」（ディオゲネス・ラエルティオス『ギリシア哲学者列伝』第四巻四八）とされるが、他方で、「さらに、老年をけなしてはならないと彼は言っていた。老年には、われわれみんなが達することを願っているからだ」という言葉も伝えられている（同書、第四巻五一）。ビオンの哲学の特徴は、日常的な問題に良識を働かせて対処したことにあり、彼はクセノポンが描いたようなソクラテスの精神で、老年、追放、貧困、死の恐怖、果ては文句をいう妻に関する問題までも、それぞれの状況に応じて取り扱ったといわれている(3)。彼らから整合的な老年論を導き出すためには、キュニコス派についての本格的で詳細な研究が必要になるだろう。

新プラトン主義を取り上げなかったのは、オリエントの神秘的宗教思想とギリシア哲学を融合した独創的な哲学体系を扱うには力が及ばなかったこともあるが、彼らの著作においては老年が取り上げられることと自体が少なく、老年をいかによく生きるかという問いが彼らの哲学の主題とはされていないように思われたからである。たとえば、新プラトン主義の創始者プロティノス（後二〇五―二七〇年）の全六巻からなる大著『エネアデス』では、老年を意味する「ゲーラス」という言葉は、老年になると快苦のわずらいを避けるようになるため肉体には関心がなくなるということと（第一巻四・一四・二四）、戦死は老いて死ぬことの先取りにすぎないとする（第三巻二・一五・三八）、二箇所で使われるだけである。その動詞の「ゲーラスコー（老いる）」も、老人は若者よりも感覚と記憶では弱くなること（第四巻六・三・五三）と、宇宙は増減しないので老化しない（第二巻一・三・五）とする二箇所の用例があるだけである。また、年長をさす「プレスビュス」も、人間ではなく、神々や善が年長者であるとする四箇所（第四巻四・二二・八、第五巻一・二・四三、五・一二・三七、八・一〇・一）で使用されているにすぎない。彼らの関心とまなざしは、善のイデアであり、かつ神でもある、最高原理の「一者（ト・ヘン）」に集中的に注がれていて、「一者」を頂点とする全存在の階層的統一構造のおそらくは下位に位置する老年の問題にまでは及んでこないように思われる。

他方、ガレノスの老年論については、プラトンとアリストテレスの老年論のその後の影響に大きくかかわるので最後に簡潔に触れておきたい。

ガレノスの老年論

ガレノス（一二九頃―二一六年頃）は、若くして哲人皇帝マルクス・アウレリウス（一二一―一八〇年）

の信任厚い侍医になり、ローマ帝国随一の医者として名声をとどろかせ、古代後期の西方世界に最も大きな影響を与えた医学者であるが、論理学や自然学や倫理学をふくむ哲学の基本を修得しなければすぐれた医者にはなれないとする確固たる信念をいだいていた。彼は医学を志す前に、アカデメイア派、ペリパトス派、ストア派、エピクロス派の四大学派の哲学を学んでおり、医学に欠かせない事物の本性の正しい認識を得るためには、知的訓練と倫理観が必要であり、そのために哲学を学ばねばならないと考えていたのである。なぜなら、ヒポクラテスに倣う医師ならば、身体の本性や諸器官の働き、病気の種類の分類、治療法を知るための理論的考察が必要であり、そのような要求の高い研究に専心して努力を重ねるためには、富を軽蔑して節制を重んじる者でなければならない。したがって医者は、天文学や幾何学を含む自然学、類と種の区別や論証に通じるための論理学、金銭欲や欲望を自制し公正であるための倫理学を学ぶ必要がある。つまり、そのような自然に関する理論的知識と倫理観を備えた医者は、哲学者でもあるとガレノスは考えたのである（『最良の医者は哲学者でもあること』1.53-63K）[4]。ただし、哲学のすべてが医学に必要なのではなく、魂の本質、神の本性、宇宙の永遠性といった形而上学的問題については、その理論が検証できないため自分には知識がないことを認めるとともに、それらの問題についての理解は医者にとっては不要であるとも主張した[5]。

ガレノスは、正しい医療が自然学的知識を必要とするという考えをヒポクラテスに帰しているが、医学思想の基本原理としては、プラトンとアリストテレスの哲学を採用している。ガレノスは、プラトニストを自称する者たちに対しては、しばしば批判的で嘲笑的な態度を示すが、プラトンをヒポクラテスに次ぐ者とみなして繰り返し称賛し、哲学者のなかでは第一位に位置づける[6]。彼がプラトンの対話篇をよく読んでいたことは、著作名があげられたプラトンの対話篇だけでも一二篇にのぼり、その広範なテクストの引用から明らかである。ガレノスは、医学思想にプラトンの哲学を応用しただけではなく、プラトンの哲人統治の考えを受け入れたともいう。[7] 他方、ガレノスは、アリストテレスに対しても大きな敬意を払っているが、アリストテレスの誤りに対しては容赦ない批判を浴びせる。たとえば、アリストテレスとプラクサゴラスが、心臓を神経腱の源としたことについては、「彼ら自身がまったくの盲目であったか、あるいは盲目の聴衆を相手に論じていた」ことは明らかであると述べ、[8] アリストテレスの誤りについては執拗な攻撃を加えている。[9] これに対し、プラトンの誤りに関しては、プラトンが解剖学の知識を十分もっていなかったために驚きには値しないと弁護し、その誤りが示唆的であるとまで述べて、その誤りに対してまでもきわめて丁重な取り扱いをしている。ガレノスにとって、プラトンはそれほどまでに神聖な存在であったといわれる。[10]

しかし、ガレノスが医学の理論的基盤とした自然学は、その多くをプラトンではなく、アリストテレスの自然学に依拠しているように思われる。ガレノスの医学理論の基本原理は、熱冷乾湿の四性質であり、身体の諸部分のすべての活動は、これら四つの性質の混合によって規定されるとした（『自然の機能について』第一巻二―三章）。[11] ガレノスはその考え方を、四性質に早くから着目していた前五世紀頃の医学者アルクマイオンや火・空気・土・水の四元を万有の原理としたエンペドクレスではなく、アリストテレスの自然学に基礎づけているからである。ただし、ガレノスは、その考え方は、血液・粘液・黄胆汁・黒胆汁からなるヒポクラテスの「四体液説」にまで遡るとした（同書、第二巻九章）。ヒポクラテス文書では『人間の本性について』に述べられているように、血液は「熱」と「湿」、粘液は「冷」と

「湿」、黄胆汁は「熱」と「湿」、黒胆汁は「冷」と「乾」の性質と関連づけられている。それゆえ、熱冷乾湿の性質の相互作用によって生成と消滅が起こるとみなしたのは、実はヒポクラテスが最初であるとガレノスは主張したのである（『自然の機能について』第一巻二章）。そのうえで、身体各部の諸活動を四性質の原理に帰着させる証明を行なったのは、アリストテレスが最初であると認定する（同書、第一巻三章）。さらにガレノスは、その考え方がすぐれた人たちには広く受け入れられたものであるとして、すべての物体が熱冷乾湿によって構成されていることは、最高の哲学者だけではなく、最も名声のあるすべての医者に共通する考えだとも述べている（『治療法について』10.462–3K）。しかしながら、ヒポクラテス学派は、四性質にもとづいて医学理論を展開しておらず、それどころか、一九世紀にE・リトレが編集した『ヒポクラテス全集』の冒頭に置かれた『古来の医術について』（一三―一六節）においては、熱冷乾湿によって病理や治療方法を説明する他の医学者に対するきわめてきびしい批判が述べられている。ガレノスは、四性質の理論を、ヒポクラテスに強引に関係づけようと試みているが、現実にはアリストテレスの自然学に大きく依存しているといわねばならない。

ガレノスの老年論は、『健康の書』に最も詳しく記されており、その著作から以下の三つの特徴をあげることができる。第一の特徴は、病気を自然に反することと規定する一方で、老化が病気とは異なり、自然のプロセスであると考えることにある。ガレノスは、老年を完全に健康であるとは考えなかったが、老年には固有の健康状態があると考えていた（『健康の書』6.20–21K）[12]。老年を病気の一種と考える風潮が強かった時代において、プラトンと同様に、ガレノスが老年を病気から明確に区別したことは注目に値する。

第二の特徴は、ガレノスが老年を三つの段階に区別したことである（同書、6.379–380K）[13]。老年の第一期は、「青い老年期（オーモゲローン）」と呼ばれ、まだ公的生活・政治活動に参加できる時期である。第二期は老衰がすすんで入浴と食事の後は眠るだけのような「皺（シューパル）の老年期」という中期高齢期であり、第三期は「ペンペロス」と呼ばれる後期高齢期である。その用語は、ハデス（冥界）に「送られる（ペンペスタイ）」途上にあることを意味する言葉から取られている。これら三つの時期は、現代の老年学でなされる区分のように一律に年齢で区別されるのではなく、人びとの異なる老年の状態を説明するのに用いられた。古代医学においては、患者の実年齢は関心の対象になっておらず、年齢によって患者群を区分しないだけではなく、患者の症例記録においても、年齢の記述はほとんど残されていない[14]。古代医学で重要視されたのは、生物学的年齢ではなく、個性と経験によって大きく異なる各人の心身の状態であった。

第三の最も重要な特徴は、アリストテレスの老年の自然学的理論の採用である。ガレノスは、人間が壮年を過ぎると身体の乾燥がはじまり、老化が進むことを次のように記している。

この後に、身体の全器官が乾燥して、活動状態が悪くなり、動物は肉を失い、その力を弱めてゆく。さらに身体が乾燥すると、肉が痩せ細るだけではなく、皺が増えて、四肢の力が衰えて動きが危うくなる。このような状態が老年と呼ばれる。それは植物が枯れるのと類似している[15]。植物にも老化があり、それは過度の乾燥によって生じる。あらゆる生物の身体にとって亡びがくるのは、一つの定められた生まれつきの必然であり、もう一つの必然は、とくに動物において起きることであるが、生得的な熱から生じたそのすべての実質が流出することである。

（『健康の書』6.5–6.7K）

身体の老化を進める第一の要因が身体の乾燥であり、老化とともに生得的な生命熱が失われていくというアリストテレスの老年理論と同一の考え方が一貫して示されている。そのうえで、ガレノスは、老人にふさわしい飲み物や病状に応じた食事療法の詳しい解説とともに、穏やかな運動やマッサージや温浴によって、老人の身体の内的熱を温めることを勧めている（同書、6.320K 以下）。ガレノスは老化を遅らせることにも関心を払い、別の著作では、「老人衛生学（ゲーロコミコン）」と呼ばれる医学分野が当時すでにあったことにも言及している。それは今日でいう老年医学とは呼べないにしても、老年の徴候の観察と延命手段を理論的に考察するものであった。

老年の衰えを防ぐことは不可能であるが、人生の長さを延ばす手助けをすることは可能である。それこそが老人衛生学（ゲーロコミコン）と呼ばれる医学の一分野である。それは老化の問題の本質を解明することを目的として、できうるかぎりそのプロセスに抗ってそれを妨げ、心臓の本体（ソーマ）が機能を停止するに至るまで乾燥しないようにすることである。なぜなら心臓の活動の停止が生命の終わりだからである。心臓がそれ自体の力で活動を維持しているかぎり、動物が死ぬことは不可能である。心臓の本体、あるいは神に誓って、肝臓の本体を湿らせる手段があれば、老化をくい止めることができる。しかし、肝臓や心臓を湿らせることができない場合には、時間の経過にしたがって、内臓だけではなく、動脈や静脈も乾燥する。そのような場合には、たとえ老化を遅らせることはできたとしても、老化を防ぐことは不可能である。

（『衰弱について』7.681–2K）

ガレノスは、ここでもアリストテレスの老年の生理学理論に立って、老化をくいとめる手段を考察している。さらに、ガレノスは、「冷」と「乾燥」を老化の原理としただけではなく、認知症などにみられる精神機能の衰える原因を、老化をもたらす「冷」の原理にあると特定する。

高齢期には乾燥した状態を示すようになるが、それではなぜ老年がさらに後期に進むと、少なくない人びとが精神の混濁を惹き起こすのであろうか。それは乾燥のためではなく、冷のためであるとわれわれは主張しよう。なぜなら、明らかに冷が魂のすべての機能を損なうからである。

（『魂の諸機能は身体の混合から生じる』4.786–787K）

すでに見たように、アリストテレスは、動物の知性の高さと血液の温かさとを関係づけていた。ガレノスは、人間の精神の能力が、老化をもたらす「冷」の原理によって損なわれることをいっそう明瞭に主張したのである。

そのうえさらに、ガレノスは、プラトンもまた「冷」と「乾燥」を老化の原理であると認めていたことをも示唆する。プラトンが『ティマイオス』（86E–87A）で身体の体液が魂の働きを阻害すると述べていたことに言及したうえで（同書、4.789–791K）、『法律』第二巻（662A–C）で論じられた「酒の効用」についてガレノスは次のように記している。

このことから、真のプラトン主義者たるものは、酒の飲酒自体について語られたことだけではなく、年齢の相違について語られたことについても心によく留めておくよう私は勧める。すなわちプラトンは、若者の本性は熱狂であり、他方の老人の本性は憂鬱で陰気でかたくなであると述べているが、それが齢の数によるのではなく、それぞれの年齢に応じた身体の混合状態にあることは確かである。なぜなら、若者は熱と多血であるのに対して、老人は血が少なく冷たいがゆえに、老人にとって飲酒は、年齢がもたらす冷たさに刺激を与えて、熱の均衡を取り戻す恩益があるからである。

（『魂の諸機能は身体の混合から生じる』4.809-810K）

これは『ティマイオス』や『法律』の記述をよく読むならば、実はプラトンも「冷」と「乾燥」を老化の原理とみなしていることがわかるとする主張である。プラトンを最高の哲学者としたガレノスが、プラトンの老年論をアリストテレスの老年論に吸収し同化して解釈できるとしたのである。

ガレノスは老年の徴候として「もの忘れ」に言及するときに、プラトンの「ものを忘るる齢の至りしとき（エイス・ト・レーテース・ゲーラス）」（『パイドロス』276D）という言葉を用いているけれども、[16]『ティマイオス』で提示された老年の規定をガレノスは採用していない。プラトンの老年理論の基礎となる幾何学的アトミズムは、ガレノスにとってはあまりにも思弁的すぎて、老年の生理学や病理学的説明に応用できるものではなかったからであろう。すでに述べたように、老化の過程が熱の喪失であるとする見解は、ヒポクラテス学派の医学的な主張でもあったと指摘されており、ヒポクラテスの四体液説を引き継いだガレノスにとって、「冷」と「乾燥」を原理とするアリストテレスの老年の生理学の方が、老化のメカニズムとしてより説得的であったにちがいない。ヒポクラテス学派の文書のなかには、老人を「冷」と「湿」で説明する異なった老年理論が含まれており、ガレノスはその対抗理論に対しては、高齢者によくある鼻水や咳といった粘液の外部への分泌作用を、体液の湿気の多さと取り違える誤りを犯しているときびしく批判している。[17] ガレノスは、ヒポクラテス学派よりも明確にアリストテレスの老年の生理学に与したのである。

二世紀に書かれたガレノスの二〇〇を超える数多くの著作は、その後、アラビア語に翻訳されてイスラーム医学の発展にも寄与し、ルネッサンス期にはアラビア語からラテン語に翻訳され、今も一〇〇を越える著作が現存していることが示すように、[18] 西方世界では一七世紀に至るまで一五〇〇年にわたって圧倒的な権威をもつことになった。自他ともにプラトニストと認めたガレノスが、アリストテレスの老年の自然学的理論を採用して、その明確な医学的根拠を与えたことによって、アリストテレスの老年論が文学世界にとどまらず、広く医学や自然学の領域においても絶大な影響力をふるうことに寄与することになったのである。

精神の競技の判定者としての老年

老年をよく生きることは、太古から連綿と人間が考え続けてきた普遍的なテーマであり、正義の徳が勇気や知恵や節制の他の徳を可能にするとプラトンが論じたように(『国家』第四巻)、西洋古代思想のなかでは、正義こそがよく生きることのつねに中心に位置する徳(卓越性)であり理念であった。共同体や人間がよく行動するためには道理にかなった正しい選択が不可欠であり、そのため西洋古代世界では、ホメロスが描いたネストルに代表されるように、経験に裏打ちされた老人の政治的知恵と人々を説得する言論が尊重された。他方で、老人に対する公共の福祉がなかったために、両親の老後の世話(ゲーロトロポス）が子供の責務とされ、ヘシオドスが語るようにその義務に反することは、正義に最も反する行為であり、そのような不正につながる傲慢（ヒュブリス）を克服して、人間を成熟させるものも正義の徳であると考えられていた。ホメロスやヘシオドスの叙事詩の時代から、「老年と正義」が重要な主題の一つとして考察されてきた知的伝統があったのである。悲劇や喜劇においても、世代間の価値観の相克や葛藤という設定で、老年と正義は重要なモチーフとされ、悲劇では老年の悲惨な運命が悲嘆の的となり、神の正義が問いかけられる一方で、古喜劇では社会の大きな変化によって時代遅れとみなされていた老人たちの正義の主張に光が当てられ、笑いの源泉とされると同時に鋭い社会批判となっていた。

プラトンは、そのような叙事詩、悲劇、喜劇の文学の伝統を引き受け、老年について明確な問いを立てて、宗教や政治思想に自然学的研究を統合する仕方で、西洋思想史上初めて老年の哲学を展開した。プラトンは、宇宙論的な枠組みのなかで、魂を基本とする心身観を提示し、老化の生理学的説明を試み、心身の運動の均衡をとることを勧め、老人のすぐれた経験知を生かす政治的仕組みや教育的役割を考察している。これに対して、アリストテレスは、膨大な生物学的研究にもとづき、「冷」と「乾燥」をあらゆる自然現象をつらぬく老化の基本原理と見定めて、壮年を人間の成熟期とみなし、老年を心身の衰弱の時期と位置づけた。アリストテレスの老年理論は、後代の医学思想に明確な方向性を与えただけではなく、政治学的著作で語られた老人の政治支配に対する批判が老人から政治的役割を剥奪する方向に作用し、修辞学的著作で述べられた政治性をもたない老年の性格分析とその老年像が、古代ギリシアの新喜劇の文学造形に影響を与え、古代ローマの喜劇を介して西洋近代文学に引き継がれて、西洋の文化と精神に深い影響を及ぼすことになった。

プラトンとアリストテレスが、それぞれの心身観にもとづいて対照的な老年論を示したことは、ヘレニズム・ローマ時代の哲学において、老年を哲学の主題とすることに寄与した。それはとくに、老年期において政治や社会との関係をいかにもつべきかという問題として、キケロやプルタルコスやセネカたちによって問われることになった。つまり、人間の生涯全体を通して共同体や政治に関わる意義や必要性が認められるのか、それとも実践的生活から離れた観想的生活や閑暇（オーティウム）こそが老年の理想の生き方であるのかといった対比で、老人の政治的・社会的役割が繰り返し問われることになったのである。プラトンの老年論の系譜をひくキケロやプルタルコスは老年を人間の成熟の時期とみなして、老人がもつべき権威や教育の役割を強調し、そのため老人みずからが徳を身につけなければならないと主張した。他方、セネカは、正義や政治からは距離を置いた閑暇のなかで、自然学や神学などの観想的学問を追究することを重視し、エピクロス派は、老年とは原子と空虚を原理とする自然が永劫に繰り返す世代交代の営みの一瞬にすぎないとみなし、公共性や国家や正義を原理的考察の枠外に置くことになった。

プラトンとアリストテレスの老年の哲学は、ともに古代ギリシアの文化的伝統の総体を射程に入れながらも、際立って異なる老年理解の方向性を生み出す決定的な分岐点をなしている。老年をよく生きるために、われわれがこのような西洋古代思想の老年論の伝統から学ぶことは、今なお少なくないように思われる。われわれが見てきたような広がりをもつ正義の観点から語られた現代の老年論は、日本ではあまり聞かれないからである。

古代世界において「老年と正義」の主題が、見事に考察されて、法のなかに具現されていたことを示すクセノポンの言葉を紹介して本書を終えたい。スパルタのアゲシラオス王からの信頼と厚遇を得ていたため、彼の言葉にはスパルタの制度への美化と理想化があるのは疑いえないが、この主題についての古代の人びとの関心をよく示しているからである。クセノポンは、リュクルゴスの制定した長老会を称賛して次のように述べている。

老齢に至るまで徳の訓練がなされる方法について、リュクルゴスは見事な法を制定したと私は思う。なぜなら、人生の終着点にある者に長老会議への選挙を課すことにより、彼は老年の人にさえ美にして善なるもの（カロカガティアー）への配慮をいささかもゆるがせにさせないようにしたからである。また、彼がすぐれた人の老齢を防いだのも、驚嘆に値する。つまり、彼は老人に精神（プシューケー〔魂〕）に関する競技の判定を下させることにより、老齢を男盛りの強さより尊重されるようにしたのである。そして、この競技がこの世で最も真剣に行なわれたのも、当然であろう。体操競技も立派なものであるが、それらは肉体に関係している。が、長老会議の関係する競技は、よい精神かどうかの判定を下すのである。したがって、精神が肉体にまさっていればいるほど、精神の競技は肉体の競技より真摯な努力に値することになる。（クセノポン『ラケダイモン人の国制』第一〇章一―三）[19]

みずからの老年をよく生きるための政治制度を古代の人びとは考えていた。徳の訓練や魂への配慮は、若い時期に人生への備えや人格の陶冶のために求められるだけのものではなく、老齢に至るまで、全生涯にわたって必要とされるものなのである。自分の利益と生にのみに執着して、立派なこと（ト・カロン／美）を求めなくなることは、アリストテレスが批判的に描いた老年像の大きな特徴であった。それゆえ、高齢になっても、善美のことを求め続けることは、精神そのものを若返らせることになるだろう。そのような老年にある人こそ精神（魂）の競技の判定者としてふさわしい。本書の冒頭で取り上げたソクラテスとケパロスの問答も、間接的な表現ではあるが、この人生の全体を最後まで正しく生きることが人生をよく生きることになるのか、正義は生涯をかけて求めるに値するものか、正義は人間に幸福を与えるものであるかを、人生の最終章を生きる人にたずねるものでもあったことに気づかされる。誰がよく生きてきたのか、老年はその判定者として、われわれ一人ひとりを待ち受けている。

注

序章

（1）プラトン『国家』藤沢令夫訳、岩波文庫、一九七九年、二〇頁。以下『国家』からの引用は藤沢訳による。なお、本書の各引用には論述の都合上、適宜改変を加えさせていただいた。

（2）Cf. Cross, R. C. and Woozley, A. D., *Plato's Republic : a Philosophical Commentary*, London, 1964, p. 2, White, N. P., *A Companion to Plato's Republic*, Oxford, 1979, pp. 62-63. リーヴは、ケパロスは優美さと尊厳をもって描かれた魅力的な人物であるとしているが、アナスは、プラトンが描くケパロスの筆づかいには、知性に欠けた自己満足の人間を描いているような悪意があるとまで述べている。Reeve, C. D. C., *Philosopher-Kings*, Princeton, 1988, p. 6, Annas, J., *An Introduction to Plato's Republic*, Oxford, 1981, p. 19. Cf. Steinberger, P. J., Who is Cephalus ?, *Political Theory*, vol. 24, no. 2, 1996, pp. 172-199.

（3）主だった研究者がほとんどコメントをしていない。Grote, G., *Plato and the Other Companions of Socrates*, 3 vols., London, 1865, Barker. E., *The Political Thought of Plato and Aristotle*, New York and London, 1906 (repr. 1959), Crombie, I. M., *An Examination of Plato's Doctrine*, vol. I, *Plato on Man and Society*, London, 1962, Irwin, T. H., *Plato's Moral Theory*, Oxford, 1977.

（4）『国家』の文脈での「老いの敷居」の解釈については、その敷居を通って生の家を去るとするアダムに従う。Adam, J., *The Republic of Plato I*, ed. with critical notes, commentary and appendices, second edition, with an introduction by D. A. Rees, Cambridge, 1963 (1st edition, 1902), p. 5.

（5）この逸話の言葉と類似した内容は、ソポクレス「断片」六八四を参照。

（6）Hendricks, J., Cicero and Social Gerontology : Context and Interpretation of a Classic, *Journal of Aging Studies*, vol. 7, no. 4, 1993, pp. 339-351.

（7）プラトンが政治に関して高齢を理由とする引退を認めていないのは『国家』の哲人統治者というきわめて例外的なケースに限られ、現実の政治においてはそれぞれの役職の内容に即して年齢の制限を考慮している。『法律』では、国家の最高の地位であり選挙によって選ばれる三七人の護法官は、五〇歳以上七〇歳までの年齢制限が加えられ、七〇歳以上の者にはたとえ存命でもその重大な職務を与えられないとしている（755A–B）。また役人たちの執務監査を行なう監査官は、五〇歳以上七五歳未満とされ（946C）、外国の政治制度や法制度を視察する視察員は五〇歳以上六〇歳未満である（951C–E）。

（8）アリストテレス『弁論術』戸塚七郎訳、岩波文庫、一九九二年、二二八頁。

（9）Simone de Beauvoir, *La vieilless I*, Paris, 1970, pp. 174–180, 邦訳ボーヴォワール『老い』（上）朝吹三吉訳、人文書院、一九七二年、一二五–一二九頁。

（10）プルタルコスが老年に関して、ボーヴォワールが彼に帰したのとは正反対の立場をとっていることについては、ビルが適切に論証している。Byl, S., Plutarque et la vieillesse, *Les Études Classiques*, 45, 1977, pp. 107–123.

（11）Byl, S., Platon et Aristote ont-ils professé des vues contradictiores sur la vieillesse ?, *Les Études Classiques*, 42, 1974, pp. 113–126. ボーヴォワールの誤りに対するビルの指摘はもっともであるが、後述するように、その解釈はプラトンとアリストテレスの老年観の相違までを解消してしまっている点で行き過ぎていると筆者は考える。

第一章

（1）Solon, Fr. 27, *Greek Elegy and Iambus I*, Loeb Classical Library, 1931, pp. 140–143.

（2）われわれになじみ深いライフサイクルは、孔子（前五五一–四七九年）の述べた年齢区分である。「吾十有五にして学に志し、三十にして立つ。四十にして惑はず、五十にして天命を知る。六十にして耳順ひ、七十にして心の欲する所に従ひて矩を踰えず」（『論語』為政篇第二）。ほぼ同時代を生きたソロンと孔子が、同じようにライフサイクルについて述べていることは興味深い。また、『マヌ法典』によれば、古代インドにもライフサイクルを、「学生期」、「家住期」、「林棲期」、「遊行期」の四つの時期に分ける思想があったことが知られる。

（3）Jung, C. G., Die Lebenswende, *Seelenprobleme der Gegenwart*, 1946, 邦訳ユング「人生の転換期」鎌田輝男訳、『現代思想』四月臨時増刊号、青土社、一九七九年、四二–五五頁。

（4）ユング、前掲邦訳、五二頁。
（5）ヒポクラテス『七について』五を参照。
（6）Garland, R., *The Greek Way of Life*, New York, 1990, pp. 2-3.
（7）ディオゲネス・ラエルティオス『ギリシア哲学者列伝』第八巻一〇。
（8）Parkin (2003), T. G., *Old Age in the Roman World*, Baltimore and London, 2003, pp. 15-18.
（9）キケロ『大カト・老年について』六〇節を参照。
（10）Parkin (2003), *op. cit.*, p. 25.
（11）Cf. Falkner, T. M., *The Poetics of Old Age in Greek Epic, Lyric and Tragedy*, Oklahoma, 1995, introduction, p. xvii.
（12）東京ＹＭＣＡ初代会長の小崎弘道が、「青年」という言葉を訳語にすることを提案したと伝えられる。斉藤実『東京キリスト教青年会百年史』財団法人東京キリスト教青年会、一九八〇年、四一―四二頁、奈良常五郎『日本ＹＭＣＡ史』日本ＹＭＣＡ同盟、一九五九年、四頁を参照。明治二〇年代に「青年」という言葉が新しい世代を代表するようになったことについては、木村直恵『〈青年〉の誕生――明治日本における政治的実践の転換』新曜社、一九九八年を参照。木村は、『国民之友』を創刊し「青年」と「壮士」を対峙させる論陣を張った徳富蘇峰を大きく取り上げているが、徳富も小崎と同じ熊本バンド（明治のキリスト教・プロテスタントの源流の一つ）の一員であった。
（13）清水諭「象徴としての「青年」に関する研究１」『筑波大学体育会科学紀要』六、一九九三年、三一―三八頁参照。
（14）Parkin (2003), *op. cit.*, p. 44.
（15）ソロンが人生を七〇年とし、二万六千二百五十日と数えたことについては、ヘロドトス『歴史』第一巻第三二節を参照。ソロンとほぼ同時代に成立したと思われる旧約聖書の詩篇九〇篇の一〇節には、「人生の年月は七十年程のものです。健やかな人が八十年を数えても得るところは労苦と災いにすぎません」という言葉がある。
（16）Parkin (2003), *op. cit.*, p. 50.
（17）プルタルコス『モラリア２』瀬口昌久訳、京都大学学術出版会、二〇〇一年、九八頁。
（18）Coale, A. J., Demeny, P. and Vaughan, B., *Regional Model Life Tables and Stable Populations*, second edition, New York, 1983. Cf. Cokayne, K., *Experiencing Old Age in Ancient Rome*, London and New York, 2003, p. 3.
（19）ジョルジュ・ミノワ『老いの歴史――古代からルネサンスまで』大野朗子／菅原恵美子訳、筑摩書房、一九九六年、一九五頁参照。またアリストテレスは、一般的に雄の方が雌よりも体温が高いという別の理由によってより長命であるとしている。アリストテレス『長命と短命について』(466b)。

(20) ピンダロス『祝勝歌集／断片選』内田次信訳、京都大学学術出版会、二〇〇一年、二九五頁。

(21) Parkin (2003), *op. cit.*, p. 58.

(22) Parkin (2003), *ibid.*, pp. 87–88.

(23) Wortley, J., Aging and the Aged in Aesopic Fables, *International Journal of Aging and Human Development*, 44, 1997, pp. 183–203.

(24) ホメロス『イリアス』松平千秋訳、岩波文庫、一九九二年、五九頁。以下『イリアス』からの引用は松平訳による。

(25)『イリアス』のこの箇所は、予言の神アポロンが黄金の蝉をもっていたという神話や、蝉たちが音楽文芸を司るムーサの女神たちに仕えるというプラトン『パイドロス』の物語(259B–D)を思い起こさせる。

(26) Parkin (2003), *op. cit.*, p. 339, n. 20.

(27) C・G・ユング『元型論』(増補改訂版)林道義訳、一九九九年、六六―七一、二四七―二五九頁参照。

(28) Falkner, *op. cit.*, p. 19.

(29) Cf. Kirk, G. S., Old Age and Maturity in Ancient Greece, *Eranos-Jahrbuch*, 40, 1971, pp. 123–158.

(30) Falkner, *op. cit.*, p. 30.

(31) ホメロス『オデュッセイア』松平千秋訳、岩波文庫、一九九四年、二八三頁。

(32) Falkner, *op. cit.*, pp. 34–51.

(33) 沓掛良彦『ホメーロスの諸神讃歌』平凡社、一九九〇年、三八六頁。

(34) ホメロス『イリアス』第十一歌一行、『オデュッセイア』第五歌一行。

(35)『四つのギリシャ神話――ホメーロス讃歌より』逸見喜一郎／片山英男訳、岩波文庫、一九八五年、二七六―二七七頁。

(36) 沓掛良彦、前掲書、二六八頁参照。

(37) Walcot, P., The Homeric 'Hymn' : A Literary Appraisal, *Greece & Rome*, Second Series, vol. 38, no. 2, 1991, pp. 137–155. ただし、後の時代には、ティトノスと類似した物語として、アポロンの巫女シビュッレが、アポロンに求愛されて、手

ですくった砂粒の数だけ生きられるように願ったが、若さを求めるのを忘れたために、数百年も老年を生きて、最後は痩せ衰えて小さくなり声ばかりとなったという話が作られる。オウィディウス『変身物語』第一四巻一三〇以下参照。

（38）キケロ『大カト・老年について』三節。

（39）テニスン『テニスン詩集』西前美巳編、岩波文庫、二〇〇三年、一一〇―一一一頁。

（40）Muldoon, P., Poetry, Tithonus, *The New Yorker*, October 13, 2003, p. 70.

（41）テルトゥリアヌス『護教論（アポロゲティクス）』第三九章五―六を参照。

（42）Cf. Parkin (2003), *op. cit.*, p. 224.

（43）ヘーシオドス『仕事と日』松平千秋訳、岩波文庫、一九八六年、三三頁。以下『仕事と日』からの引用は松平訳による。

（44）Cf. Kirk, op. cit. ただし、この五つの種族を人生の諸段階に対応させることについては、テクスト分析を含めて、研究者の間で意見が異なる。黄金の種族を堕罪以前の完全な理想や幼児期の記憶に残らない時期と同一視し、続く四種族に、幼少期、青年期、成熟期、老年期のライフステージを読みこむ解釈もある。Cf. Falkner, *op. cit.*, ch. 2.

（45）Hesk, J., The Socio-Political Dimension of Ancient Tragedy, in *The Cambridge Companion to Greek and Roman Theatre*, 2007, Cambridge, p. 77.

（46）キケロ『大カト・老年について』七一節。

（47）Cf. Vernant, J.-P., *Myth and Thought among the Greeks*, translated by Janet Lloyd and Jeff Fort, New York, 2006, p. 29, Van Noorden, H., Hesiod's Races and Your Own': Socrates' 'Hesiodic' Project, in *Plato and Hesiod*, ed. by G. R. Boys-Stones and J. H. Haubold, Oxford, 2010, pp. 186–187.

（48）Cf. Adam, *op. cit.*, p. 5.

（49）ウェストは、ヘシオドスが述べるカコテースやアレテーが悪徳や徳をさすのではなく、社会的な地位の低さや高さを指していると指摘している。Cf. West, M. L., Hesiod : *Works and Days*, Oxford, 1978, p. 229.

（50）Van Noorden, H., Hesiod's Races and Your Own': Socrates' 'Hesiodic' Project, in *Plato and Hesiod*, ed. by G. R. Boys-Stones and J. H. Haubold, Oxford, 2010, p. 181.

(51) Van Noorden, ibid., pp. 183–184. この並行関係を先に指摘したレオ・シュトラウスの解釈そのものには、彼女は反対している。

(52) Cf. Yamagata, N., Hesiod in Plato : Second Fiddle to Homer ?, in *Plato and Hesiod*, ed. by G. R. Boys-Stones and J. H. Haubold, Oxford, 2010, p. 70.

(53) Sedley, H., Hesiod's *Theogony* and Plato's *Timaeus*, in *Plato and Hesiod*, ed. by G. R. Boys-Stones and J. H. Haubold, Oxford, 2010, pp. 246–258.

(54) Most, G. W., Plato's Hesiod : An Acquired Taste ?, in *Plato and Hesiod*, ed. by G. R. Boys-Stones and J. H. Haubold, Oxford, 2010, pp. 60–61.

(55) Most, op. cit., p. 65.

(56) Most, ibid., pp. 62–64.

(57) Cf. Yamagata, N., op. cit., p. 83.

(58) Cf. Koning, H., Plato's Hesiod : Not Plato's Alone, in *Plato and Hesiod*, ed. by G. R. Boys-Stones and J. H. Haubold, Oxford, 2010, p. 90.

(59) Cf. Parkin (2003), *op. cit*., p. 205, n. 7

(60) Parkin (2003), *ibid*., pp. 207–208.

(61) Harrison, A. R. W., *The Law of Athens*, Oxford, 1968–71, i. 78.

(62) 同じ意味の言葉として、「ゲーロボスケオー」というギリシア語も同様によく用いられる。

(63) プラトン『法律』森進一／加来彰俊／池田美恵訳、岩波文庫、二五九頁。以下『法律』からの引用はこの訳書による。

(64) Parkin (1997), T., Out of Sight, Out of Mind : Elderly Members of the Roman Family, in *The Roman Family in Italy*, ed. by B. Rawson and P. Weaver, Oxford, 1997, pp. 123–124.

(65) McLeish, K., Dido, Aeneas, and the Concept of 'Pietas', *Greece & Rome*, Second Series, vol. 19, no. 2, pp. 127–135.

(66) 小川正廣『アエネーイス――神話が語るヨーロッパ世界の原点』岩波書店、二〇〇九年、一二一一一三頁。

(67) アエネアスは冥界で、「嘆き」「懊悩」「病い」「恐れ」「飢餓」「貧乏」「死」「苦難」と共に住む、陰鬱な「老年」に出会っている。『アエネーイス』第六歌二七三―二七七行を参照。

(68) 同じ韻律を二回繰り返すストロペー形式で歌われるコロスの歌のパート。

(69) キケロ『大カト・老年について』二二節。

(70) プルタルコス『老人は政治に参与するべきか』(785A-B)。

(71) Cf. Knox, B. M. W., *The Heroic Temper : Studies in Sophoclean Tragedy*, 1964, Berkeley, pp. 143-144.

(72) Colchester, L. S., Justice and Death in Sophocles, *The Classical Quarterly*, vol. 36, 1942, pp. 21-28.

(73) Buxton, R. G. A., Blindness and Limits : Sophokles and the Logic of Myth, *The Journal of Hellenic Studies*, vol. 100, 1980, pp. 23-37.

(74) Colchester, op. cit., pp. 22-23.

(75) Falkner, *op. cit.*, ch. 7.

(76) Falkner, *ibid.*, p. 219.

(77) Whitehead, A. N., *Science and the Modern World*, Cambridge, 1926, pp. 10-11.

(78) 以下の断片の引用は、『ギリシア悲劇名言集』ギリシア悲劇全集編集部編、岩波書店、一九九三年、一五五―一五九頁による。

(79) エウリピデス『アルケースティス』松平千秋訳、『ギリシア悲劇全集5』岩波書店、一九九〇年、五一頁。以下『アルケスティス』からの引用は松平訳による。

(80) 無知（気づかれなかったこと）から知への転換を意味する認知は、アリストテレスによって悲劇の筋の重要な構成要素とされた。アリストテレス『詩学』1452a-b, 1454b-1455a.

(81) Knox. B., Euripidean Comedy, in *Oxford Readings in Menander, Plautus, and Terence*, ed. by E. Segal, 2001, Oxford, p. 4.

(82) Cornford, F. M., *The Origin of Attic Comedy*, 1968, New York, pp. 9-13, 30-33. よく知られているように、アリストテレスは、アテナイの喜劇の起源を、ディオニュソス祭の祭礼行事でパッリカ（陽物崇拝）を担いで練り歩く一団（コーモス）の音頭取りたちが演じた即興の掛け合いに見出している（『詩学』1449a8-15）。しかし、ギリシア喜劇の起源については、すでにアリストテレスの時代でも不確かなことが多くなっていた。詳しい解説は、橋本隆夫「ギリシア喜劇のはじまり」『ギリシア喜劇全集』別巻、岩波書店、二〇〇八年、一〇三―一四五頁を参照。

（83）Hubbard, T. K., Old Men in the Youthful Plays of Aristophanes, in *Old Age in Greek and Latin Literature*, ed. by Thomas M. Folkner and Judith de Luce, 1989, New York, p. 90.

（84）Henderson, J., Older Women in Attic Old Comedy, *Transactions of the American Philological Association*, 117, 1987, pp. 105–129.

（85）Henderson, ibid., p. 107.

（86）Henderson, ibid., p. 108.

（87）Henderson, ibid., p. 113.

（88）アリストパネース『女の議会』西村賀子訳、『ギリシア喜劇全集４』岩波書店、二〇〇九年、一八頁。

（89）Henderson, op. cit., p. 128.

（90）Henderson, ibid., p. 110.

（91）アリストパネース『雲』橋本隆夫訳、『ギリシア喜劇全集１』岩波書店、二〇〇八年、三〇九頁。以下『雲』からの引用は橋本訳による。

（92）Cf. Parkin（1997）, op. cit., p. 128, n. 20.

（93）Hubbard, op. cit., p. 90.

（94）作品の中でも「ソフィスト」への批判も示唆されている（『雲』三三一—三三四、一三〇二—一三一〇行）。それは狭義のソフィストを指す言葉ではないが、アリストパネスの時代には、哲学者とソフィストの厳格な区別もなかったからであろう。Cf. Dover, K. J., Socrates in the *Clouds*, in *The Philosophy of Socrates*, ed. by G. Vlastos, Notre Dame, 1971, pp. 50–77. しかし、『雲』で描かれたソクラテスは、ソフィストに類同化されて批判されているのではなく、歴史上のソクラテスへの批判であるという解釈もある。ヌスバウムは、以下の三つの理由から、『雲』が歴史上のソクラテスに対する攻撃であると主張する。ソクラテスが、⑴魂の非合理的部分を習慣的に訓練する必要性に注意を払わず、⑵彼が批判したことに取って代わるポジティヴなプログラムを欠き、⑶誤解を招きやすいことである。しかし、彼女の議論は、ストーリーらが批判するように、「正論（優れた論法）」と「邪論（劣った論法）」の論争において、「正論」をソクラテスの対話者のようにみなして、『雲』があたかもソクラテス的対話篇であるかのように論じており、喜劇作品としての理解を欠いている。歴史上のソクラテスへの批判的評価についても、アリストテレスの倫理的学説から見た評価に偏っているように著者には思われる。Cf. Nussbaum, M., Aristophanes and Socrates on Learning Practical Wisdom, in *Aristophanes : Essays in Interpretaion*, ed. by J. Henderson, Cambridge, 1980, pp. 43-97, Storey, I. C., Review : Essays on Aristophanes, *The Classical Review*, New Series, vol. 33, no. 2, 1983, pp. 177-180. また、『国家』のソクラテス像と『雲』のソクラテス像が、普遍的なものに関心をもち、ともに懲罰的な神々に関心をもたないがゆえに、和解可能だとするニューマンの解釈も説得的ではない。Cf. Neumann, H., Socrates in Plato and Aristophanes : In Memory of Ludwig Edelstein (1902-1965), *The American Journal of Philology*, vol. 90, no. 2, 1969, pp. 201-214.

(95) Kirk, op. cit.

(96) Reinhold, M., The Generation Gap in Antiquity, in *The Conflict of Generations in Ancient Greece and Rome*, ed. by S. Bertman, Amsterdam, 1976, p. 22.

(97) Cf. Hubbard, op. cit., p. 91.

(98) 「ヘーゲルはどこかで、すべての偉大な世界史的事実と世界史的人物はいわば二度現れる、と述べている。彼はこう付け加えるのを忘れた。一度は偉大な悲劇として、もう一度はみじめな笑劇として、と」。カール・マルクス『ルイ・ボナパルトのブリュメール一八日』（初版）上村邦彦訳、平凡社、二〇〇八年、一五頁。

(99) Cf. Segal, E., *Oxford Readings in Menander, Plautus, and Terence*, 2001, Oxford, p. XIII.

(100) 澤田典子『アテネ最期の輝き』岩波書店、二〇〇八年、二一五―二一六頁を参照。

(101) メナンドロス『人間嫌い』西村太良訳、『ギリシア喜劇全集5』岩波書店、二〇〇九年、一六―一七頁。以下『人間嫌い』からの引用は西村訳による。

(102) ディオゲネス・ラエルティオス『ギリシア哲学者列伝』第五巻三六を参照。

(103) Cf. Segal, *op. cit.*, p. XV.

第二章

(1) 蓋然性をもつ理論とも訳される「エイコース・ロゴス」の意味については、藤澤令夫「エイコース・ロゴス――プラトンにおける自然学のあり方について」『藤澤令夫著作集』第I巻、岩波書店、二〇〇〇年、二九三―三一五頁を参照。

（2）Whitehead, A. N., *Adventures of Ideas*, 1933, p. 150, 邦訳『観念の冒険』山本誠作／菱木政晴訳、松籟社、一九八二年、二〇五頁。

（3）プラトンの「場」の理論については、瀬口昌久「物、空間、場――プラトン『ティマイオス』における「場」の理論」『魂と世界』京都大学学術出版会、二〇〇二年、一一八―一三五頁を参照。

（4）藤澤令夫「知るもの、生きるもの、動くもの」『藤澤令夫著作集』第Ⅱ巻、岩波書店、二〇〇〇年、二一七―二二八頁を参照。

（5）原子の形が有限とされるのは、もし原子が形において無限であるとすれば、目に見えるほど大きな原子が存在することになるためである。エピクロス『ヘロドトス宛の手紙』四二、ルクレティウス『事物の本性について』第二巻、四七八行以下を参照。

（6）この「三角形の根」が何をさすかについては、三角形の角度とするか辺とするかなど研究者の解釈が分かれる。最近の研究ではA・グレゴリーがそれらの従来の解釈を批判しているが、彼の解釈はプラトンの幾何学的アトミズムを「科学」として積極的に評価しようとするあまり、基礎的三角形を不変のものとみなす点、および三角形を縛る「絆」を新たに別の物体として必要とする点で筆者は問題があると考える。Cf. Gregory, A., *Plato's Philosophy of Science*, London, 2000, pp. 203–204. 要素的三角形が第一の原理ではないということをふまえておけば、「三角形の根」を「三角形の根本となるもの」と一般的に解して角度や辺をも含むと理解してよいと筆者は考える。

（7）ヘイフリック限界とテロメアとの関連が発見される興味深い経緯については、スティーヴン・S・ホール『不死を売る人々』松浦俊輔訳、阪急コミュニケーションズ、二〇〇四年、第一章、二章を参照。

（8）キケロー『老年について』中務哲郎訳、岩波文庫、二〇〇四年、六六頁。

（9）Zeyl, D. J., Plato : *Timaeus*, Indianapolis, 2000, Introduction, p. lxxxv.

（10）Cf. Taylor, A. E., *A Commentary on Plato's Timaeus*, Oxford, 1928, p. 625.

（11）この点で、「身体と魂に共通するもの」という表現が、プラトンにおいては、『ピレボス』（34A3–B8）にしか現れないというキングのコメントは、ミスリーディングである。Cf. King (2006), R. A. H., *Common to Body and Soul*, Berlin, 2006, p. 6, n. 5.

（12）King (2001), R. A. H., *Aristotle on Life and Death*, London, 2001.

(13) ミノワ、前掲書、九六—九九頁参照。生理学的理論をめぐるアリストテレスとギリシアの医学の関連についての近年の研究は、次の論文を参照。木原信乃「プネウマの生理学——アリストテレスとギリシアの医学の関連から」『アルケー関西哲学会年報』第八号、二〇〇〇年、三五—四六頁。

(14) Mendelsohn, E., *Heat and Life : The Development of the Theory of Animal Heat*, Cambridge, Mass., 1964, p. 9.

(15) Solmsen, F., The Vital Heat, the Inborn Pneuma and the Aether, *Journal of Hellenic Studies*, 57, 1957, pp. 119–123.

(16) Mendelsohn, *op. cit.*, p. 9.

(17) Solmsen, op. cit., p. 123.

(18) Ross, W. D., Aristotle : *Parva Naturalia, A Revised Text with Introduction and Commentary*, Oxford, 1955, p. 42, Mendelsohn, *op. cit.*, pp. 10–13.

(19) King (2001), *op. cit.*, p. 8.

(20)『魂について』で述べられる知性と老年の関係（408b18–29）は、アリストテレスが明確な断言をしていないこともあり、身体から離れて存在できると示唆される「能動理性」（第三巻第五章）の解釈が膨大な研究を生んできたことに絡んで、きわめて微妙で多様な解釈が可能である。

「しかし思惟［知性］は、一種の実体［あるということの主体］であって、身体のうちに生じるが、滅びることはないようである。なぜなら、万一それが滅びるとしても、それはきっと老年の衰弱のせいであろうが、しかし実際に起こっているのは、おそらく、感覚器官に起こるのと同じ事情であると思われるからである。（中略）したがって、老いとは魂自身が何らかの作用を受けたために起こるのではなく、酩酊や病気の場合のように、魂がそこに内在するものが作用を受けたために起こるのである。だから思惟することも観想することも、たしかに身体の内部の何か他のものが滅びるときには衰弱するが、しかし思惟するものそれ自身は作用を受けることはない」（408b18–25）（中畑正志訳、京都大学学術出版会、二〇〇一年、四二頁）。

この記述に従えば、魂の思惟する能力そのものは老年によっても衰弱を受けないようにも思えるが、しかし、生身の人間の思惟や観想の力は、身体の老化とともに衰えることが認められているともいえる。また、この記述に続いて、「思考すること（dianoeisthai）や愛したり憎んだりすること」などは、思惟（知性）が感受することではなく、身体が思惟（知性）をもつかぎりにおいて身体に属する様態、つまり、魂と身体の結合体に属するものとされていて、結合体の死においてそれらの活動は滅びるとされている。その意味で身体から分離される能動理性は、『ティマイオス』の自然死の記述とは異なり、魂が肉体にある場合と本質的な違いがあるように思える。だが、「能動理性」の解釈に立ち入ることは本章の論旨をはるかに超える。

（21）van der Eijk, P. J., *Medicine and Philosophy in Classical Antiquity : Doctors and Philosophers on Nature, Soul, Health and Disease*, Cambridge, 2005, pp. 206–210.

（22）Freudenthal, G., *Aristotle's Theory of Material Substance*, Oxford, 1995, pp. 47–65.

（23）Cf. Bos, A. P., *The Soul and Its Instrumental Body : A Reinterpretation of Aristotle's Philosophy of Living Nature*, Leiden, 2003, pp. 29–30.

（24）アリストテレス『弁論術』戸塚七郎訳、岩波文庫、一九九二年、六二頁。以下『弁論術』からの引用は戸塚訳による。

（25）瀬口昌久、前掲書、第Ⅱ部第五章および終章参照。

（26）瀬口昌久、前掲書、二三二―二三三頁参照。

（27）キケロー、前掲書、五節、二〇頁。

（28）Simone de Beauvoir, *op. cit.*, pp. 174–180, 前掲邦訳、一二五―一二九頁。

（29）Cf. Byl, op. cit.

（30）晩学を揶揄したテオプラストス『人さまざま』二七の「年寄りの冷水（オプシマティアー／晩学）」などとは違い、若者が学ぶべき仕方とは異なる晩学のあり方があるということであろう。Cf. Tarrant, H., Plato, Prejudice, and the Mature-Age Student in Antiquity, *Apeiron*, 29, 1996, pp. 105–120.

（31）プラトン『エウテュデモス』山本光雄訳、『プラトン全集8』岩波書店、一九七五年、六頁。

（32）『法律』ではアテナイからの客人が、天体についての学問を導入するときに次のように語って、晩学をそしることに批判的発言をしている。「私の言うことは逆説的で、老人にはふさわしくないと思う人もあるでしょう。しかしもし誰かが、ある学問を美しく真実であり、国家にとって有益で、神にとってまったく好ましいとみなしている場合、それを言わないでおくことは、いかなる意味でも不可能です」（821A–B）。

（33）クセノポンの描く老ソクラテス像はこれとは異なり、ソクラテスの臨終の場にいたヘルモゲネスから聴いた話として、ソクラテスが裁判で死を恐れなかった理由として、これ以上長く生きて、目がかすみ、耳が遠くなり、考える力や記憶力が衰えるといった老人の特性に苦しむことになるのは望まないとソクラテスが述べたと記している。クセノポン『ソクラテスの弁明』第六巻第八章、『ソクラテスの思い出』第四巻第八章。ソクラテスが老年を耐えがたい時期とした発言は、プラトンの描くソクラテス像には出てこない。クセノポンは、ソクラテスの裁判の時にはアジアに出征して不在であり、その後も三〇年以上も故国を離れ、アテナイから遠く離れたペロポネソス半島西部の地スキルスで二〇年間暮らし、そこで執筆していたと考えられている。したがって、クセノポンのソクラテスに関する情報は、きわめて限られたものであった。加来彰俊『ソクラテスはなぜ死んだか』岩波書店、二〇〇四年、一六―二一頁を参照。

(34) Byl, op. cit., pp. 123–124.

(35) Garland, *op. cit.*, p. 243.

(36) ロビン・ダンバー『科学がきらわれる理由』松浦俊輔訳、青土社、一九九七年、六二―六六頁。

(37) アリストテレスの「中庸説」については次の論文を参照されたい。朴一功「アリストテレスの中庸説再考」『哲學論集』第五七号、二〇一一年、一―一九頁。

(38) Cf. Grimaldi, W. M. A., Aristotle : *Rhetoric II*, 1988, New York, 1988, p. 183.

(39) Cf. Grimaldi, *ibid.*, p. 201.

(40) Erikson, E. H., *Childhood and Society*, 1950, New York, p. 268, 邦訳エリクソン『幼児期と社会1』仁科弥生訳、みすず書房、一九七七年、三四五―三四七頁。

(41) McKee, P., Issues of Old Age in Philosophy Courses, *Teaching Philosophy*, 22, 1999, pp. 1–15.

(42) 引用した翻訳とは異なってここは写本どおりに、spe longus と読む。松本仁助／岡道男訳の訳注にあるようにこの写本の読みは、アリストテレスの『弁論術』の記述に合わせて変更が加えられたものである可能性はあるが、それもアリストテレスの影響の証左といえるだろう。

(43) ホラーティウス『詩論』松本仁助／岡道男訳、岩波文庫、一九九七年、二四〇頁。

(44) アリストテレス『政治学』牛田徳子訳、京都大学学術出版会、二〇〇一年、四〇頁。以下『政治学』からの引用は牛田訳による。

（45）M・サンデル『これからの「正義」の話をしよう』早川書房、二〇一〇年、四二頁。
（46）夜明け前の会議と法律とをどのように位置づけるかについては盛んに議論されている。この点に関しては、瀬口昌久「プラトンの法と倫理」『文明社会における異文化の法』未來社、二〇〇七年、二七一五二頁を参照。
（47）プルタルコス『リュクルゴス伝』二一、『スパルタ人の旧習』238A–B、『妬まれずに自分をほめることについて』544Eを参照。

第三章

（1）Sedley, D., *The Cambridge Companion to Greek and Roman Philosophy*, 2003, Cambridge, p. 184, 邦訳セドレー『古代ギリシア・ローマの哲学』内山勝利監訳、京都大学学術出版会、二〇〇九年、二七〇頁。また以下のキケロの解説については、瀬口昌久「キケロとギリシア学芸の受容」『哲学の歴史２』内山勝利編、中央公論新社、二〇〇七年、三五六―三八二頁参照。
（2）“ars est enim philosophia vitae”. キケロ『善と悪の究極について』第三巻四。
（3）アウグスティヌス『告白』第三巻七。
（4）Sedley, *op. cit.*, pp. 197–198, 前掲邦訳、二八七頁。
（5）前三三六年に平民の執政官就任を認められてから三百年の間に執政官になったのは、大カト、ガイウス・マリウスなどわずかに一五名が知られるだけである。
（6）プルタルコス『キケロ伝』一。
（7）キケロ『ウェッレス弾劾』。吉村忠典『古代ローマ帝国――その支配の実像』岩波新書、一九九七年が、この事件と裁判を詳しく扱っている。
（8）キケロ『ピリッピカ』。
（9）de Luce, J., Theme and Variations in the *De Senectute*, *Journal of Aging Studies*, vol. 7, no. 4, 1993, pp. 361–371.
（10）キケロ『アッティクス宛書簡』前四四年五月一一日付。『キケロー選集14』高橋英海／大芝芳弘訳、岩波書店、二〇〇一年、四五二頁。
（11）キケロ『アッティクス宛書簡集』一二三八・二を参照。

(12) セネカ『倫理書簡集』一二。

(13) ホラティウス『カルミナ』三・二九・四一―四五。アテナイオス『食卓の賢人たち』266Cを参照。

(14) Powell, J. G. F., *Cicero, Cato Maior de Senectute*, ed. with Introduction and Commentary, Cambridge, 1988, pp. 3–4.

(15) キケロ『友情について』一・四。

(16) キケロー『老年について』中務哲郎訳、岩波文庫、二〇〇四年、二四頁。以下『老年について』からの引用は中務訳による。

(17) リウィウス『ローマ建国以来の歴史』第一巻八・七、プルタルコス『ロムルス伝』一三。

(18) リウィウス『ローマ建国以来の歴史』第一巻三二・一〇。

(19) Cf. Parkin (2003), *op. cit.*, pp. 102–105.

(20) 以下、E・マイヤー『ローマ人の国家と国家思想』鈴木一州訳、岩波書店、一九七八年、一六四―一七四頁を参照。一世紀の著名な弁論家クインティリアヌスも、「元老院という呼び名のもととなったのは老年（aetas）ということであり、というのも元老院議員はまた父でもあるからである」（『弁論家の教育』第一巻六章三三）と記している。

(21) Cf. Powell, *op. cit.*, p. 135.

(22) Giono, J., *L'homme qui plantait des arbres*, Reader's Digest, 1953, 邦訳ジオノ『木を植えた男』寺岡襄訳、あすなろ書房、一九九二年。

(23) Peyre, H., What Greece Means to Modern France, *Yale French Studies*, no. 6, France and World Literature, 1950, pp. 53–62 (cf. p. 55).

(24) *Bryn Mawr Classical Review*, 2010. 08. 45, Jacqueline Fabre-Serris, *Rome, l'Arcadie et la mer des Argonautes : essai sur la naissance d'une mythologie des origines en Occident, Mythes, imaginaires, religions*, Villeneuve d'Ascq, 2008.

(25) Hendricks, J., Cicero and Social Gerontology : Context and Interpretation of a Classic, *Journal of Aging Studies*, vol. 7, no. 4, 1993, p. 343. Cf. Rowe, J. and Kahn, R., Human Aging : Usual and Successful, *Science*, 237, 1987, pp. 143–149.

(26) 権威を表すギリシア語の一つの「エクスウーシアー」は、主に何かあることをするのが認められる力や権限があるという意味を基本として、執政官の地位や職務や権力をも意味した。権威に対応するギリシア語としては他にも、アルケー、デュナミス、キューロスという語があるが、アウクトーリタースに一語で対応する語はない。

(27) Balsdon, J. P. V. D., Auctoritas, Dignitas, Otium, *The Classical Quarterly*, New Series, vol. 10, no. 1, May, 1960, pp. 43–50.

(28) アリストテレスが言ったと伝えられる「教養は老年にとっての最も素晴らしい路銀である」という言葉が思い起こされる。ディオゲネス・ラエルティオス『ギリシア哲学者列伝』第五巻二一。

(29) Seltzer, M. M., Via de Senectute : From Multi to Interdisciplinarity, *Journal of Aging Studies*, vol. 7, no. 4, 1993, pp. 373–381. Cf. Atcheley, R. C., A Continuity Theory of Normal Aging, *The Gerontologist*, 29, 1989, pp. 183–190.

(30) Cf. Powell, *op. cit.*, pp. 205–206.

(31) Cf. Powell, *ibid.*, pp. 206–207.

(32) プラトン『ソクラテスの弁明』40C 以下参照。

(33) 青年よりも老人の方が疾患にかかることが少なく、たとえかかっても、老人の症状は比較的穏やかで、青年の場合の方が激しいことが、「ヒポクラテス文書集成」のなかでも指摘されている。ヒポクラテス『疾病について』第一巻二二、『箴言』第二巻三九を参照。

(34) ②は『パイドロス』(245C 以下)、『法律』(895C 以下)、③は『パイドン』(78B 以下)、④は『メノン』(83A 以下)、『パイドン』(72E 以下)。

(35) キケロー『トゥスクルム荘対談集』木村健治／岩谷智訳、『キケロー選集12』岩波書店、二〇〇二年、五四—五五頁。

(36) Cf. King, H. E., Cicero : *Tusculan Disputations*, London, 1971 (1927), pp. 26–28.

(37) Powell, *op. cit.*, pp. 254–255.

(38) A・A・ロング『ヘレニズム哲学』金山弥平訳、京都大学学術出版会、二〇〇三年、第五章参照。

(39) キケロ『アカデミカ前書』二・一五。

(40) キケロ『アカデミカ前書』二・七—八。

(41) キケロ『義務について』一・一三—一五。

(42) キケロ『善と悪の究極について』五・七。

(43) キケロ『義務について』一・二。

(44) 中畑正志「総解説・プラトンを読む」アルビノス他『プラトン哲学入門』中畑正志編、京都大学学術出版会、二〇〇八年、四二三―四四九頁。

（45）Dillon, J., *The Middle Platonists : 80 B. C. to A. D. 220*, revised edition with a new afterword, Ithaca, N. Y., 1996, pp. 43–51.

（46）中畑正志「プラトン哲学・アリストテレス哲学の復興」『哲学の歴史2』中央公論新社、二〇〇七年、四七一―四八一頁参照。

（47）Ziegler, K., *Realencyclopädie*, t. XXI, 1951, col. 636–962.

（48）瀬口昌久「古代哲学と技術者倫理」『応用哲学を学ぶ人のために』戸田山和久／出口康夫編、世界思想社、二〇一一年、三三四―三四八頁参照。

（49）Flacelière, R., Irigoin, J., Sirinelli, J. et Philippon, A., Plutarch : *Œuvres Morales*, tome I, première partie, 1987, (Budé).

（50）Jones, C. P., Towards a Chronology of Plutarch's Works, *The Journal of Roman Studies*, 56, 1966, pp. 61–74. また、キュヴィニーもほぼ同じ年代であると推定している。Cuvigny, M., Plutarch : *Œuvres Morales*, tome XI, 1984, (Budé), pp. 49–51.

（51）Fowler, H. N., Plutarch : *Moralia X*, The Loeb Classical Library, 1936, p. 75.

（52）Flacelière, R., Irigoin, J., Sirinelli, J. et Philippon, A., Plutarch : *Œuvres Morales*, tome I, première partie, 1987, (Budé), pp. L–LIII.

（53）アリストテレス『ニコマコス倫理学』(1097b)、『政治学』(1253a, 1278b)。

（54）プルタルコス『ヌマ伝』一〇、セネカ『閑暇について』二節二参照。

（55）河野與一『プルターク「倫理論集」の話』岩波書店、一九六四年、i頁。

（56）van Hoof, L., *Plutarch's Practical Ethics : The Social Dynamics of Philosophy*, Oxford, 2010, pp. 1–12.

（57）キケロ『大カト』四二節で述べられた、ルキウス・フラミニヌスが愛人にせがまれて男の首を斧で切り落とさせた逸話が引用されている。プルタルコス『カト伝』一七。

（58）Cuvigny, *op. cit.*, pp. 57–65.

（59）Hershkowitz, D., Pliny the Poet, *Greece & Rome*, vol. xlii, no. 2, 1995, p. 168.

（60）『プリニウス書簡集』第三巻一、國原吉之助訳、講談社学術文庫、一九九九年、一〇八―一一〇頁。

（61）プリニウスと同時代のローマの風刺詩人ユウェナリスは、『サトゥラエ』第一〇巻で、これとは対照的な老年のきびしい現実と醜態を描いている。

(62)『プリニウス書簡集』第四巻二三。
(63) Fasbender, R., *Augustus' Relationship with the Senate*, Kenosha, WI, 2007, pp. 7–8.
(64) Talbert, R. J. A., Augustus and the Senate, *Greece & Rome*, Second Series, vol. 31, no. 1, Apr., 1984, pp. 55–63. セネカ『人生の短さについて』二〇節四参照。
(65) Cuvigny, *op. cit*., p. 73.
(66) Williams, G. D., Seneca : *De Otio, De Brevitate*, Cambridge, 2003, pp. 12–14, 大西英文「『閑暇について』解説」『セネカ哲学全集』第一巻、岩波書店、二〇〇五年、五五七―五五八頁。
(67) セネカ『閑暇について』大西英文訳、『セネカ哲学全集』第一巻、岩波書店、二〇〇五年、三七二―三七三頁。
(68) Williams, *op. cit*., p. 69.
(69) セネカ『寛恕について』第一巻三・二、『怒りについて』第一巻五・三、『人生の短さについて』二〇節三を参照。
(70) セネカ『人生の短さについて』茂手木元蔵訳、一九八〇年、一五―一六頁。以下この著作からの引用は茂手木訳による。
(71) Laidlaw, W. A., Otium, *Greece & Rome*, vol. 15, 1968, pp. 42–58 は、キケロやセネカや小プリニウスにとってオーティウムは、怠惰とは異なるものであり、オーティウムに対応するギリシア語のスコレーや、スコラゼインと呼ぶものが、「何もしないこと」を意味するならば、教養あるローマ人なら、それらをオーティウムと同等のものとはみなさないだろうと述べている (p. 44)。
(72) Cf. Burke, P., The Invention of Leisure in Early Modern Europe, *Past & Present*, no. 146, pp. 136–150.
(73) アリストテレス『ニコマコス倫理学』朴一功訳、京都大学学術出版会、二〇〇二年、四七六頁。
(74) 藤澤令夫「実践と観想」『藤澤令夫著作集』第Ⅲ巻、岩波書店、二〇〇〇年、六一頁。
(75) Minois, G., *History of Suicide*, translated by L. D. Cochrane, Baltimore, 1999, p. 52.
(76) セネカ『倫理書簡集Ⅰ』高橋宏幸訳、『セネカ哲学全集』第五巻、岩波書店、二〇〇五年、二二七―二二八頁。以下セネカの書簡の引用は高橋訳による。
(77) van Hooff, A. J. L., *From Autothanasia to Suicide : Self-Killing in Classical Antiquity*, London, 1990, p. 122.
(78) Cf. van Hooff, *ibid*., pp. 190–191.

（79）Cooper, J. M., Greek Philosophers on Euthanasia and Suicide, in *Suicide and Euthanasia*, ed. by B. A. Brody, Boston, 1989, pp. 9–38,
（80）Cooper, ibid., p. 24, Minois, *op. cit.*, p. 43.
（81）Minois, *op. cit.*, p. 43.
（82）Inwood, B., Seneca in His Philosophical Milieu, *Harvard Studies in Classical Philology*, vol. 97, 1995, pp. 63–76.
（83）ディオゲネス・ラエルティオス『ギリシア哲学者列伝』第一〇巻一二二。
（84）Chilton, C. W., *Diogenes of Oenoanda, The Fragments*, London, New York and Toronto, 1971, p. 123. トルコ南西部のリュキア北東部にある町オイノアンダのアゴラの跡地に、ディオゲネスの碑文が残されていることが一八八四年に発見された。断続的に現在も発掘と解読が続けられている。小池澄夫「エピクロスと初期エピクロス学派」『哲学の歴史2』内山勝利編、中央公論新社、二〇〇七年、一〇五―一〇六頁。
（85）ただし、チルトンは、ディオゲネスとは違ってキケロは、耄碌は軽薄な老人のものであり、すべての老人に当てはまるものではないとしているにすぎないと指摘している。Chilton, *ibid.*, p. 121.
（86）Powell, *op. cit.*, p. 30. Cf. Smith, M. F., *Thirteen New Fragments of Diogenes of Oenoanda*, Wien, 1987.
（87）瀬口昌久「古代アトミズムの心身論との比較――エピクロスとルクレティウスの生命論とプラトン」前掲書、第Ⅱ部第三章を参照。
（88）ルクレティウス『事物の本性について』藤沢令夫／岩田義一訳、『世界古典文学全集21』筑摩書房、一九六五年、三一四頁。以下この著作からの引用は、藤沢／岩田訳による。
（89）Rouse, W. H. D. and Smith, M. F., Lucretius : *De Rerum Natura*, Loeb Classical Library, second edition, 1982, p. 100.
（90）Bailey, C., Lucretius : *De Rerum Natura*, Oxford, vol. II, 1947, p. 978.
（91）Bailey, *ibid.*, p. 984.
（92）Bailey, *ibid.*, pp. 1072–1073.
（93）Bailey, *ibid.*, p. 1150.
（94）藤澤令夫「哲学の基本的課題と現実的課題」『藤澤令夫著作集』第Ⅲ巻、岩波書店、二〇〇〇年、一九頁。
（95）ディオゲネス・ラエルティオス『ギリシア哲学者列伝』加来彰俊訳、岩波文庫、一九九四年、三二〇頁。

(96) ジュリア・アナス『古代哲学』瀬口昌久訳、岩波書店、二〇〇四年、六八頁。
(97) プルタルコス『モラリア14』戸塚七郎訳、京都大学学術出版会、一九九七年、三三頁。

終　章

(1) セクストス・エンペイリコス『学者たちへの論駁2』金山弥平／金山万里子訳、京都大学学術出版会、二〇〇六年、一四四頁。
(2) エウリピデス『フェニキアの女たち（ポイニッサイ）』（五二八―五三〇）の詩句が引用されている。
(3) Dudly, D. R., *A History of Cynicism*, second edition, Bristol, 1998, pp. 65–66.
(4) 以下、Kはキューン（Kühn）版ガレノス全集の巻号を示す。
(5) Cf. Hankinson, J., Philosophy of Nature, in *The Cambridge Companion to Galen*, ed. by Hankinson, 2008, Cambridge, pp. 210–211.
(6) De Lacy, P, Galen's Platonism, *The American Journal of Philology*, vol. 93, 1972, pp. 27–39.
(7) De Lacy, *ibid*., p. 35.
(8) ガレノス『ヒポクラテスとプラトンの学説』（第一巻六章）。アリストテレス『動物誌』515a27–28を参照。
(9) De Lacy, *op. cit*., p. 33.
(10) De Lacy, *ibid*., pp. 33–35.
(11) ガレノス『自然の機能について』種山恭子訳・内山勝利編、京都大学学術出版会、一九九八年を参照。
(12) Parkin (2003), *op. cit*., p. 247.
(13) Cf. Parkin (2003), *ibid*., pp. 240–241, 299–301.
(14) Cf. Parkin (2003), *ibid*., p. 249.
(15) アリストテレス『呼吸について』（478b27–28）には、自然死について、「植物の場合には枯死、動物の場合には老衰と呼ばれる」とされている。
(16) ガレノス『症候の原因について』第二巻七（7. 200–201K）。Cf. Parkin (2003), *op. cit*., p. 229.
(17) ガレノス『混合について』（1. 580–381K）、『健康法』（6. 349. 14–350. 8）。Cf. Parkin (2005), Old Age Has Always

Been Revered ; The Ancient Greek and Roman Worlds, in *The Long History of Old Age*, ed. by P. Thane, London, 2005, p. 59.

（18）キューン版全集には、一二七の著作がまとめられ、ラテン語の対訳を含めて二万頁を超える。ガレノスの膨大な著作リストについては以下を参照。Hankinson, *op. cit.*, pp. 391–403.

（19）クセノポン『小品集』松本仁助訳、京都大学学術出版会、二〇〇〇年、九六頁。

あとがき

日本社会の少子高齢化が「問題」として語られるようになってすでに久しい。今年の「高齢社会白書」によれば、二〇一〇年一一月現在で六五歳以上の高齢者が人口にしめる割合は二三・一%に達し、七五歳以上の「後期高齢者」の割合は一一・二%に及ぶ。日本の高齢社会の特色は、他国に例を見ないこの高い割合にあるだけではなく、高齢化が進行したスピードにある。日本の高齢者人口は一九五〇年には五%にすぎなかったが、一九七〇年に「高齢化社会」の指標とされる七%になると、一九九七年には一四%を超えて「高齢社会」に入った。ヨーロッパでも高齢社会は存在するが、それらの国々の多くが一〇〇年あまりの歳月をかけて高齢化社会から徐々に高齢社会に達し、その間に社会基盤などを整備してきたのに対して、日本は約二五年間というきわめて短い期間で高齢化社会から高齢社会に達したことが大きく異なる。日本では高齢化の急激なスピードに社会制度や施策が追いつかず、労働人口の減少と、介護や医療や年金などの社会保障費の増大という観点から、経済と社会の衰退をもたらす最も大きな社会問題とされている。高齢や老年は、社会対策が急務の処置すべき政策的課題として、医療福祉や社会科学の分野で取り扱われる対象となった。

しかし、高齢者の増加にいかに対処すべきかといった観点からの方策や立案には、人間がみずからの老年をいかによく生きるかという本質的な問いが、十分に汲み取られ斟酌されているとはいいがたい。高齢社会の問題は喧しく論じられても、老年を内面から支える精神的な基盤を問い直す議論が、日本社会には欠落しているのではないだろうか。そのため、そのような欠落を補うかのように、文学者やマスコミで活躍した著名人によって老後をよく生きるための秘訣や老いの個人的体験を綴ったエッセイが数多く書かれて、広く読まれているように私には思われる。これに対して、哲学のなかからは、老年をよく生きるための知の探究や考察はまだ数少ない。日本倫理学会が第五八大会（二〇〇七年）で「老い」を共通課題として取り上げたことが目につくくらいで、『老いの空白』（鷲田清一、弘文堂、二〇〇三年）という著作のタイトルが示すように、老年は哲学の空白地帯におかれたままである。だが、本書で述べたように、老年や老いは、哲学の長い歴史のなかで問われてこなかった主題ではない。本書では西洋古代哲学を学ぶ者として、その空白を少しでも埋めようと試みた。

私が「老年の哲学」に強い関心をもつようになったのは、勤めている大学で「工学倫理（技術者倫理）」に取り組むようになった二〇〇三年頃である。工学倫理の教育では、技術にかかわる大事故や事件のケーススタディを中心とすることが多い。事故の原因に倫理的問題を見出して、そこに教訓を見出すような教育手法である。しかし、事件や事故が起こった後に、いわば事後的に倫理的反省をつけ加えるというやり方ではなく、技術や工学的営為の最初の段階から倫理的観点を組み入れることはできないものかと思案していたときに、ユニバーサルデザインという考え方があるのを知った。ユニバーサルデザインは、能力や障害の有無に関係なく、できるだけ多くの利用者が使用できるデザインをめざすものであり、設計の段階から障害者や高齢者を含む多様なユーザの平等で公平な使用と参加を求める。その設計思想は、人々の生活の質と人間の尊厳を高める倫理的要素を含んでいる。日本では、とくに高齢社会の市場可能性と福祉的ニーズが考えられて、この一〇年間にユニバーサルデザインを取り入れる企業や地方自治体が増えてきた。しかし、私自身は、ユニバーサルデザインが日本で高齢社会の対策として受容されているあり方を問うなかで、老年を迎えた人間にとってそもそも倫理的な社会とは何であるのか、老年にとって正義とはいったい何を意味するのかを真剣に考えざるをえなくなったのである。

老年と正義という観点から、あらためて古代哲学をかえりみると、プラトンが正義を主題とする『国家』第一巻の冒頭で、老年について明確な問いを立てていることが重要な意味をもつと思えるようになった。なぜ、正義論を主題とする対話篇の冒頭に老年論がおかれているのか。その問いを出発点として、「老年と正義」という視点から西洋古代思想を見直すことによって、老年論に新たな思考の筋目を見出すことができるのではないかという着想が得られた。ホメロスとヘシオドスの叙事詩や悲劇や喜劇の文学世界からはじめて、プラトンとアリストテレスの老年理論の対比を基軸として、ストア派などのヘレニズム哲学に至るまでの老年論を対象とし、正義論という観点から老年を再考することによって、老年を考察する新たな視座と老年をよく生きるための哲学が見出せはしないか。西洋古代世界の文学、哲学、医学思想における老年観を、正義論からとらえなおすことによって、われわれの老年の考え方にも何らかの有益な示唆を得ることが期待できるのではないか。

本書は、以上のような着想のもと、二〇〇四年八月から二〇〇五年九月の約一年間、英国ケンブリッジ大学古典学部で客員研究員として取り組んだ研究「古代世界における老年の哲学」が基礎となっている。この在外研究に出る直接の契機となったのは、二〇〇四年二月末に恩師である藤澤令夫先生が亡くなられことであった。耐え難い深い喪失感から逃れるようにして、ほとんど何も準備する間もなく在外研究に赴いた。ケンブリッジでは、私が古代の老年の哲学を研究テーマにするというと、客員研究員として受け入れてくださったデイヴィッド・セドレー教授からは、「君は古典学をやりたいのか、それとも現代哲学をやりたいのか」という問いを最初にいただいた。また、ジェフリー・ロイド教授からは、「古代哲学で老年学をやっている人はあまりいないよ」とのお言葉もいただいた。しかし、両先生ともアリストテレスの老年論にかかわる研究をされていたルートヴィヒ・マクシミリアン大学のR・A・H・キング博士の著作を推薦された。そのキング博士とは、納富信留先生からのご紹介もあり、オックスフォード大学とケンブリッジ大学で組織されている古代哲学の研究会でお目にかかって、お話をうかがうことができた。ケンブリッジ大学の古典学研究の長い伝統と開放的で自由な空気のなかで、世界各国から訪問してくる古代哲学の研究者からの刺激を受けながら、集中して研究する時間が与えられたことは大きな恵みであった。カレッジの所属先を含め、いろいろとご配慮いただいたセドレー教授に感謝を申し上げたい。セドレー教授がご講演のために来日された際に、京都でご紹介の労を取ってくださった山口義久先生と金山弥平先生には、長年にわたるご厚情に心よりの感謝を申し上げる。ケンブリッジでの生活では、ご研究で滞在されていた山田道夫先生と大草輝政博士にはとくにお世話になり御礼を記したい。また、在外研究を支えていただいた大学の同僚たち、なかでも藤本温先生に格別の感謝を表する。

帰国後、研究成果の一部は、二〇〇六年に『思想』（第九八五号、岩波書店、四―二五頁）誌上に論文「老年論の原点――古代思想のなかの老年の哲学」として掲載し、また同年の日本西洋古典学会でも

「魂と老い――プラトンとアリストテレスの老年観」という演題で発表して、『西洋古典学研究』(第五五号、二〇〇七年、岩波書店、六三―七五頁)に報告することができた。それでこの研究は終わりになるはずであった。ところが、『思想』に論文が掲載された直後に、名古屋大学出版会の橘宗吾編集部長から思いがけないご連絡をいただいた。『思想』の拙論に目を留められ、そのテーマで一つのまとまった著作を書くことを勧めてくださったのである。そのおかげで西洋古代世界における老年の哲学を継続して研究のテーマとすることとなり、著作の構想を練ることになった。しかし、その後、私自身の怠慢と、大学で工学倫理の研究と教育に忙しくなったこともあいまって、本書の執筆は遅々としてすすまなかった。それでも橘氏は、怠け者を見放すことなく、忍耐強く、時を見計らっては的確な助言と励ましをくださった。橘氏の編集者としてのコーチング術の卓越した技量と励ましがなければ、本書はとうてい日の目を見ることはなかった。最初にお話をいただいてから、小著に五年もの歳月がかかってしまったことをお詫びするとともに、衷心よりの厚い感謝を捧げるものである。

本書の内容の一部は、二〇一〇年度より、京都大学大学院文学研究科において講義をする機会を与えられた。講義をすることによって、本書の内容をより細かく吟味することにつながり、論述の問題点や不足に気づくことができた。拙い講義を辛抱強く聴講してくれた学生諸君に感謝するとともに、講義の機会を与えてくださった中畑正志先生に御礼を申し上げる。

本書は、二〇一〇年度から受けている科学研究費補助金の研究成果の一部である。また、本書の出版にあたっては、第二二回名古屋大学出版会学術図書刊行助成を受けることができた。私には身に余る光栄であり、名古屋大学出版会と関係各位に深甚なる感謝を申し上げる。その査読に当たり、多くの有益な示唆と数多くの誤りの指摘をしてくださった匿名の査読者にも深い感謝を述べたい。

二〇一一年七月

瀬口昌久

《著者紹介》

瀬《せ》口《ぐち》昌《まさ》久《ひさ》

1959年　兵庫県に生まれる
1991年　京都大学大学院文学研究科博士課程修了
現　在　名古屋工業大学教授，博士（文学）
著　書　『魂と世界──プラトンの反二元論的世界像』
　　　　（京都大学学術出版会，2002年）他

老年と正義

2011年10月30日　初版第1刷発行

定価はカバーに
表示しています

著　者　瀬　口　昌　久
発行者　石　井　三　記

発行所　財団法人　名古屋大学出版会
〒464-0814　名古屋市千種区不老町1名古屋大学構内
電話(052)781-5027/FAX(052)781-0697

印刷／製本 ㈱太洋社　ISBN978-4-8158-0676-7
乱丁・落丁はお取替えいたします。

人名索引

ア 行

アイスキュロス　Aeschylus　8, 59, 61-62
アイソポス　Aesopus　21-23, 208
アウグスティヌス　Augustinus　16, 167
アダム　Adam, J.　42
アプレイウス　Apuleius　199
アリストテレス　Aristoteles　8-10, 13, 15, 59, 81-82, 85, 91, 98, 104, 106-116, 121-122, 124-125, 127-130, 133-135, 139-141, 146-150, 153, 160-163, 166-167, 177, 186, 192-193, 195, 204, 213, 228, 235-237, 239, 243, 250, 262, 265-275, 277
アリストパネス　Aristophanes　65, 67, 70, 72, 75-79, 84, 158
アリストン（ケオスの）　Ariston（Keios）　33, 166
アルキノオス　Alcinous　199
アルキュタス　Archytas　186-187
アルクマイオン　Alcmaeon　267
アルケシラオス　Arcesilaus　194
アルビノス　Albinus　199
アンティオコス（アスカロンの）　Antiochus（Ascalonius）　171, 193-195, 198
ウァロ　Varro　16, 33, 74, 166
ウェルギリウス　Vergilius　52, 175
エウリピデス　Euripides　59, 61-63, 65-66, 74
エピクロス　Epicurus　93, 244-245, 263
エラスムス　Erasmus, D.　167
エリクソン　Erikson, E. H.　146
エンペドクレス　Empedocles　109, 267

カ 行

カエキリウス・スタティウス　Caecilius Statius　182, 184, 186
カーク　Kirk, G. S.　39
カト（大）　Cato　6, 175-176, 182, 191
ガーランド　Garland, R.　134
カルネアデス　Carneades　194
ガレノス　Galenus　110, 262, 265-273
カント　Kant, I.　167, 200
キケロ　Cicero　5, 6, 8, 21, 30, 56, 61, 97, 166-196, 201, 203, 216, 219-221, 230, 236, 238, 244, 256, 275
キュヴィニー　Cuvigny, M.　216
キング　King, R. A. H.　104, 111, 128
クセノポン　Xenophon　189, 195, 205, 264, 276
クリュシッポス　Chrysippus　225, 227, 262
ケパロス　Cephalus　2-7, 20, 41, 47, 57, 116, 122, 134, 146, 148-149, 187, 190, 277
コール＆デムニー　Coale, A. J., Demeny, P.　18
ゴルギアス　Gorgias　18, 181

サ 行

サンデル　Sandel, M.　153
シェイクスピア　Shakespeare, W.　15, 66, 74, 82
ジオノ　Giono, J.　183
シモニデス　Simonides　44
ジョーンズ　Jones, C. P.　201
ストバイオス　Stobaeus　8, 21, 62
セクストス・エンペイリコス　Sextus Empiricus　262-263
セドレー　Sedley, D.　45
セネカ　Seneca　74, 98, 166-167, 175, 225-226, 228-229, 231-234, 236-241, 275
ゼノン（キティオンの）　Zeno（Citiensis）

225, 227, 262–263
ソクラテス　Socrates　2–6, 20, 42, 46, 66, 73–77, 99, 116–117, 127, 131, 146, 190, 200–201, 213–214, 228, 264, 277
ソポクレス　Sophocles　3, 6, 40, 54, 56–57, 158, 181, 183, 187, 204, 206, 217–218, 257
ゾルムゼン　Solmsen, F.　110
ソロン　Solon　12–13, 15, 17, 47, 119, 125, 153, 208, 219

タ・ナ行

タラント　Tarrant, H.　126
チルトン　Chilton, C. W.　244
ツィーグラー　Ziegler, K.　199
ディオゲネス（オイノアンダの）　Diogenes（Oenoanda）　244
ディオゲネス（ストア派）　Diogenes　181
ディオゲネス・ラエルティオス　Diogenes Laertius　81, 238
テオプラストス　Theophrastus　81, 125–126, 166
テオン（スミュルナの）　Theon（Smyrna）　199
デカルト　Descartes, R.　116
テニスン　Tennyson, A.　34
テミスティオス　Themistios　21
デメトリオス（パレロンの）　Demetrius（Phalereus）　166
デモクリトス　Democritus　243, 263
テルトゥリアヌス　Tertullianus　37
テレンティウス　Terentius　81
ドルトン　Dalton, J.　93
中畑正志　198

ハ　行

パウエル　Powell, J. G. F.　175, 192
パーキン　Parkin, T. G.　15–17, 21
パナイティオス　Phanaetius　171, 226, 262
パボリノス　Favorinus　166
パルメニデス　Parmenides　13, 109, 134
ビオン（キュニコス派）　Bion　264
ヒポクラテス　Hippocrates　15, 109–110, 266
ビル　Byl, S.　121–123, 129, 133, 148–150, 155, 160–161, 163
ピレモン　Philemon　65
ピロデモス　Philodemus　252
ピロポイメン　Philopoimen　8
ピロン（ラリサの）　Philo（Larisaeus）　170, 193–194
ピュタゴラス　Pythagoras　15, 102, 191
ヒューム　Hume, D.　167
ピンダロス　Pindarus　20, 48
フォークナー　Falkner, T. M.　28–29, 31, 57–58, 60
藤澤令夫　236
プラウトゥス　Plautus　81
プラトン　Plato　2, 3, 6–10, 13, 41–52, 54, 63, 74–75, 84–85, 90–93, 95–98, 102, 104, 110–111, 113–135, 141, 146, 149, 151, 153–156, 158–163, 166–168, 177, 181, 185, 187–188, 190–191, 193–195, 198–201, 208, 213, 221, 235–236, 239, 241, 246, 249–250, 256, 262–263, 265–268, 271–275
プリニウス（小）　Plinius（Minor）　221–224
プリニウス（大）　Plinius（Maior）　18
プルースト　Proust, J. L.　93
プルタルコス　Plutarchus　7–9, 17, 27, 34, 56, 166, 169, 198–204, 209–211, 213–216, 219–221, 224, 226, 234, 239, 256–258, 275
フロイデンタール　Freudenthal, G.　111–112, 129
プロタゴラス　Protagoras　44
プロティノス　Plotinus　198, 265
ベイリー　Bailey, C.　248, 250
ヘーゲル　Hegel, G. W. F.　200
ヘシオドス　Hesiodus　34, 36, 38, 41–50, 84, 274
ペトラルカ　Petrarca, F.　167
ヘラクレイトス　Heraclitus　205

ボーヴォワール　Beauvoir, S.　9, 121–122, 149–150, 161
ポキオン　Phocion　8
ポセイドニオス　Posidonius　171, 262
ホーフ　Van Hoof, L.　214
ホメロス　Homerus　7, 24–25, 42–44, 46–47, 50, 183, 273–274
ホラティウス　Horatius　147, 167, 175
ポルクス　Pollux　15
ホワイトヘッド　Whitehead, A. N.　59, 90–91

マ・ヤ行

マッキー　McKee, P.　146
マルクス・アウレリウス　Marcus Aurelius　265
マルドゥーン　Muldoon, P.　35
ミノワ　Minois, G.　18
ミムネルモス　Mimnermos　19, 21
ムソニフス・ルフス　Musonius Rufus　166
メナンドロス　Menandros　65, 78–79, 81, 147, 252
メニッポス　Menippus　33, 264
モスト　Most, G. W.　45
モリエール　Molière　82
モンテスキュー　Montesquieu C.-L.　167
ユング　Jung, C. G.　13–14, 28, 231

ラ・ワ行

ルクレティウス　Lucretius　166, 245–246, 248–250, 253
ロス　Ross, W. D.　111
ロック　Locke, J.　167
ワイルド　Wilde, O.　66

事項索引

タ 行

ナ 行

ハ 行

ヤ 行

ラ 行

古典出典索引